检察工作
JIAN CHA GONG ZUO

品牌研发
PIN PAI YAN FA

报告
BAO GAO

徐胜平 ○ 主编

中国检察出版社

图书在版编目（CIP）数据

检察工作品牌研发报告／徐胜平主编． —北京：中国检察出版社，2014.5
ISBN 978 - 7 - 5102 - 1163 - 8

Ⅰ．①检…　Ⅱ．①徐…　Ⅲ．①检察机关 – 工作 – 研究报告 – 中国

Ⅳ．①D926.3

中国版本图书馆 CIP 数据核字（2014）第 046127 号

检察工作品牌研发报告

徐胜平　主编

出版发行：中国检察出版社

社　　址：北京市石景山区香山南路 111 号　（100144）

网　　址：中国检察出版社（www.zgjccbs.com）

电　　话：(010)88685314(编辑)　68650015(发行)　68636518(门市)

经　　销：新华书店

印　　刷：保定市中画美凯印刷有限公司

开　　本：720 mm×960 mm　16 开

印　　张：20.25 印张

字　　数：372 千字

版　　次：2014 年 5 月第一版　　2014 年 5 月第一次印刷

书　　号：ISBN 978 - 7 - 5102 - 1163 - 8

定　　价：48.00 元

序

    2011 年年底，江西省委省政府提出将南昌打造成为带动江西发展核心增长极的战略构想，为实现这个宏伟的目标，省委常委、南昌市委书记王文涛多次强调南昌打造核心增长极要靠 N 个第一来支撑，我理解，这其中包括检察工作也要争创一流业绩。为此，南昌市人民检察院新一届党组审时度势，提出 5 年内实现南昌检察工作"全省一流，进入中部省会城市先进行列，在全国有影响、有地位"的奋斗目标，制定了《"十二五"时期南昌检察工作发展规划》，为争创一流描绘了"路线图"制定了时间表。

    南昌检察工作要争创一流业绩，必须创造出更多有特色、有竞争力的"拳头产品"，以此促进单项工作乃至带动整体检察工作走在全省、全国的前列。为此，我联想到成功企业在激烈的市场竞争中立于不败之地的关键，是拥有强大的研发团队，不断研发创新产品，抢占市场先机。我决定借鉴企业研发理念，研发一批"人无我有、人有我优"，在全省、全国"叫得响、有得看、值得学、推得开"的优秀检察工作品牌，依靠品牌工作的带动力、辐射力，推动南昌检察工作高效发展。2012 年 3 月，市院从全市两级院精选了一批有思想、懂理论、精实务、善钻研的调研人才，由市院分管领导分别担任负责人，组成 7 个研发团队，集中 4 个月的时间研了了 7 个检察工作品牌，形成了检察工作品牌研发报告。我们邀请专家学者、省院领导和部分基层院检察干警代表组成评审组，召开研发课题评审答辩会，对 7 个检察工作品牌研发报告进行了严格、公平、公正的现场评审，评审组对"非法证据排除"、"检察文化建设"、"职务犯罪预防" 3 个检察工作品牌研发报告给予了高度评价。经市院党组研究，决定将"职务犯罪预防"、"非法证据排除"、"检察文化建设"列为 2013 年重点打造实施的南昌检察优秀工作品牌。

    职务犯罪预防工作功在当代，利在千秋。习近平总书记对"职务犯罪预防也出生产力"给予高度肯定，要求高度重视职务犯罪预防工作。党的十八届三中全会提出"健全惩治和预防腐败体系"，检察机关在预防腐败体系建设中责任重大。"职务犯罪预防"品牌研发由获得过"中国十大杰出检察官"荣誉称号、在反贪战线奋战十几年的运革同志和有丰富基层工作经验的生香同志共同担纲负责，带领全省检察业务专家、在基层反贪岗位工作二十几年的荣贵同志等研发人员共同完成。研发报告深刻分析了南昌检察机关职务犯罪预防存在的问题，提出了"1+10"模式打造南昌检察新预防的创新构思，设计了职务犯罪预防成果评审制等10条具体路径，极具创新性和实践价值。

确立非法证据排除规则是修改后《刑事诉讼法》的最大亮点之一，对于保障人权和推进法治文明进程意义重大。党的十八届三中全会提出完善人权司法保障制度，要求"严禁刑讯逼供、体罚虐待，严格实行非法证据排除规则"，明确将实行非法证据排除规则作为深化司法改革，推进法治中国建设的重要内容。检察机关在适用非法证据排除规则中责任最重，工作最多，大有可为。检察文化建设重在以文化人，以人兴检，为检察事业兴盛发展创造源动力，以检察文化的肥沃土壤，滋养检察队伍苗壮成长，促进检察工作不断结出丰硕成果。这两项工作品牌研发由获得过"全国检察业务专家"、"全国优秀公诉人"、"全国检察理论研究人才"称号的红文同志担纲领衔，带领两个研发团队开展研发设计。研发人员都是硕士研究生，有扎实的检察理论功底；长期在检察实务部门工作，有丰富的检察实践经验；在工作中勤于思考，善于总结，有饱满的开拓创新精神。研发过程中，研发团队树立创先意识，比学赶超，追求卓越；树立责任意识，尽心尽责，力臻完美；树立创新意识，解放思想，推陈出新。他们透彻学习理论，紧密结合实践，全面收集资料，深入调查研究，广泛征集意见，反复讨论修改，在充分总结现有成就经验及分析存在问题的基础上，确定了工作品牌研发的指导思想、基本原则、总体思路，研发设计了打造工作品牌的具体路径，历经千锤百炼，数易其稿，形成了"非法证据排除"和"检察文化建设"两项品牌研发报告。报告理论深厚，思路清晰，结构严谨，论证严密，既有创新机制和工作举措，又有论证说明和细则样本，可操作性很强，极具实践价值，为工作品牌打造实施奠定了坚实基础。研发报告中的《南昌市人民检察院非法证据排除规则实施细则》9章121条，明确界定出11种非法证据类型，对检察机关在自侦工作中预防非法证据、审查逮捕和审查起诉阶段发现、核查、排除非法证据及庭审时应对非法证据调查、非法证据排除的监督、救济、制裁、风险防范等作出详细具体规定，极具创新和参考价值。2013年以来，南昌市检察机关遵循研发报告的路径打造非法证据排除工作品牌，共排除非法证据27份，其中在审查逮捕阶段排除非法证据1份，审查起诉阶段排除非法证据 26 份，要求补正或者合理解释 19 份；就非法证据向侦查机关发出纠正违法通知书 5 份，提出检察建议 6 份；在庭审阶段应对证据合法性调查案件 6 件，经法庭调查排除被告人供述 1 份，进行补正或者合理解释 2 份，充分保障了案件质量和当事人合法权益。2013 年 10 月 23 日的《检察日报》刊发了专题报道——《121 条细则让非法证据无处遁形——江西南昌：明确界定 11 种非法证据严防冤假错案》，引起热烈反响，陕西、西藏、河北等兄弟院纷纷来电要求学习借鉴。

侦查机关"另案处理"在使共同犯罪案件得到及时处理的同时，也因法律规定不够明确，使"另案处理"工作容易成为监督盲区。"另案处理"在实践中存在滥用现象，造成放纵犯罪，滋生执法不严、执法不公甚至司法腐败等问题，损害了司法公信力。为推进我市司法权力运行机制改革，全力推进平安南昌、法治南昌建设，南昌市人民检察院根据南昌市委、政法委的部署，成立了以红文同志为负责人的课题调研组，对"侦查机关'另案处理'工作机制改革课题"开展了为期 3 个月的专题调研。课题组结合工作实践，在总结南昌检察机关近几年开展"另案处理"检察监督经验基础上，深入公安一线调研、走访、座谈，掌握了大量第一手资料，并先后赴重庆市北碚区院、天津市静海县院等"另案处理"工作突出先进检察院考察学习。经过收集资料、研究论证、征集意见、专家咨询等大量细致工作，课题组确定了南昌市规范侦查机关"另案处理"工作的指导思想、基本原则、总体思路，形成了《侦查机关"另案处理"工作机制改革课题报告》，制定了 7 章 48 条的《关于规范刑事诉讼中"另案处理"工作的意见》。课题报告既有"另案处理"的全面理论阐述，又有对"另案处理"的深入实践分析，更有对"另案处理"运行、监督、协作、考核等机制的操作细则，对南昌市侦查机关"另案处理"工作将起到很好的规范和促进作用，"另案处理"检察监督也将成为南昌检察的又一项优秀工作品牌。

2013 年以来，南昌检察工作捷报频传：获评 2012 年全省检察机关目标管理考评先进单位；获评市委市政府目标管理考评优胜奖，市院班子被市委评为优秀班子；上半年全省检察机关群众工作满意度测评位列第二。这些成绩表明，市委市政府、上级人民检察院、人民群众对南昌检察工作都是满意的，这其中，检察工作品牌研发作为南昌检察工作一大亮点，功不可没。

检察工作品牌研发报告为打造优秀检察工作品牌总结了实践经验，提供了理论支撑，明确了总体思路，设计了具体路径，是品牌打造工作的"指明灯"

和"路线图"。同时，品牌研发报告作为南昌市检察工作品牌研发经验和研发成果的集中展现，也是南昌检察调研人才集体智慧的结晶，更是南昌检察人"开拓创新、锐意进取、勇争一流"精神的生动写照。品牌研发展现的这种南昌检察精神，比研发成果本身更加可喜和宝贵。我相信，在市委和省院的正确有力领导下，在市人大、政府、政协等各界共同关心帮助下，在全市广大人民群众的监督支持下，南昌检察精神必将薪火相传，研发打造出一批又一批优秀检察工作品牌，促进南昌检察工作争创一流，更好地服务南昌经济社会发展大局，助推南昌打造核心增长极宏伟目标早日实现！

南昌市人民检察院党组书记、检察长

徐家平

2014 年 3 月

目　　录

第四编　检察文化建设工作品牌研发报告

第五编　品牌研发工作文件

第一编

职务犯罪预防工作品牌研发报告

课题负责人：曹运革　龚生香

研发人员：熊　歌　张　林　刘荣贵
　　　　　邓高虹

第一章 总 论

职务犯罪预防是一项社会系统工程，检察机关负有义不容辞的责任。检察机关作为查办职务犯罪的主体，其职能既决定了它有预防职务犯罪的职责，更有预防职务犯罪的优势。检察机关发挥好预防职务犯罪的优势和潜能，将有利于推进党的十八大报告提出的"要坚持中国特色反腐倡廉道路，坚持标本兼治、综合治理、惩防并举、注重预防方针，全面推进惩治和预防腐败体系建设，做到干部清正、政府清廉、政治清明"。曹建明检察长多次指出，职务犯罪是诱发社会矛盾、影响社会稳定的重要因素，检察机关预防职务犯罪工作是反腐败斗争的重要组成部分，是化解社会矛盾的重要抓手，要更加充分地发挥职务犯罪预防在促进社会管理创新中的作用。鉴于检察预防的必要性和重要性，我们结合南昌检察预防的实际，提出了以《"1＋10"模式打造南昌检察新预防》为题的研发，以推进南昌检察预防实效的大提升。

一、《"1＋10"模式打造南昌检察新预防》构思框架

研发构思时，我们立足两点：(1) 检察预防立足于检察职能，并加以极大的发挥。否则是越俎代庖，不务正业，拖累检察工作；(2) 检察预防立足于惩防腐败体系"路基"，并加以职能范围的夯实。否则是自不量力，奇形怪状。基于此，研发中，我们分析了实践中检察预防的发展路径，指出了南昌检察预防改革的宏观必要，梳理出了南昌检察预防存在的突出问题。从而酝酿出研发主题：《"1＋10"模式打造南昌检察新预防》。所谓"1＋10"模式，指的是构建南昌检察预防一大格局，创新南昌检察预防十大举措。

二、检察预防的发展路径

1. 从全国来看，最高人民检察院为顺应新世纪检察工作发展需要，于2000年8月正式成立职务犯罪预防厅，标志着检察机关开展预防职务犯罪工作步入全新阶段。在当年召开的"全国检察机关预防职务犯罪工作会议"上，

时任中央政法委书记的罗干同志特别指出："反腐败斗争正在走上从侧重遏制到标本兼治，逐步加大治本力度的轨道上来。"就是在这次会议上，最高人民检察院提出职务犯罪预防工作要实现三个转变，即从分散状态到集中管理的转变；从初级形式的预防到系统预防的转变；从检察机关的部门预防到与社会预防相结合的转变。

为此，最高人民检察院于 2000 年 12 月颁布了《关于进一步加强预防职务犯罪工作的决定》，2002 年 4 月又制定了《关于检察机关内设机构预防职务犯罪职责分工的规定》，2007 年 2 月印发了《人民检察院预防职务犯罪工作规则》。最高人民检察院相继出台的《决定》、《规定》和《规则》，进一步界定了检察机关预防职务犯罪工作的基本职责和工作范围，将"职务犯罪预防调查、预防职务犯罪建议、警示教育基地建设、行贿档案查询、职务犯罪预防工作年度报告、侦防一体化建设"等，作为开展职务犯罪预防工作的新载体，创新职务犯罪预防工作新机制，提升预防职务犯罪工作能力，取得了良好的政治、社会和法律效果。表现为中国特色检察机关预防职务犯罪工作机制初步建立；重点行业和领域开展系统预防工作取得实质性进展；重点建设项目中开展专项预防工作取得明显成效；个案预防和检察建议工作扎实进行并富有成果；检察机关预防职务犯罪工作规范化、制度化体系基本形成；预防宣传教育力度逐步加大，预防职务犯罪的良好社会氛围逐步形成。

2. 从南昌来看，早在 20 世纪 90 年代，南昌市人民检察院就在反贪污贿赂局内设职务犯罪预防科，并在查办职务犯罪案件的同时，坚持惩治腐败与预防腐败相结合，把职务犯罪预防纳入检察业务范围。为加大预防职务犯罪工作力度，2002 年 6 月，南昌市院以司法体制改革为契机，及时将预防工作职能从侦查部门分离出来，专门设立了职务犯罪预防处。至今，除两个新设立的开发区检察院外，其他 10 个区县基层检察院都相继成立了专门职务犯罪预防机构——职务犯罪预防科。这些年来，在上级院和当地党委的领导下，在两级院的共同努力下，南昌检察按照最高人民检察院、江西省人民检察院（以下简称省院）的总体部署，围绕惩防体系建设、检察业务和办案的需要，以促进社会矛盾化解、社会管理创新、公正廉洁执法为根本，以结合执法办案和专项治理为重点，拓宽工作思路，规范工作机制，创新工作方法，强化工作措施，注重工作实效，扎实开展预防职务犯罪工作，努力推进预防职务犯罪专业化、社会化、法治化和现代化建设，并取得了一定的成绩。

三、南昌检察预防改革的宏观必要

最近，省院党组书记、检察长曾页九同志在南昌调研时特别强调："预防犯罪的作用与查办案件同等重要。"职务犯罪预防工作，地方党委、政府高度重视，社会经济发展特别需要，社会各界呼声非常强烈，对我们的要求也越来越高。我们必须正视反腐倡廉的严峻形势，敢于面对、勇于担当。

一是职务犯罪案件高发态势的要求。党的十八大报告明确指出：一些领域消极腐败现象易发多发，反腐败斗争形势依然严峻。就南昌而言，南昌职务犯罪案件不断频发，大有愈演愈烈，前腐后继之势。据统计，仅2013年前9个月，全市检察机关查办职务犯罪的立案数达到118件/174人，同比增加33.8%；大、要案数98件，同比上升40%。从这些数字的背后侧面反映出南昌现行的职务犯罪预防机制、方法、举措存在不合时宜的地方。在新形势下职务犯罪的形式和特点也在不断变化，职务犯罪预防工作必须针对新形势下职务犯罪出现的新特点和新动向，加强对职务犯罪的调查研究，积极探索开展职务犯罪预防工作的有效途径，逐步建立起具有自身特色的预防职务犯罪的工作机制。

二是加强和创新社会管理工作的要求。虽然我们一直把加强和创新社会管理作为预防职务犯罪工作的目标任务和工作重点来抓。然而，预防职务犯罪与加强和创新社会管理是检察机关面临的重大实践课题，需要在今后的工作中不断探索、不断提高和不断发展。社会矛盾日趋复杂，参与社会管理，需要我们以更宽的视野、更高的境界和更大的气魄去进行理论创新和实践过程，自觉把预防职务犯罪工作放到党和国家工作大局中去谋划工作思路，创新工作方法，推进工作开展，进一步提升职务犯罪预防工作水平，努力在加强和创新社会管理中发挥更大作用。

三是推进惩防腐败体系建设的要求。党的十八大高度重视反腐倡廉工作，并明确指出："反廉腐倡必须长抓不懈，拒腐防变必须警钟长鸣。"作为法律监督机关的各级人民检察院，在推进党的惩防体系建设中，责任重大、任务艰巨。新的历史时期开展职务犯罪预防工作，必须在提高反腐倡廉建设科学化水平上下功夫，这给我们检察机关职务犯罪预防工作提出了全新的要求和更高的期待。新的时期职务犯罪预防工作要有新的内涵，其根本出路在于与时俱进、开拓创新。

四是社会各界的预防期盼的要求。职务犯罪预防工作发生了巨大变化，对我们来说既感到欢欣鼓舞，又感叹力不从心，让我们不得不思考如何才能使我们的思想认识、工作能力、作风纪律、力量配备赶上和适应新时期、新任务和新要求，真正能够在落实党和政府及社会各界对预防工作寄予的更高起点、更高层次和更高水平期待的同时实现质的飞跃。在预防人才方面，我们缺乏相应的专业人才，人员储备和队伍建设明显跟不上形势发展的需要。预防工作是检察工作中最具社会影响力的工作之一已经成为普遍共识，越来越受到各级党政领导及人民群众的重视和关注。越是在这个时候我们越要常怀感恩人民和敬畏职业之心，用我们的素能提高和公信提升保持和扩大预防工作的影响力。

四、南昌检察预防的突出问题

纵观检察机关职务犯罪预防工作发展历程，我们在看到南昌检察预防成绩的同时，也清醒地认识到，南昌检察预防工作与省会城市检察机关所处的地位和作用不相称。南昌检察预防存在"六个不到位，六个不够"的突出问题：

1. 思想认识不到位，重视程度不够。尽管南昌检察机关成立了专门的职务犯罪预防工作部门，但与查办职务犯罪相比，重打击、轻预防的思想仍然存在。有的认为预防工作见效慢，吃力不讨好，浪费了有限的司法资源；也有的认为打击职务犯罪就是最好的预防，专门预防可有可无；还有的认为这项工作是预防部门的事，跟检察业务没有太大关系，缺乏"一盘棋"的大预防观念。由于长期存在这些不正确的思想认识，导致预防工作不能达成最广泛的共识，影响了预防工作的广度和深度。

2. 执行措施不到位，工作严谨性不够。为加大预防职务犯罪工作力度，上级检察机关和当地党委、政府相继出台了一些有限的诸如预防《决定》、《规定》、《规则》和预防《条例》，且其中明确了一些很好的检察预防措施和制度。即便如此，实际执行还是不到位，预防工作严谨性差。以最高人民检察院出台的《检察预防年度报告》措施为例，实际执行中，一些地方首先是表现为毫不情愿、被逼无奈地撰写。其次是其内容肤浅、分析判断性差、预防对策针对性不强。所撰写的检察预防年度报告没有起到为党委、政府参谋的作用，从而违背了最高人民检察院出台此项预防新举措的初衷。再次预防调查仅在办公室动动脑、动动笔而已，很少深入实际、深入单位、深入系统、深入领域作深入的调查分析。最后预防检察建议存在千篇一律之嫌，难以对案发单位、案发部门起到"亡羊补牢"的作用，等等。有的地方甚至表现于实际工作中缺乏预防整体部署，对预防零敲碎打，打到哪是哪，见什么新就做什么，见什么热就跟什么，不仅脱离实际，而且缺乏预防工作一环扣一环的紧凑性，难以起到预防效果。

3. 预防实效不到位，预防实质不够。整体来看，检察预防工作打防脱节现象比较普遍，预防工作经常被大而化之，预防措施也缺乏针对性和可操作性。有的地方开展预防职务犯罪工作，仅仅流于形式，当作"形象工程"，做表面文章，浅尝辄止，往往只是蜻蜓点水，缺乏具体深入的工作措施。有的为了完成岗位目标考核任务，片面追求面上的拓展，从而造成只有形式没有内容的局面。有的轰轰烈烈开始，雷声大、雨点小，到后来无声无息不了了之。

4. 互动预防不到位，相互配合不够。检察惩防职务犯罪，全靠检察整体职能的发挥，而检察整体职能又是检察各部门职能的连体。因而检察要搞好预防职务犯罪工作，既是检察职务犯罪预防部门的职责，更是检察其他各部门的任务。但实际中，检察预防仅停留在由职务犯罪预防部门唱"独台戏"，即使其他检察部门有些支持的话，其作用也是边缘化，孤掌难鸣。现实中，由于检察职务犯罪预防部门不直接办理案件，从而难以了解职务犯罪预防实情；由于检察其他各部门对职务犯罪预防工作不积极、不主动或忽视配合开展职务犯罪预防工作，从而错失职务犯罪预防在检察机关"点多、面广"的功能发挥。正因为检察内部预防功能的脱节及互动性差，导致检察预防的专业化优势难以体现、预防工作举步维艰、预防效果不尽如人意。

5. 预防考评不到位，预防动力不够。从目前职务犯罪预防工作的考评机制来看，其缺陷有：一是只注重纸质材料的考评，没有对预防实效的考评，以致预防工作流于形式；二是只对预防工作部门考评，而没有将检察其他部门开展预防工作纳入到这些部门的工作绩效考评范围，使得职务犯罪预防部门出现"别人生病自己吃药"的尴尬局面。缺乏科学有效的绩效考评体系，既影响了职务犯罪预防工作的动力发挥，又造成检察预防"一盘棋"大预防的缺失。

6. 人员配备不到位，预防人力不够。近年来，社会各界和上级院对预防工作期望越来越高，工作量越来越大，而预防人员却明显配备不足，从而形成预防工作量与预防人力的极大反差。全市两级院仅有预防干部15人，除南昌市院预防处4人和青山湖区检察院预防科2人（独立机构）为专门从事预防工作外，其他院预防科设在反贪局内，并与综合科合署办公，既要完成预防工作，又要完成反贪局综合事务性工作，有时还要参与案件的侦查审讯工作，任务非常繁重。由此，一定程度上影响了预防工作的深入开展。另2个派出院无预防机构。进贤县检察院、安义县检察院、西湖区检察院原预防干部已调走，现尚未配备专职预防人员。有些长期从事预防工作并做得比较好的干警提拔到其他科室，预防人员青黄不接，等等。这些诸多因素必定影响南昌检察预防的长足发展和深入推进。

五、南昌检察预防大格局构建的思考

思路决定出路。针对南昌检察预防工作现状，结合多年开展职务犯罪预防工作的成功经验，我们设想构建南昌检察预防大格局开展职务犯罪预防工作。其内涵是南昌检察预防要立足检察职能，结合南昌实际，围绕参与和创新社会管理，健全长效工作机制，创新工作举措，建立南昌检察大预防一体化工作模式。以调动南昌现有全体检察人力，在不离岗的基础上，挖掘他们所在岗位预防潜能推动南昌检察多方位、多层次、多角度开展职务犯罪预防工作。

（一）可行性

（1）全体检察人员因检察职业的本能，对职务犯罪预防工作不仅不陌生，反而心知肚明，干警普遍有预防工作知识基础；（2）上下两级检察院是领导与被领导关系，能做到对预防工作统一部署、统一调配、统一组织实施；（3）检察人员参与预防工作因不离开原岗位，从而不影响其他检察业务工作。

（二）预期效果

（1）各干警都是结合本职工作开展预防工作，因而会形成单个或整体预防工作内容实、针对性强，且预防形式会多样，预防效果会更佳；（2）考评范围更广，检察预防外界影响面会更大。

（三）保障性要求

1. 理念保障

在反腐倡廉建设和经济社会发展的新形势下，检察机关做好预防职务犯罪工作，关键是要解决好检察人员对预防工作的思想观念问题，树立检察预防新理念。所谓检察预防新理念，正如曹建明检察长在全国检察机关第三次预防职务犯罪工作会议讲话中所指的："检察机关预防职务犯罪工作，是党和国家反腐倡廉建设总体格局的重要方面，是惩治和预防腐败体系的重要组成部分，是检察机关惩治职务犯罪工作的必然延伸，是法律监督职能的重要内容。"全市两级检察机关要强化检察预防工作一体化观念，充分认识到预防职务犯罪不仅是预防部门的事，也是整个检察机关的事。要认真贯彻曹建明检察长"要把预防工作当作大事来干，预防工作要干大事"的要求，彻底转变预防工作可有可无，可大可小，可多做可少做的错误认识，真正把预防工作作为一项重要的、实在的检察机关法律监督业务和执法工作来抓。加强对预防工作的领导，把预防职务犯罪工作作为检察工作一个新的"增长点"，切实把预防工作放在与查办案件同等重要的位置，加强统筹规划、组织协调和检查指导，实现与其他业务工作同部署、同落实、同检查、同考核、同奖励，实现"办理一案、教育一片、治理一方、警示一面"，促进办案法律效果、政治效果和社会效果的有机统一。对此，全市两级检察院要加强南昌检察大预防的新理念教育，真正把干警的思想统一到市院部署的南昌检察预防大格局的新理念上来。

2. 领导保障

为加强检察大预防工作的组织实施，实行"一把手"负总责，分管领导具体负责，相关部门负责人认真履行职责的责任机制。将市院原成立的南昌市人民检察院预防职务犯罪工作领导小组更名为南昌市检察机关预防职务犯罪工作指导委员会（以下简称预防指委会），以体现全市检察预防职务犯罪工作领导机制的强化，并与基层检察院成立的预防工作领导小组相区分。全市的检察预防工作统一在预防指委会的领导和组织协调下开展。市院检察长任预防指委会主任，市院其他院领导任副主任，各基层院检察长及市院反贪、反渎、侦监、公诉、监所检察、控申、民行、案管中心、预防处等相关业务部门主要负责人为成员，通过具体机制明确各自在职务犯罪预防工作中的作用和职责，密切与职务犯罪预防部门之间的工作沟通和联系，使各单位、各部门在工作中互相配合、互为资源、互为依托、互相服务、共同发展，进而实现检察机关惩防职能最优化和惩防效果最大化。预防指委会下设办公室，并设在市院预防处，由市院预防处处长任办公室主任，负责协助预防指委会抓好预防工作任务分解和指导检查，统筹协调重大预防活动，组织有关部门抓好落实。两级院设立预防科，指定专人负责预防工作，协调本单位有关部门开展好预防工作，并对上级院预防部门负责。各基层检察院相应成立预防工作领导小组及其办公室，统一领导、协调本院的职务犯罪预防工作。

3. 人员保障

（1）外部：注重检察机关专门预防与社会预防之间、检察预防人员与社会大众之间协调配合，积极调动各方面力量参与预防职务犯罪工作。

一是借助联席会议成员单位的资源优势，建立预防联络员队伍，通过信息报送和联系走访，收集各相关领域与职务犯罪有关的信息。

二是组建职务犯罪预防专家咨询团。聘请近年办理频发、多发领域职务犯罪案件的办案能手、检察业务专家、专业预防人员或预防骨干和社会、经济、心理等方面的专家，组建职务犯罪预防专家咨询团，为预防工作深入开展提供智力支持。

（2）内部：整合检察预防力量，加强预防队伍专业化建设。

一是充实预防队伍，各基层检察院至少必须有 2 名专职预防干警。

二是在检察机关内部实行预防用人一体化，实行全市检察机关预防人才库管理。人员来源打破地域限制，打破侦防条线，在全市预防队伍人员紧张的情况下，通过检察机关预防条线上下联动、检察机关内部协作整合力量，实现人力资源的充分利用。市院可根据工作需要，调用本级或下级预防人才库人员，解决全市预防工作中的突出问题。预防人才库包括预防宣讲员、预防信息员及有关预防能手。

三是在全市检察系统遴选，成立预防宣讲团，并通过开展优秀宣讲员评比等形式，集中培养、选拔一批预防宣讲骨干，并将他们的预防宣讲材料收集建立管理库，实行统一管理、统一择优调配宣讲。

四是加强各业务部门沟通协作，由各部门指派 1 人为预防联络员负责本部门日常预防工作的相关配合联系事宜。同时，为激发预防宣讲员、预防信息员、部门预防联络员及预防能手开展预防职务犯罪工作的热情，激励先进，由预防指委会对其年度工作情况实行评价，设立单项预防职务犯罪工作先进个人奖。

五是结合近年来查办职务犯罪案件情况，成立专门预防调查项目小组（如工程建设、国家机关、国有企业、涉农专门预防调查项目小组），实行预防工作项目化、人员团队化管理模式，对预防力量进行再充实、再强化。专门预防调查项目小组着重开展专题性对策研究，根据各自领域某一阶段面临的形势、存在的突出问题、案发特点、社会关注的热点问题或结合阶段性重点工作，每年选择专题进行深入研究，重点是在分析论证的基础上提出建设性、针对性的对策和建议，并及时通过成果转化，形成有助于预防职务犯罪和健全管理的规范和制度。

六是检察机关预防部门内部指定专人负责联络联席会议成员单位，承担各联席会议相关日常性工作，协助、指导各成员单位开展职务犯罪预防工作，加强检察机关专业化预防与社会化预防的紧密联系。

4. 合作保障

（1）外部：争取力量，提高检察机关预防在社会的影响力，深化预防效果。

一是与社会公共媒体的合作。在整合检察院内部宣传资源的基础上，进一步加强与包括电视、广播、网络、报刊等在内的社会公共媒体的合作，实现预防宣传的社会化，扩大社会公众对预防工作的知晓度和认知度，不断提高预防宣传的影响力。

二是与人大代表、政协委员的沟通联系。检察机关每季度走访、联系相关领域的人大代表和政协委员一次，听取他们对职务犯罪预防工作的意见和建议。邀请人大代表、政协委员和发案单位群众代表对发案单位落实检察建议情况以及检察机关开展惩治和预防职务犯罪工作的效果进行评议评估，提高预防效果和社会认同度。

（2）内部：深化检察机关各相关部门间的协作配合。

一是定期召开预防工作例会。预防指委会成员应每半年召开一次工作会议，研究部署预防工作任务，制定工作实施方案，通报预防工作情况，指导检查和督促落实预防工作，研究解决预防大格局中出现的具体问题等，促进全市检察预防工作统筹联动、一体运作。

二是明确预防工作责任。检察机关各业务部门共同承担预防职务犯罪工作责任，并根据各自的业务性质和特点，明确分工，各负其责。职务犯罪预防部门统一组织、综合、管理、协调检察机关的预防职务犯罪工作，并进行系统研究和宏观指导；其他业务部门结合所办理的案件和具体业务，开展各种形式的预防职务犯罪工作，使预防工作同业务工作有机结合。

三是定期互通预防信息。每季度召开由反贪、反渎、侦监、公诉、监所检察、控申、民行、案管中心、预防等相关部门参加的职务犯罪信息通报会，就查案情况和信访举报信息等进行分析，对职务犯罪的案发特点和趋势进行研判，提出预警建议，并以预防指委会的名义通报相关部门和单位。加强上下级检察机关之间和检察机关部门之间对职务犯罪案件信息和预防信息的通报和反馈。各相关业务部门及时将所办理的贿赂犯罪案件信息报预防部门录入行贿犯罪档案查询系统，实现信息共享。

四是预防职务犯罪项目申报。职务犯罪预防部门和其他业务部门进行重大预防活动，应当立项并报检察长审批。职务犯罪预防部门统一掌握预防项目，主动做好配合与协调工作。

五是部门预防年度报告汇总。按最高人民检察院《关于实行惩治和预防职务犯罪年度报告制度的意见》的要求，每年年终由各业务部门按内部职能分工，写出本部门的预防年度报告，预防部门在各部门提交报告的基础上进行提炼分析，拟出本院预防年度报告报检察长审定，或者提交检察委员会审议后，以检察院名义报送当地党委、人大、政府和纪委、政法委及有关部门。

5. 考评保障

预防指委会对各内设机构和基层院开展预防职务犯罪工作实行统一目标管理。根据内设机构的工作性质和特点、结合工作实际情况，确定内设机构预防工作的内容和责任目标，制定《各内设机构开展预防职务犯罪工作考评办法》，对各内设机构开展预防职务犯罪工作情况，包括预防宣传情况，个案预防、专项预防、系统预防和综合预防情况，检察建议被采纳情况，预防调研情况等进行量化考核。市院机关可将各内设机构开展预防职务犯罪工作情况列入《市院机关综合目标管理考评细则》进行考核，由预防指委会办公室对各内设机构开展预防职务犯罪工作情况予以汇总，报市院目标管理综合考评工作领导小组做考评参考。对各基层院预防工作情况，可由预防指委会办公室对其单独进行考评，考评情况可作为基层院目标管理考评工作的加分项目。每年度对获得预防职务犯罪工作考评前三名的内设机构和基层院，市院可予以开展预防职务犯罪工作先进单位专项表彰和奖励。通过此项考评激励机制，充分调动各单位、各部门开展预防工作的积极性，上下齐动，左右互动，群策群力，促进全市检察机关预防职务犯罪工作有声有色地深入开展。

第二章　路　径

总体来说，南昌检察大预防并不是对防腐体系建设大包大揽，而是按上级院部署实施具体预防工作，但可对上级院总体部署的预防工作有所深化，以达到预防效果最大化。南昌检察大预防具体新举措设想，就是结合实际预防工作的不足，在原预防工作的基础上而作深化考虑的。具体为：

一、实行职务犯罪预防成果评审制

设立预防成果奖。由市院预防指委会于年终工作目标管理考评前评定。

（一）目的

促使各区、县院及市院各部门立足检察职能大力开展职务犯罪预防工作，以在预防工作中既讲究形式、方法预防，又做到严格、规范预防，更注重预防效果。避免以往流于形式的预防和不注重质量、效果的预防。为全市树立实实在在的预防工作标杆。

（二）方法

预防成果由各区、县院及市院各部门根据自身开展预防工作所取得的成果（预防创新经验、影响力成绩）向预防指委会申报。申报时既可以是单项预防成果，也可是综合预防成果。

（三）评审形式

（1）提交开展申报的预防工作及其成果的书面材料；（2）提交相应的多媒体演示件；（3）评审实地考察。评审时以分值综合评定。

（四）组织实施

由市院预防指委会办公室组织实施。

（五）获奖价值

单位或部门获得预防成果奖的，计入预防工作考评加分。

二、实行预防职务犯罪年度报告落实上级会商制

预防职务犯罪年度报告是由各级人民检察院在年底向同级党委、人大、政府和相关部门报告"职务犯罪发生情况、发展趋势和预防对策综合报告"，是最高人民检察院 2010 年出台的创新工作、品牌工作和亮点工作。但由于一些地方对预防职务犯罪工作的认识不够，表现在工作中不重视、不积极，反映到行动上不深入、不扎实，以致地方预防职务犯罪工作还没有完全、有效地融入党和国家惩治和预防腐败体系的大格局，没有在社会预防的大背景中发挥足够的影响力。为真正发挥预防职务犯罪年度报告的有效作用，有必要实行预防职务犯罪年度报告落实上级会商制。即由市级党委牵头成立的预防职务犯罪协调小组召集召开各区、县主要领导参加的预防职务犯罪年度报告落实汇报年会，以共商预防大计，共筑预防人民防线。

（一）目的

（1）促成撰写年度报告的检察院所撰写的年度报告系统宣传、全面贯彻党和政府的反腐倡廉方针政策，对辖区内职务犯罪发生状况、原因透彻分析，对职务犯罪发生动向、变化趋势作出准确清晰的预测，提出的预防对策建议切实管用可行。达到年度报告具有全面性、系统性、前瞻性、实用性的要求。（2）促成党委、政府、人大高度重视年度报告，有针对性地抓好年度报告内容的落实整改和防范，有力地推动预防成果的转化应用，扩大预防工作在社会各界的影响力。（3）发挥年度报告工作成为党委、人大、政府及社会各界了解检察机关预防工作的重要窗口作用，提高检察机关特别是预防部门在党委、人大、政府中的地位。

（二）方法

1. 由市院预防指委会于当年年底提议、市预防职务犯罪协调小组组织召开预防职务犯罪年度报告落实汇报年会；

2. 由各区、县主要负责同志汇报上年度报告的落实情况及预防深化、创新情况和预防职务犯罪存在的突出问题；

3. 根据年会汇报情况，提出下年度预防新措施及推广预防经验；

4. 参会人员为各区、县主要负责同志、检察长及其预防部门领导，市院主要负责同志及其预防部门领导和市预防职务犯罪协调小组成员。

三、实行预防职务犯罪警示教育签感制

警示教育可谓预防职务犯罪的重要形式，为此，政府投入了大量的精力、人力和财力。其主要形式有课堂预防教育、巡回展板教育、警示基地参观教育、监狱现身说法教育等。这些警示教育具有组织性、当面性、感触性和常规性的特点，因而具备签感的条件。以挖掘受教育者心灵感悟，促其引以为戒，并有证为凭。

这一形式的重要作用体现在：

（1）促使讲解员、授课员精心准备、精彩讲授，受教育者聚精会神听讲；（2）便于统计受教育的人数，受教育者受教育的次数和类型；（3）挖掘受教育者对预防教育的心灵感触，了解他们对讲解、授课的评价和对职务犯罪预防的意见。

由预防部门收集签感册存档，并由预防部门根据签感册将接受教育的姓名、单位、职务录入预防电子信息库，以备检查预防教育效果，深入分析预防教育情况。

四、实行预防宣讲"双百"制

随着职务犯罪预防专业化的更高要求，市院已开展的百名检察官进行百场职务犯罪预防宣讲（即预防犯罪宣讲"双百"制）应是全市的一项预防犯罪创新举措。为使该项工作常态化、高质量化，首先应确定所选检察官就地宣讲原则，以体现用身边的事和人警示教育身边的人；其次辅之于优秀宣讲员异地交叉宣讲，以发挥优秀宣讲示范作用；再次是为宣讲员设定最低宣讲任务，以必要的宣讲场次扩大预防效果；最后是根据宣讲效果推荐、评选出优秀预防宣讲员，以鼓励预防宣讲，激发检察干警积极开展预防宣讲。

预防教育宣讲提倡以多媒体演示或稿件形式进行，并由预防部门收集存档入预防宣讲材料管理库。评选优秀预防宣讲员时，根据课件、宣讲次数、接受教育人员累计数及教育效果评选出优秀预防宣讲员。

五、实行行贿查询警示教育约谈制

行贿犯罪档案查询实行全国联网后，在遏制行贿犯罪方面发挥了一定的作用，但各地效果参差不齐，有的地方甚至效果不明显，其关键是网而有漏。从准入机制的录入现状来看，大多行贿犯罪查询不到。以致有的地方查询结果几乎是张空网，从而难以发挥行贿犯罪查询的作用。如：

1. 检察机关为突破受贿犯罪案件的需要而政策性允诺不追究行贿犯罪人的不属录入查询范围；

2. 挂靠有资质的公司参与竞标而行贿犯罪的，有资质的公司不属录入查询范围；

3. 相对不诉的行贿、存疑不诉的行贿、撤案的行贿不属录入查询范围。

鉴于查询现状和现实的必要，为全面加强竞标人的警示教育，切断受贿犯罪的根源，应结合查询建立竞标人竞标前和中标后接受检察官约谈的警示教育机制。

（一）约谈方法

1. 由专职预防干警约谈。竞标前可集体约谈，也可单个约谈，中标后应单个约谈；

2. 约谈对象为竞标人及其所挂靠的公司法人代表，合伙竞标的，合伙人都必须接受约谈；

3. 约谈时应有书面约谈单，约谈后约谈检察官及被约谈人应签名，以示负责，以凭为证。

（二）约谈内容

1. 了解竞标者或中标者的身份；
2. 讲解职务犯罪所涉的有关法律法规；
3. 开展有针对性的警示教育。

（三）约谈作用

由检察官面对面警示教育特定人，并将约谈作为竞标的条件之一。约谈后，向组织招投标单位、业主单位出具约谈告知单。

由预防部门收集约谈记录册存档，并由预防部门根据约谈记录册将接受教育的姓名、单位、职务录入预防电子信息库，以备检查预防教育效果，深入分析预防教育情况。

六、实行预防调查督办制

预防调查，是检察机关开展预防职务犯罪工作的重要手段，也是推动社会化预防的有力举措。它指的是检察机关为了准确把握职务犯罪的原因、特点和规律，寻求有效的治理对策，针对一定领域、系统、单位权力运行中可能引发职务犯罪的隐患、非规范职务行为，以及职务犯罪衍化的宏观和微观因素而实施的实证研究、综合分析并提出预防对策的专门活动。其目的是及时发现和研究可能导致职务犯罪发生的体制、机制、制度和管理监督方面的原因，把握职务犯罪的发案规律和变化趋势，向有关部门、单位提出预防建议和对策，帮助建立健全长效防控机制。

实践中，预防调查难以发挥本应发挥的作用，其原因是：（1）即使按照考评所需开展了预防调查，其质量也是肤浅的；（2）有关部门、单位对预防调查中的预防建议和对策几乎是一般应付性的整改，难以切入实质性的整改；（3）预防调查所涉系统、领域问题的协调和整改，当地党委、政府的牵头难以落实到位。鉴于此，有必要建立预防调查上级检察机关督办制。

具体督办方法如下所述：

1. 上级检察机关根据掌握、发现某区域有关联的突出问题，指定该区域检察院开展预防调查；

2. 下级检察院开展的预防调查（含上级指定预防调查和自我主动性的预防调查），形成书面调查报告后及时呈报上一级检察院审查，待审查同意后再向有关单位、部门或当地党委、政府发出，以免出现为考评而滥竽充数的调查，督促预防调查报告达到高质量；

3. 上一级检察院督促下级检察院抓好有关单位、部门对预防调查中预防建议和对策的实质性落实，督促当地党委、政府对有关问题机制性整改的协调，通过督办，使预防调查转化为实实在在的成果。

七、实行预防联合走访制

为扩大职务犯罪预防工作的社会效应，督促有关单位、部门积极开展自身的职务犯罪预防工作，由检察机关邀请本级具有法律素养的人大代表、政协委员深入有关单位、部门进行职务犯罪预防联合走访，且全年走访不得少于4次，其中上半年、下半年各2次。

具体走访方法有：

1. 由有关单位、部门就其自身开展职务犯罪预防工作的总体情况进行系统汇报；

2. 检察人员、人大代表、政协委员分别就该单位或部门为杜绝职务犯罪开展的队伍建设、制度建设等情况进行预防专业性质询；

3. 走访人员与所走访的单位或部门代表结合该单位或部门的实际进行座谈分析预防现状及问题和经验；

4. 走访人员现场对该单位或部门职务犯罪预防工作进行评估，并提出预警预测意见；

5. 参加走访的检察人员对走访情况形成专题报告，并根据走访人员的评估及预警预测的综合意见书面反馈给被走访单位或部门，以帮助进一步加强对职务犯罪的预防。

八、实行检察大预防分类分工制

鉴于当前职务犯罪预防工作的复杂性、多样性、广泛性，为充分发挥检察职能对职务犯罪预防的优势，克服现行检察预防机制发挥的不足，有必要建立以市院职务犯罪预防成果评审委员会为统领的检察大预防格局，并实行检察大预防分类分工制。

1. 由预防部门主抓职务犯罪预防宣传教育工作。其中包括：（1）宣传片内容的制作、播放联系；（2）警示教育（基地教育、展板教育、授课教育、信息教育）内容的审查、组织和安排（可根据需要在全院有选择性地安排授讲）；（3）预防教育效果的收集。政工部门负责宣传片播放的联系，研究室协助预防部门进行宣传文稿的审查，办公室负责警示教育的后勤保障，技术部门负责警示教育片及有关文稿的技术制作。年终时，主抓部门围绕上述工作的开展情况写出职务犯罪预防宣传教育工作总结报市院预防处考评，并报经市院预防指委会评定。同时预防部门还要抓好行贿犯罪档案查询、约谈，信息教育，预防年度报告，年终时就此三项工作的开展情况写出总结报市院预防处考评并经市院预防指委会评定。

2. 反贪、反渎侦查部门分别就管辖案件主抓个案分析、预防检察建议及其落实工作。年终时就这些工作的开展情况写出总结报市院预防处考评并经市院预防指委会评定。同时反贪、反渎侦查部门还要结合查案，指定专人开展预防警示教育，每季度不得少于 1 次。

3. 为开展系统防、领域防专项预防工作，进一步扩大检察预防工作覆盖面，深入分析各行业职务犯罪情况或其可能性，研究预防对策，结合各检察业务工作的实际，有关业务部门分类成立专项预防调查项目小组开展专项预防工作：

（1）反贪预防小组负责"三农"领域（含涉及农村、农民、农资、水利）、交通、工程建设领域的专项预防工作；

（2）反渎预防小组负责医药卫生、教育、安管及政府采购的专项预防工作；

（3）公诉预防小组负责司法领域的专项预防工作；

（4）侦监预防小组负责林业领域的专项预防工作；

（5）民行预防小组负责金融领域的专项预防工作；

（6）控申预防小组负责国土、环境领域的专项预防工作；

（7）监所预防小组负责供电、通信部门的专项预防工作。

以上预防小组每年最少开展一次专项预防工作，年终时要有专项预防报告并报市院预防处考评，由市院预防指委会评定纳入各区县院和市院各部门当年的目标考评中。

以上各项预防报告均由预防部门审查后报市院预防处考评。

九、实行检察预防论坛制

为推进检察大预防的深入进行，发挥检察人员对职务犯罪预防工作的集体智慧，总结提高检察预防职务犯罪的工作水平，由市院每年举办一次预防职务犯罪论坛。论坛内容包括检察预防常规性工作深入的研究和创新性研究。参加论坛的论文由各区县院及市院各部门组织撰写。其中市院各部门不得少于1篇，各区县院不得少于5篇。检察预防论坛由市院调研室主办，市院预防处协办，基层院预防科配合。同时借鉴杭州市检察机关"两长论坛"——民本预防的生动实践的成功经验，全市两级检察院分别每年举办一次以预防职务犯罪为内容的"两长论坛"。"两长"指的是"检察长·系统或部门的行政长官"。其目的是通过"两长论坛"面对面的沟通对话，共商系统或职务犯罪多发高发领域部门预防职务犯罪大计，充分调动系统或部门预防职务犯罪的积极性，以此推动他们加强其自身的职务犯罪预防工作。

十、实行检察大预防考评双向制

为充分调动全市两级院及其内设部门开展预防职务犯罪工作的积极性，根据检察工作实际，拟实行南昌检察大预防考评双向制。即对基层院预防工作考评实行百分制和对两级院内设部门预防工作考评实行不限最高分值制。

（一）基层检察预防考评百分制

为强化基层检察预防力度，激发基层检察预防的热情，考量基层检察预防的工作，在对基层院职务犯罪预防工作考评现有最高评价分 35 分的基础上，增加 65 分，累计实行基层检察预防考评百分制。以促使各区县院高度重视并全面开展检察大预防工作。

基层检察大预防百分考评各项分值为：

1. 人均开展预防调查数

—— [最高评价分 10 分（原考评分 8 分)]

预防调查既可是综合预防调查，也可是专项预防调查，形成调查报告的每件计 1 分，调查报告被采纳推广的，每件加 1 分。调查报告被采纳推广指的是采纳单位发文采纳并有针对问题的实质性整改材料反映。

2. 人均提出预防职务犯罪检察建议数

—— [最高评价分 10 分（原考评分 9 分)]

结合办案提出预防职务犯罪检察建议，每件计 1 分；被当地党委、政府及有关部门采纳的（计分要达到三要素：检察建议、检察建议回复书、接受建议的单位或部门对建议的落实整改及效果的综合报告书)，每件加 1 分。

3. 人均开展案例分析数

—— [最高评价分 5 分（原考评分 5 分)]

开展案例分析（含个案分析、类案分析），形成分析报告的，每件计 0.5 分。

4. 人均开展职务犯罪警示宣传教育数

—— [最高评价分 45 分（原考评分 6 分)]

人均开展职务犯罪警示宣传教育分为：

（1）警示片教育（最高评价分 5 分）：

制作警示教育片，每件计 2 分，全年按季度在当地电视台播放共 4 次，每次不少于 7 天，达此要求的计 1 分，组织人员收听收看警示片，每 20 次计 1 分。播放要有电视台的证明，组织人员收听收看要有照片证明。

（2）授课教育（含座谈教育）（最高评价分 10 分）：

有授课教育文稿并宣讲的，每次计 0.5 分，计分时要有文稿和宣讲照片、受教育人签感册为证。

（3）行贿查询约谈教育（最高评价分 10 分）：

约谈每人每次计 0.1 分。计分时要有约谈册为证。

（4）展板教育（含书画展教育）（最高评价分5分）：

制作教育展板10块以上且连贯成系列、主题明确、紧扣形势、内容丰富的，制作一次计2分，巡回展出并讲解的，每次计0.2分，计分时要有展板实物及巡回展出照片、受教育人签感册为证。

（5）警示基地建设教育（含纳入县级或县级以上党校培训计划）（最高评价分10分）：

建立警示教育基地并有警示教育内容的计3分，或当地党校培训计划将警示教育课程纳入计划的计2分，组织或促成有关单位组织参观基地警示教育的每次计1分。计分时要有警示教育基地照片和受教育人签感册为证。

（6）信息教育（最高评价分5分）：

有信息教育内容并群发一次计1分，每年春节、端午节、中秋节必须各群发一次，未按此要求群发的，在此项应得分的基础上减半。所发对象为当地纪委所发信息教育对象，计分时以当地纪委证明为准。

5. 人均开展行贿犯罪档案查询数

—— ［最高评价分10分（原考评分5分）］

行贿犯罪档案查询，每查询1次计0.1分。

6. 预防联合走访

——（最高评价分5分）

每走访1次并有走访报告的，每次计1分。少于规定次数的，每少于1次减1分。

7. 预防年度报告

——（最高评价分3分）

预防年度报告按要求撰写的计1分，得到当地党委、政府认同的计1分，得到上级会商时认同的计1分。

8. 预防论坛

——（最高评价分2分）

全市两级检察院应按要求参加检察预防论坛，并递交规定数量的预防文章，每少1篇扣0.2分。未按要求举办"两长预防论坛"的扣1分。

9. 预防成果

——（最高评价分8分）

参加预防论坛并获奖，每篇获奖文章计1分；经评审予以评定预防成果奖，并经市院转发推广的，每件计1分，省院推广的，每件计2分，最高人民检察院推广的，每件计 3 分。

10. 完成上级院交办的预防职务犯罪工作数

—— ［最高评价分 2 分（原考评分 2 分）］

保质保量完成上级院交办的预防职务犯罪工作的，每次计 1 分，未按时完成的，每次减 1 分。

（二）检察内设部门预防考评不限最高分值制

全市两级院预防职务犯罪工作必须依靠两级院各内设部门形成合力才能极佳完成。基于此，为促使检察各内设部门按双向考评设置的考评内容有计划地深入推进检察预防工作，我们设置了对各内设部门预防工作的单独考评，并新拟定了《南昌市检察机关内设机构预防职务犯罪工作的考评办法》（见第三章附件）。该《考评办法》在充分考虑各部门检察职能的基础上，通过考评分值的合理设置，尽量缩小各部门预防工作"起跑线"的差距，以达到检察预防潜能的最大发挥。

预防职务犯罪是反腐败斗争的重要组成部分，加强预防职务犯罪工作是促进经济发展、加快社会进步和繁荣的迫切需要，更是关心干部、保护干部和爱护干部的务实举措，是一件功在当代、利在千秋的好事情。我们南昌检察人定要在各项检察业务中亲力亲为做好职务犯罪预防工作，将职务犯罪行为遏制在萌芽状态，将职务犯罪案件减少到最低限度。为南昌打造核心增长极贡献一份南昌检察人的力量。

第三章 附 件

一、南昌市检察机关内设机构预防职务犯罪工作考评办法

一、预防指委会办公室对各内设机构开展预防职务犯罪工作情况进行统计，供考核部门参考。内设机构开展预防职务犯罪工作的考核结果，纳入机关目标管理考评中。对获得年度考核排名前三名的内设机构，以开展预防职务犯罪工作先进部门给予专项表彰。

二、各部门在参办或主办职务犯罪案件，认为在某行业和领域有需要开展预防调查，或具有开展预防职务犯罪工作重大价值的情况，应及时向职务犯罪预防部门通报。被认可采纳的，并继而为开展该项预防职务犯罪工作予以协助的，每件加 5 分。

三、各部门应结合自身检察业务和职务犯罪典型案件，开展法制宣传和警示教育。每进行一次法制宣传或警示教育的，加 0.5 分。

四、各部门在参办或主办职务犯罪案件中，发现发案单位在管理和制度等方面存在缺陷和漏洞，应向发案单位提出预防职务犯罪的检察建议。对同一案发单位，不得重复发《检察建议书》。每发一份《检察建议书》，加 0.5 分，收到回复的，加 0.5 分。检察建议引起当地党委政府领导重视并作出批示的，每份加 5 分。

五、反贪、反渎部门应定期分析查办职务犯罪案件的情况，研究职务犯罪的发案规律和特点，对预防职务犯罪问题提出对策意见。每完成一次，加 0.5 分。

六、公诉部门应结合对法院审判活动的监督，发现法院在审判活动中有不合法行为，存在职务犯罪隐患，应向法院提出预防职务犯罪的检察建议。每发一份《检察建议书》，加 0.5 分，收到回复的，加 0.5 分。

公诉部门对职务犯罪案件诉讼情况（起诉、不诉、抗诉及判决缓刑、无罪）应定期分析，针对突出问题和特点，提出预警报告（要情）和对策建议。

每完成一次，加2分。

七、侦监部门应结合侦查监督，发现侦查机关在侦查中有不合法行为，存在职务犯罪隐患，应向侦查机关提出预防职务犯罪的检察建议。每发一份《检察建议书》，加0.5分，收到回复的，加0.5分。

八、监所部门应结合对监狱、看守所和劳教场所等执法活动的监督，针对刑罚执行和监管活动存在的问题，提出职务犯罪预警报告（要情）和预防对策建议。每完成一次，加0.5分，被采纳的，加0.5分。

九、反贪、反渎、监所部门应对在押的职务犯罪嫌疑人进行法制教育，引导其自我剖析犯罪原因，以收集有助于预防职务犯罪的信息材料。向本院职务犯罪预防部门提供职务犯罪嫌疑人致罪因素自我剖析材料，每完成一次，加0.5分。

十、控申部门应对群众举报职务犯罪（线索）情况定期进行综合分析，研究职务犯罪的特点、趋势，提出对策建议。每完成一次，加2分。

十一、民行部门应结合对法院民事审判、行政诉讼活动的监督，发现法院在审判活动中存在职务犯罪隐患，应向法院提出预防职务犯罪的检察建议。每发一份《检察建议书》，加0.5分，收到回复的，加0.5分。

民行部门定期分析民事、行政审判开展情况，发现民事们或任法裁判等职务犯罪问题，对预防职务犯罪问题提出对策意见。每完成一次，加2分。

十二、案管中心在职务犯罪案件侦查终结后的五日内，应将《立案决定书》、《侦查终结报告》、《起诉意见书》和犯罪嫌疑人《悔过书》的复印件送交职务犯罪预防部门。每移送一案材料加0.1分。在职务犯罪案件作出撤销案件决定、不起诉决定、提起公诉和收到法院一审《判决书》后的五日内，将相关法律文书复印件送交本院职务犯罪预防部门。每移送一份材料加0.1分。

十三、研究室应注重开展预防职务犯罪的理论和实务研究，会同职务犯罪预防部门或相关部门进行专题调研，为预防职务犯罪工作提供理论支持。有关预防职务犯罪的研讨会每完成一次，加10分。有关预防职务犯罪的论文在市级以上刊物发表的，每篇加1分；在省级以上刊物发表的，每篇加2分；在知名期刊上发表的或者获最高人民检察院表彰的，每篇加5分。

十四、政工、办公室应将预防职务犯罪宣传工作纳入检察宣传整体规划，利用媒体开展预防职务犯罪工作的宣传报道，提高检察机关预防职务犯罪工作的社会知晓度和影响力。各部门有关预防职务犯罪工作的宣传报道被市级以上单位采用，每条加1分；被省级单位采用，每条加2分；被中央级单位采用，每条加5分（适用范围：《人民日报》、新华社、中央电视台、中央广播电台、《法制日报》、《检察日报》、《江西日报》、江西电视台、《新法制报》、《南昌日报》)。所得分计入作者所在部门。

二、文书样本

（一）预防职务犯罪警示教育签感册

预防职务犯罪警示教育签感册

★

南昌市人民检察院制

受教育者姓名：
身　　份：
单　　位：
对授课（讲解）评价：

受教感触：

对职务犯罪预防意见：

（二）预防职务犯罪警示教育约谈记录册

预防职务犯罪警示教育
约谈记录册

★

南昌市人民检察院制

约谈检察官：

被约谈对象：

约谈内容：

约谈时间：

（三）预防职务犯罪警示教育约谈告知单

预防职务犯罪警示教育约谈
告知单

×××（单位）：

　　为防范招投标过程中职务犯罪案件的发生，做到事前预防、事中预防，我院专职预防检察官已对竞标者（中标者）×××进行了约谈，并对其予以了职务犯罪警示教育，请继续对其跟踪监督并给予帮教。若发现有违预防职务犯罪警示教育的情况，请及时告知我院。

　　　　　　　　　　　　　　　　　　年　　月　　日（院印）

第二编

非法证据排除工作品牌研发报告

课题负责人：熊红文

研发人员：杨　妍　杨小宁　董凯华

王梦翔

第一章　总　论

一、引言

"十二五"时期是江西省建设富裕和谐秀美江西，南昌市全面打造核心增长极的重要战略期。面对新形势和新任务，新一届市院党组专门制定和下发了《"十二五"时期南昌检察工作发展规划》，提出了南昌检察工作实现争创全省一流，在中部省会城市检察院位居前列，在全国检察机关有影响、有地位的奋斗目标。为实现这一宏伟目标，2012年3月，市院党组决定开展打造南昌检察机关优秀工作品牌活动，并制定和下发了《南昌检察机关优秀检察工作品牌研发工作实施方案》，确立了在2013年年底前，完成二至三个全国有影响的优秀品牌、三至四个全省有影响的优秀品牌的研发工作任务。

当前，《刑事诉讼法》民主化、文明化的趋势日益加强，人们保护自身合法权益的意识也越来越强，这就使《刑事诉讼法》要更加切实体现保障个人权益的特点。一个国家的证据制度对于其整个诉讼制度有着至关重要的作用，而作为证据制度中的重要一方面的非法证据排除规则也日益引起人们的关注。在大多数国家中，都建立了或完备或粗浅的非法证据排除规则。作为传统上一向重视实体公正的我国来说，随着法制的不断发展，保护个人自身权益的理念不断深入人心，非法证据排除规则的问题也引起了理论界和实务部门热烈的讨论，最高人民法院、最高人民检察院、公安部、国家安全部、司法部（以下简称"两高三部"）也制定了非法证据排除规则，修改后《刑事诉讼法》正式确立了该规则。

非法证据排除规则的确立具有重大的意义，其体现在：（1）有利于保障人权。保障人权是非法证据排除规则设置的最初动因，同时，非法证据排除规则的设置本身就体现了对人的尊重。这种尊重主要体现在两个层面：一是对作为刑事司法中的犯罪嫌疑人或被告人，以及所有其他诉讼参与人权利的尊重；二是对全体社会成员的尊重。非法证据排除规则就是对于非法证据的否定，是对于侵犯个人的人身、自由、财产权利的否定，其本身就起到了保护人权的作用。

（2）有利于司法公正、体现司法尊严。非法证据排除规则体现了法律是不可侵犯的和法院不偏袒侦查、起诉部门的公正性和尊严。正如美国最高法院所认为的，采纳非法证据意味着牺牲了法治的一个目标，即保护个人的宪法性权利去追求侦查案件便利的目标，而平衡两个价值还是前者更加重要。（3）有利于规范刑事司法行为，维护司法权威，阻止违法行为的产生。刑事程序法是实现《刑法》的手段，是将违法者绳之以法的步骤。作为刑事诉讼法律规则之一，非法证据排除规则也必须从对实现刑事司法目的的角度来进行考量。在司法实践中，非法证据排除规则的确立给刑事司法机关办案带来了严峻的挑战。同时，由于非法证据排除规则在非法证据的内涵与外延、具体排除程序可操作性等方面还需进一步明确和细化。因此，有必要对这些问题作专题研究。

2012 年 9 月 5 日，市院下发了《关于开展南昌检察机关优秀检察工作品牌研发工作的通知》，确定了非法证据排除工作品牌为 7 项研发工作品牌之一。研发小组结合工作实践，对非法证据排除工作进行深入的调查研究。通过收集资料、研究论证、征集建议、专家咨询等多种方式，研发小组深入了解了非法证据排除工作取得的成就及存在的问题，确定了南昌市检察机关非法证据排除工作品牌的指导思想、基本原则、总体思路，并研发设计了 7 个方面的具体路径。

二、研发步骤方法

为保障研发工作的顺利开展，此次研发工作确立了以下研发步骤和研发方法。

（一）研发步骤

1. 资料收集及初步构思阶段（2012 年 9 月）。本阶段制定研发工作推进计划，确立篇章结构、时间安排、成员分工，广泛收集信息资料，制作开题报告，为撰写研发报告打下了坚实的思想基础、理论基础和资料基础。

2. 调研论证及拟定初稿阶段（2012 年 10 月至 11 月上旬）。本阶段在对信息资料梳理分析的基础上，充分听取基层院侦监、公诉部门主要负责人在非法证据排除工作方面的思路及举措，完成对研发报告初稿的撰写工作。

3. 专家咨询与修改完善阶段（2012 年 11 月中下旬）。本阶段在咨询省院公诉处、市中院刑庭、江西财经大学法学院教授等专家学者意见基础上，对研发报告进行进一步修改完善。

（二）研发方法

1. 经验借鉴法：广泛收集近几年来全国检察机关开展非法证据排除工作

的经验和做法，并认真加以分析，充分吸取能适应南昌司法实践发展的成功做法，确立南昌非法证据排除工作品牌的出发点和着力点。

2. 研究论证法：认真查阅公开发表的期刊、专著、论文集及相关网站有关非法证据排除工作的理论成果，并运用这些理论成果，充分论证非法证据排除工作品牌具体路径的正当性、必要性和可行性，确保品牌研发取得实效。

3. 征集建议法：在撰写初稿过程中，10月16日，召开"非法证据排除工作品牌研发调研座谈会"，邀请全市基层院侦监、公诉部门负责人座谈，就非法证据排除工作方面的思路及举措进行深入的探讨，广泛听取意见和建议，确定了打造非法证据排除工作品牌的总体思路和具体路径。

4. 组织讨论法：为保证研发报告内容翔实、论证充分、可操作性强，研发小组非常重视相互讨论，互相借鉴，多次组织讨论，对报告的修改完善进行深入细致的讨论，并历经7次修改。

5. 专家咨询法：初稿完成后，11月22日，召开"非法证据排除工作品牌专家咨询座谈会"，邀请全国检察业务专家、省院公诉一处副处长潜艇、江西财经大学法学院副教授谢小剑、市中级人民法院刑二庭庭长田勇、刑一庭副庭长万剑等专家学者提出专家咨询意见，全国检察业务专家、市院党组成员、副检察长刘莉芬，市院党组成员、反贪局长詹太健，反贪局政委雷武及侦监、公诉部门负责人、业务骨干参加座谈，均围绕报告提出修改完善意见。研发人员在此基础上，对初稿再次进行修改完善。

6. 制定细则法：为了确保非法证据排除工作在司法实践中发挥充分作用，专门制定了《南昌市检察机关非法证据排除规则实施细则》，全面规范侦查机关取证行为。

三、非法证据排除规则的理论和实践现状

我国关于非法证据排除规则的立法肇始于1998年，当时最高人民法院和最高人民检察院在各自出台的司法解释中曾经规定了非法证据排除规则，最高人民法院《关于执行〈中华人民共和国刑事诉讼法〉若干问题的解释》中对于非法证据取得的言词证据作出了排除规定；最高人民检察院颁布实施的《人民检察院刑事诉讼规则》强调"严禁以非法方法收集证据"的同时，还作出了更为细化的进一步要求。最高人民检察院还发布了《关于严禁将刑讯逼供获取的犯罪嫌疑人供述作为定案依据的通知》，强调各级检察机关要落实非法证据排除规则的适用，在获取犯罪嫌疑人、被告人口供时要严格禁止刑讯逼供的发生。由于以上相关的司法解释对非法证据的判定标准、提出阶段、排除

的程序等都没有进一步的说明与细化。因此，在实践中难以有效地发挥作用。

2010 年 7 月 1 日，"两高三部"《关于办理刑事案件排除非法证据若干问题的规定》（以下简称《非法证据排除规定》）正式实施，该规定界定了非法证据包括非法的言词证据和非法的实物证据，明确规定了排除非法证据的范围、诉讼阶段和程序。该规定初步建立起了非法证据排除的程序框架，一定程度上解决了适用该规则的可操作性问题，具有重要的制度进步意义。

2012 年 3 月 14 日，修改后《刑事诉讼法》吸纳了《非法证据排除规定》的相关内容，明确规定了采用刑讯逼供等非法方法收集的犯罪嫌疑人、被告人供述和采用暴力、威胁等非法方法收集的证人证言、被害人陈述，应当予以排除。收集物证、书证不符合法定程序，可能严重影响司法公正的，应当予以补正或者作出合理解释；不能补正或者作出合理解释的，对该证据应当予以排除。同时明确了非法证据排除的具体程序，公安机关、人民检察院、人民法院在侦查、审查起诉、审判过程中发现有应当排除的证据的，都应当依法予以排除。

2012 年 11 月 22 日，最高人民检察院颁布实施的《人民检察院刑事诉讼规则（试行）》进一步明确且细化了排除非法证据的相关程序。

（一）理论研究现状

非法证据排除规则从 20 世纪初在美国产生以来，一直是学术界讨论及争论的热点问题。我国理论界运用比较分析法、价值分析法、理论联系实际等方法进行研究，取得了丰硕的成果。对于非法证据的内涵和外延、非法取证手段的类别、排除非法证据的法律后果、裁判机制，确立非法证据的排除申请、有关排除非法证据问题的司法听审形式、有关的举证责任和证明标准以及排除规则适用后的再救济等问题进行了全方位的讨论，并在一些方面达成了共识，同时理论上的研究也推动了立法及司法的进程。

在《非法证据排除规定》颁布后，理论界又掀起了新一轮的讨论热潮，专家学者给予了高度关注。樊崇义教授认为，在我国实行刑讯逼供的机制中，该规定起着重要的作用，对我国刑事证据制度"有了一个跨越式"的发展，其历史意义不可低估。陈瑞华教授认为，该规定一个鲜明特色在于包含了大量的排除规则，内容丰富，许多规定具有突破性的意义。龙宗智教授认为，非法证据排除规定突出重点、全面规范，明确了刑事证据法的基本内容，体现先进性与科学性，具有突破性与创新性，突出了实践性。陈卫东教授认为，该规定在我国刑事诉讼发展历史中首次明确了证据排除的范围与证据排除的操作程序，是我国《刑事诉讼法》、刑事证据规则发展过程中的一大进步，奠定了未来我国《刑事诉讼法》修改走向基础，实属我国刑事司法界的一件大喜之事。当然，对于非法证据排除规则还有许多问题需要继续研究和澄清。首先，非法证据在我国的刑事审判中为何难以有效排除这个重要甚至是前提性的问题在学理上没有得到彻底澄清；其次，该规则不是简单的一项证据规则，而是建立在司法审查与控制警察权的基础之上，而我国欠缺的恰恰是该规则存在的制度基础；最后，该规则还有其内在的缺陷，不仅表现为缩小了非法言词证据的排除范围，而且其中的有些程序性规定缺乏可操作性。因此，改革者不仅要推动该证据规则的施行，更应关注该规则的有效实施问题。

修改后《刑事诉讼法》确立了非法证据排除规则，对人权保障具有重大意义。但是，非法证据排除规则在理论上的分歧和争议依然存在，修改后《刑事诉讼法》确立的非法证据排除规则也需要在理论上进一步完善。

（二）司法实践现状

从司法实践的情况来看，非法证据排除难的状况在"两个证据规定"实施前后并没有很明显的改观，修改后《刑事诉讼法》施行后，非法证据排除规则的适用也存在不少难题。尽管提出非法证据排除申请的被告人有所增加，但法官启动非法证据排除程序并最终使非法证据得以排除的案例仍然比较罕见。实践中，办案机关往往通过"办案说明"的方式证明取证行为的合法性，法庭大多予以采纳，而很少适用非法证据排除。法官们普遍反映，"两个证据规定"和修改后《刑事诉讼法》规定非法证据排除规则的初衷是好的，但由于规定相对粗糙造成可操作性不强，其宣示意义大于实质意义。比如，2012年4月24日开庭审理的前足协专职副主席谢亚龙涉嫌受贿一案中，谢亚龙当庭称自己在调查阶段曾被刑讯逼供，并否认了公诉方提出的12项指控中的大部分指控，其辩护律师当庭申请启动非法证据排除程序，并为谢亚龙作无罪辩护。一审法庭进行了法庭调查，检察机关当庭提供了证人证言及相关书证，证明被告人没有受到刑讯逼供，法庭最终对谢亚龙及其辩护人所提刑讯逼供的意见未予采信并判处其有期徒刑10年6个月。

但是，非法证据排除在司法实践中也发挥了一定的功能，比如2011年章国锡受贿案，庭审中章国锡否认了检察机关的绝大部分指控，称遭到了审讯人员的围攻和"车轮战"式的审讯。法庭调取了被告人章国锡的体表检查登记表，证明章国锡在审讯时受伤的事实，控方又不能作出合理的解释。法院遂在一审判决书中确认控方证据不足以证明侦查机关获取被告人章国锡在审判前有罪供述的合法性。援引《非法证据排除规定》的相关内容，排除了检察机关提交的部分证据，只认定章国锡自己承认的收受6000元的事实。虽然该案二审否定了一审判决，但仍不能否认该案的实践意义。2011年还出现一起非法证据排除案——程镇捷涉嫌侵占公司财务案，佛山市南海区人民法院以被告人涉嫌被刑讯逼供为由，排除了被告人在审前阶段的口供，宣判被告人无罪，二审维持原判。这意味着非法证据排除已经正式从立法走向现实。从实践来看，非法证据排除呈现以下特点：（1）由于程序规则的完善，口供仍为非法证据排除的主要对象；（2）不仅排除某次非法口供，而且排除在整个侦查阶段的口供，章国锡一审、程镇捷案都是如此；（3）对不让睡觉等精神逼供，引诱、欺骗过限等非法取证行为提出了强烈质疑；（4）有的侦查机关在获取口供后未能充分地完善证据的印证说明，导致证据更可能排除，比如章国锡案辩方对于行贿地点提出了有力质疑，而控方未及时收集相关印证证据。

与此同时，一些地方司法机关为了更好地落实《非法证据排除规定》，制定了相关实施细则并采取了一些配套的措施。例如2010年，江苏省扬州市人民检察院与法院共同召开庭前会议，进一步听取被告人和辩护人对非法证据排除的意见，该院还建立侦查人员出庭作证机制，与公安、法院就侦查人员出庭作证的范围、启动程序、讯问流程、证据效力等达成共识；2012年6月，江苏省苏州市平江区人民检察院制定了《关于排除非法证据的实施规则》，目前在审查起诉中已经排除3起案件中的非法证据，2012年8月，江苏省宿迁市宿豫区人民检察院制定了《审查起诉阶段排除非法证据具体规定》；黑龙江省人民检察院通过制定《黑龙江省检察机关侦捕诉一体化工作机制实施办法》公平解决非法证据排除这一难题；2012年10月，江西省人民检察院制定了《审查起诉环节非法证据排除实施细则（试行）》。

四、非法证据排除规则适用的困境

（一）"非法证据"的范围界定不明确

首先是对"刑讯逼供"的理解存在两种偏向：一种是过于狭窄的界定刑讯逼供，将那些积极暴力特征不突出，但仍然导致难以忍受的肉体与精神痛苦，与刑讯逼供具有同样功能的非法取证行为，即所谓"变相刑讯逼供"，不视为刑讯逼供，不排除由此获得的口供；另一种是过于宽泛的解释刑讯逼供，将凡是采用了某种不人道或有辱人格方法的不规范审讯都称作刑讯逼供，并要求排除相关口供。其中，"变相刑讯逼供"是否应当作为刑讯逼供看待，是适用非法证据排除规则所遇到的一个十分突出的现实问题。其次对于刑讯逼供和暴力、威胁之外的"等非法手段"没有明确、具体的界定。

（二）非法证据排除程序没有具体可操作性规定

《非法证据排除规定》第 3 条明确人民检察院在批捕、审查起诉环节对侦查阶段的非法证供享有证据排除权，修改后《刑事诉讼法》第 54 条第 2 款规定，在侦查、审查起诉、审判时发现有应当排除的证据的，应当依法予以排除，不得作为起诉意见、起诉决定和判决的依据。但是，侦查机关、人民检察院在侦查、审查逮捕和审查起诉环节的排除程序却没有明确规定，关于每个阶段排除的主体、启动程序、审批程序、排除的手段和方式、后果等即使在修改后《刑事诉讼法》施行后也缺乏细化的规定，导致实践中难以操作。

（三）检察机关发现及查证非法证据困难

非法证据主要产生在案件的侦查阶段。受诸多因素的限制，检察机关本身尚不具备足够的发现非法证据的能力。首先是手段限制，检察机关仅仅通过查阅卷宗、提讯犯罪嫌疑人等方式，很难全面重现侦查过程，直接发现非法证据；其次是提前介入侦查的作用没有得到充分的发挥，现行《人民检察院刑事诉讼规则（试行）》规定检察机关根据需要可以派员参加公安机关对于重大案件的讨论和其他侦查活动，但实践中一般不直接参与侦查讯问活动，也无法发现非法证据；最后是同步录音或者录像尚未普及，目前，同步录音或者录像在侦查机关特别是基层侦查机关缺乏普及条件，侦查讯问只是靠笔录或者事后工作说明来证明，缺乏有效的内部监督，为日后检察机关的查证活动带来了困难。

另外，检察机关查证非法证据同样面临困难，首先，技术条件难以支持对视听资料、电子证据的审查；其次，同步录音或者录像难以发挥应有作用，实践中，有的是选择性同步录音录像，有的是同步录音录像光盘制作不规范；最后，证人、鉴定人出庭作证困难。

（四）被告方提出"非法取证的线索或证据"未明确

按照《非法证据排除规定》的要求，公诉方承担对被告人审判前供述合法性的举证责任，但是，启动非法供述排除程序的基本条件是"被告人及其辩护人提出被告人审判前供述是非法取得的，法庭应当要求其提供涉嫌非法取证的人员、时间、地点、方式、内容等相关线索或者证据"。这种规定的用意是为了防止被告人和辩护人不负责任地随意甚至恶意提出非法证据排除程序。然而，"相关线索或者证据"，没有明确、具体的规定。

由于非法取证一般在侦查机关的讯问室等封闭的环境下进行，在一般情形下，被告人或者辩护人很难提供非法取证人员的具体名单，具体的时间、地点等；而对于非法取证的方式和内容，除特殊情形下，如被告人有可能留下伤疤或残疾等外，被告人和辩护人更难提供相应的证据。因此，规定要求被告人及其辩护人提供涉嫌非法取证的人员、时间、地点、方式、内容等相关证据，对于辩方而言，要求过高。

（五）缺乏救济程序

"无救济无权利"，这句法谚充分说明了救济的重要性。在《非法证据排除规定》中，法律没有明确规定相应的救济权利。在审查逮捕阶段、审查起诉阶段，当检察机关排除了侦查机关的相关证据材料，就必须给予与案件有利害相关的当事人（如被害人）一定的救济措施和途径，应允许其向控告申诉部门提出申诉，同时也应给侦查机关一定的救济途径，允许其可以提出复议、复核；相应地，如果检察机关对于犯罪嫌疑人或辩护人提出的非法证据排除申请经审查后决定不排除，那么也要给其救济途径，又如在审查逮捕阶段，由于时间紧，应当允许其在审查起诉阶段重新提出非法证据排除申请。

五、非法证据排除工作品牌的指导思想、总体思路和基本原则

（一）指导思想

为规范司法行为，促进司法公正，根据《刑事诉讼法》、《人民检察院刑事诉讼规则（试行）》和"两高三部"《非法证据排除规定》和《关于办理死刑案件审查判断证据若干问题的规定》，结合办理刑事案件工作实际，制定非法证据排除在检察环节的实施细则。

（二）总体思路

对本课题的研究，需要对当前关于非法证据排除的各种理论学说进行归纳和梳理，对非法证据排除规则在实践中存在的问题进行调查和分析，同时密切联系检察机关的工作实际，制定科学合理、切实可行的实施细则，以使该规则从纸面落到实处。

（三）基本原则

1. 依法、主动、全面、合理排除非法证据。首先，《刑事诉讼法》和"两高"的司法解释是排除非法证据的明确法律依据，南昌市检察机关制定实

施细则以及适用非法证据排除规则都必须严格遵守上述规定，不得与其相抵触，否则归于无效。其次，检察机关在刑事诉讼中既要履行指控犯罪的诉讼职能，也要履行保障司法公正的诉讼监督职能，这是由检察官的客观义务所决定的，因此，检察机关应当主动开展排除非法证据的工作，积极发现线索，全面调查核实，合理排除非法证据。

2. 排除非法证据与预防非法证据相结合。检察职能是一项复合性职能，对于审查逮捕、审查起诉以及诉讼监督工作环节而言，应当积极主动地开展非法证据排除工作；而对于自侦工作环节而言，关键不在于如何排除非法所取得的证据，而在于如何采取措施防止非法取证行为的发生，防止非法证据的产生。因此，检察机关适用非法证据排除规则，应当注重排除非法证据与预防非法证据相结合。

3. 排除非法证据与补强合法证据相结合。排除非法证据对案件认定具有很大影响，特别是对一些关键性证据，一旦排除，将很可能导致案件证据不足无法认定，从而在一定程度上影响对犯罪的追诉和惩治。因此，排除非法证据不能一排了之，应当积极采取措施对现有证据进行补充和加强。对存在瑕疵的证据，要加以补正或作出合理解释，使其具有可采性；对排除后可能重新收集的证据，要重新依法收集并加以合理运用，从而保障追诉犯罪工作的顺利进行。

4. 强化法律监督与强化自身监督相结合。排除非法证据体现了检察机关对侦查工作的法律监督，同时检察机关排除非法证据的工作本身也应当接受监督，因此，要坚持强化法律监督与强化自身监督相结合的原则。检察机关排除非法证据，要充分听取侦查机关、当事人及其律师的意见，要设置严格的审批手续，要规范运用各种核查手段，要完善作出排除非法证据决定后的释法说理和救济程序，从而保证排除决定的正确性。

六、非法证据排除工作品牌的预期目标效果

（一）切实保证修改后《刑事诉讼法》中非法证据排除规则的贯彻实施

设置非法证据排除实施路径，将进一步明确"非法证据"的范围，细化《刑事诉讼法》禁止非法取证的规定，促使司法机关就发现、查证、排除非法证据困难等问题达成共识，切实扭转司法实践中非法证据排除难的困境，确保修改后《刑事诉讼法》中非法证据排除规则的贯彻实施。

（二）有效统一司法人员的执法理念

设置非法证据排除的实施路径，依法排除在侦查、审查逮捕、审查起诉、审判阶段出现的非法证据，将进一步加大检察机关预防、发现、核查及排除非法证据的力度，以保证程序公正、实体公正。通过这种贯穿于《刑事诉讼法》全过程的法律监督手段，不仅使检察机关自身，也促使侦查机关、审判机关改变重实体、轻程序的传统观念，切实提高程序的法律地位，尊重程序的法律价值，牢固树立实体与程序并重的执法理念。

（三）有力推进保障人权的司法文明进程

设置非法证据排除规则的实施路径，将在一定程度上解决排除非法证据的可操作性问题，充分发挥非法证据排除对取证行为的深远影响力。切实转变侦查机关传统的"重口供、轻证据"的办案模式，强化侦查人员在执法办案中保障人权的意识，进一步规范执法，推进司法文明向前迈进。

（四）逐步形成非法证据排除工作品牌效应

通过实施非法证据排除的具体路径，将在司法实践中切实办理一批排除非法证据的案件。通过对这批非法证据排除案件的认真总结和大力宣传，将切实引导全市侦查机关规范取证，较大程度地遏止全市侦查机关的非法取证行为，有效提升南昌检察机关非法证据排除工作的知名度，逐步形成非法证据排除工作的品牌效应。

第二章 路 径

一、"非法证据"确认的路径

虽然修改后《刑事诉讼法》对非法证据的内涵和外延作出了相对明确的界定，但实践中仍然存在一些模糊和有争议的问题，需要进一步加以明确。主要是需要合理界定刑讯逼供的排除范围，合理界定威胁、引诱、欺骗性取证的排除范围，合理界定非法讯问之后的重复性供述的排除范围，合理界定非法证人证言和被害人陈述的排除范围，合理界定非法实物证据的排除范围。

(一) 合理界定刑讯逼供的排除范围

刑讯逼供是指使用肉刑或者变相使用肉刑，使犯罪嫌疑人在肉体或精神上遭受剧烈疼痛或者痛苦以逼取供述的行为。肉刑是直接针对身体器官实施的暴力行为，如殴打、捆绑、电击、违法使用戒具等；变相肉刑是指不直接对身体器官实施暴力但通过其他方法使其遭受剧烈的肉体疼痛或精神痛苦的行为，即通常所说冷暴力行为，如长时间并使犯罪嫌疑人难以忍受的冻、饿、晒、烤、罚站、罚跪、不让睡觉等。

所谓刑讯逼供"等非法方法"是指违法程度和对犯罪嫌疑人的强迫程度与刑讯逼供相当而迫使其违背意愿供述的方法。如在自侦案件中对犯罪嫌疑人采取抽耳光、吐口水等侮辱人格的手段逼取供述，或者在对犯罪嫌疑人非法羁押、超期羁押期间取得供述的，等等。

论证说明如下：

界定刑讯逼供的范围需要明确三个问题：一是变相肉刑或冷暴力属于刑讯逼供。在司法实践中，有的司法工作人员认为只有暴力和肉刑才是刑讯逼供，对于冷暴力的危害性和违法性认识不足，导致使用冷暴力逼取口供的情况比较多见。《人民检察院刑事诉讼规则（试行）》将刑讯逼供表述为：使用肉刑或者变相使用肉刑，使犯罪嫌疑人在肉体或精神上遭受剧烈疼痛或者痛苦以逼取供述的行为。该规定明确将变相肉刑和冷暴力纳入了刑讯逼供的范围。二是所谓刑讯逼供"等非法方法"是指除刑讯逼供以外的，与刑讯逼供的违法程度和对犯罪嫌疑人的强迫程度相当，足以使犯罪嫌疑人违背意愿作出供述的方法。如对犯罪嫌疑人抽耳光、吐口水等侮辱人格的行为，这些行为不会损害他人身体健康，也不会导致剧烈的肉体疼痛，不属于刑讯逼供；但是针对某些犯罪嫌疑人，特别是自侦案件中的犯罪嫌疑人大多属于领导干部，对其实施侮辱人格的行为将对其产生巨大的精神打击，严重侵害其人格尊严，这种行为的侵权严重程度并不弱于刑讯逼供，所以应当纳入刑讯逼供之外的其他非法方法的范畴。又比如对犯罪嫌疑人非法羁押或超期羁押期间取得供述的，虽然不属于刑讯逼供，但同样是在严重侵犯犯罪嫌疑人人身自由权利的情况之下所取得的供述，也应当属于刑讯逼供之外的其他非法方法。三是构成刑讯逼供应当有行为程度上的限制。换言之，轻微的身体接触和轻微的冷暴力不构成刑讯逼供。比如，侦查人员在讯问时怀疑犯罪嫌疑人说了假话，非常生气，便用笔录纸在犯罪嫌疑人头部甩了两下；又比如，侦查人员命令犯罪嫌疑人罚站 1 分钟，等等。这些行为都非常轻微，以致不可能使他人遭受剧烈的肉体疼痛或精神痛苦，所以不属于刑讯逼供，只能称为不当的讯问方式。如果身体接触达到了使人遭受剧烈的肉体疼痛的程度，或者长时间的冷暴力达到了使犯罪嫌疑人精神痛苦、难以忍受的程度，则构成刑讯逼供。

（二）合理界定威胁、引诱、欺骗性取证的排除范围

侦查取证过程中采用的一般性的威胁、引诱、欺骗性手段不属于非法取证，只有严重影响司法公正的威胁、引诱、欺骗性取证才需要予以排除，如对犯罪嫌疑人、被告人威胁使用可能致人伤残、死亡的严重侵害人身健康或生命安全的暴力行为的，以非法拘捕近亲属等违反社会道德底线的行为进行威胁的，以承诺提供毒品吸食、供认即可释放等违反法律规定的利益进行引诱、欺骗的，以虚构的同案犯供述笔录等可能引发虚假供述的方法进行引诱、欺骗的，等等。

论证说明如下：

一般认为，界定非法证据的关键是要紧紧抓住是否侵犯了被讯（询）问人的《宪法》基本权利，刑讯逼供和暴力取证行为严重侵犯《宪法》所保护的公民身体健康权利和人格尊严，其所取得的证据无论内容真伪均属于非法证据而予以排除。但是威胁、引诱、欺骗的情况比较复杂，不能一概而论。因为侦查讯问的过程就是双方进行心理交锋和智力较量的过程，往往伴随着一定的技巧和谋略，而这些技巧和谋略中多少包含了一定的威胁、引诱或者欺骗的成分，在多数情况下，这些威胁、引诱或者欺骗成分并不会侵犯人权，所以，有

学者将威胁、引诱、欺骗性取证称为"一般的非法证据",指出不应对其作过于严格的限制。但修改后《刑事诉讼法》第50条规定"严禁刑讯逼供或以威胁、引诱、期骗以及其他非法方法收集证据",这意味着威胁、引诱、欺骗性取证并非一律合法,严重影响司法公正的威胁、引诱、欺骗性取证仍属于非法取证的范畴而应当予以排除。所谓严重影响司法公正是指某种取证行为的实施将严重损害司法机关的公正性、权威性和公信力的情形。司法实践中常见的非法威胁、引诱、欺骗性取证手段主要有:对犯罪嫌疑人、被告人威胁使用可能致人伤残、死亡的严重侵害人身健康或生命安全的暴力行为的,以非法拘捕近亲属等违反社会道德底线的行为进行威胁的,以承诺提供毒品吸食、供认即可释放等违反法律规定的利益进行引诱、欺骗的,以虚构的同案犯供述笔录等可能引发虚假供述的方法进行引诱、欺骗的,等等。

(三) 合理界定非法讯问之后的重复性供述的排除范围

重复性供述是指公安司法机关在一次非法讯问之后所获取的多份内容相同的有罪供述笔录,其中只要第一次讯问时存在刑讯逼供等非法取证行为,那么此后的讯问笔录即属于重复性供述应当予以排除。但是,变更讯问主体后所作的重复性供述仍具有证据能力,如原侦查机关以外的侦查机关依法收集的犯罪嫌疑人供述、侦查机关更换办案人员并明确告知犯罪嫌疑人后依法收集的犯罪嫌疑人供述、检察机关在审查逮捕和审查起诉阶段依法收集的犯罪嫌疑人供述,以及被告人当庭作出的内容相同的供述。

论证说明如下:

判断重复性供述是否需要排除关键看重复性供述与此前的刑讯逼供等非法取证行为之间是否具有密切联系。而判断重复性供述与非法取证行为之间是否具有密切联系可以结合下列因素予以综合考虑:非法取证行为本身的严重程度,非法取证行为与重复性供述之间间隔时间的长短,诉讼阶段的改变,取证机关和取证人员的改变,等等。

关于如何排除重复性供述,目前实务部门存在"适时排除"、"一排到底"、"同一主体排除"等观点。从心理学的角度来看,刑讯逼供等非法取证行为使人产生的恐惧心理在人的大脑中具有记忆效应,一次非法取证行为足以使犯罪嫌疑人产生长期的恐惧心理,因此,侦查人员通过非法取证获取有罪供述之后,可以很轻松地多次获取同样内容的供述而无须再次非法取证。所以,"适时排除"并不能防止非法取证的情况发生。而"一排到底"彻底否定了非法取证之后更换办案机关和办案人员之后重新依法收集犯罪嫌疑人供述的可能性,明显不符合办案的实际情况,将严重影响刑事诉讼惩罚犯罪功能的发挥。

相比之下，"同一主体排除"的观点无疑具有合理性与可行性。因为刑讯逼供使人产生的恐惧心理是与特定的人员和场景紧密相关的，犯罪嫌疑人一般不可能因为某次被刑讯逼供而对所有的人员感到恐惧，面对新的讯问人员时，只要他知道新的人员与原刑讯逼供的人员不具有身份上的同一性和行为上的延续性，其恐惧感就会被隔断而不再控制和支配其心理，所以新的主体所实施的取证行为和结果仍具有证据能力。因此，重复性供述的排除应以下列情形为例外：原侦查机关以外的侦查机关依法收集的犯罪嫌疑人供述，侦查机关更换办案人员并明确告知犯罪嫌疑人后依法收集的犯罪嫌疑人供述，检察机关在审查逮捕和审查起诉阶段依法收集的犯罪嫌疑人供述以及被告人当庭作出的内容相同的供述。

（四）合理界定非法证人证言、被害人陈述的排除范围

修改后《刑事诉讼法》规定，采用暴力、威胁等非法方法收集的证人证言、被害人陈述，属于非法证据，应当予以排除。所谓"等非法方法"是指与暴力、威胁方法在违法程度和对证人、被害人的强迫程度方面相当的其他非法取证的方法，如对证人、被害人非法拘禁或非法限制人身自由的，所取得的证据应当予以排除。

论证说明如下：

在刑事诉讼中，证人是知道案件事实情况的人，被害人是人身或财产权利被犯罪行为侵害的人，其在刑事诉讼中的地位是相对独立的，因此其诉讼权利应当得到更好的保护。同时，证人和被害人的作证结果只会直接影响犯罪嫌疑人的刑事责任而不会使其本人承担刑事责任，所以即使侦查人员对其实施轻微的非法取证行为都有可能导致其作出虚假陈述。因此，判断对证人和被害人的取证行为是否非法，其标准应当低于对非法获取犯罪嫌疑人供述的判断标准，换句话说，一般程度的非法取证行为（如一般性威胁）用在犯罪嫌疑人身上属于可以忍受的范围，但用在证人和被害人的身上则属于应当排除的范围。实践中对证人和被害人的非法取证行为主要有暴力、威胁或者非法拘禁、非法限制人身自由等。

（五）合理界定非法实物证据的排除范围

根据修改后《刑事诉讼法》的规定，排除非法的物证和书证应当具备三个条件：其一，采用暴力、威胁、引诱、欺骗或者没有合法的勘验、检查、搜查、查封、扣押、冻结手续等不符合法定程序的方法收集物证、书证的。其二，严重影响司法公正的。所谓严重影响司法公正，是指收集物证、书证不符

合法定程序的行为明显违法或者情节严重，可能对司法机关办理案件的公正性、权威性、公信力造成严重损害，或者严重侵犯证据持有人、相关人员的重大合法权益等情形。其三，侦查机关不能补正或作出合理解释的。对物证和书证进行补正是指对取证程序上的非实质性瑕疵进行补救；对物证和书证作出合理解释是指对取证程序的瑕疵作出符合常理及逻辑的解释。

论证说明如下：

《人民检察院刑事诉讼规则（试行）》将严重影响司法公正解释为收集物证、书证不符合法定程序的行为明显违法或者情节严重，可能对司法机关办理案件的公正性造成严重损害的情形。在实践中，严重影响司法公正主要表现为两种情形：一是严重损害司法机关的公正性、权威性和公信力；二是严重侵犯证据持有人、相关人员的重大合法权益。因此，有必要对这两种情形予以明确列举。

需要说明的是，非法取得的物证书证必须同时具备程序违法、严重损害司法公正、不能补正解释这3个条件才排除，这实质上是原则上不排除。之所以原则上不排除，是因为立法机关认为刑讯逼供之下，犯罪嫌疑人可能屈打成招，刑讯逼供等非法方法获得的口供要排除，而非法获得的物证书证却并不因为收集程序非法而丧失客观真实性，故仍可用于证明案件事实。同时，"毒树之果"也是不排除的。最高人民法院原副院长张军在《两个证据规定理解与适用》一书中明确指出，根据刑讯逼供等非法方法获得口供包含的线索信息，依照法定程序收集的物证书证是不排除的。根据修改后《刑事诉讼法》，也没有规定采取刑讯逼供方式获得口供，再依据口供收集到的物证书证要排除，即也是认可"毒树之果"的证据效力。

实际上这为非法证据排除埋下了很大隐忧。这有可能导致侦查人员不惜以刑讯逼供的违法手段获取口供，虽然口供最终被排除，但侦查人员却可以根据口供收集物证书证。有了充分的物证书证，足以锁定犯罪事实，即使排除了口供仍然可以定案。所以，仅仅排除口供而不排除根据口供获取的物证书证，并不能剥夺侦查人员刑讯逼供的预期利益，无法消除侦查人员通过刑讯逼供快速破案的功利心，预防刑讯逼供的效果必然有所削弱。

由上述分析可见，我国目前的非法证据排除规则仍然是为了保障案件的实体真实，避免出现冤假错案。但非法证据排除规则的价值功能并非在于保障实体真实，二者并不具有对应关系，有时甚至是呈反效应的，比如本来刑讯逼供获得的口供是真实的，因为适用非法证据排除规则排除之后，案件证据不足而导致无罪，这就是因为非法证据排除规则而破坏了实体真实。非法证据排除规则的原本价值功能，是在于保障嫌疑人的合法权益特别是人格尊严不受侵犯。

所以，按照非法证据排除规则的题中应有之义，区分非法与合法证据的标准不在于是否可能影响证据的真实性，而在于是否足以侵犯犯罪嫌疑人人格尊严和《宪法》保障的权益，因而自然不能以证据本身的属性（言词证据还是物证书证）来区分是否应当排除，而应以取证的手段方式是否合法来区分是否应当排除。

当然，立法留下的隐忧只能待日后立法再作完善，修改后《刑事诉讼法》设计的非法证据排除规则着眼于保障证据客观真实性，防止冤假错案，也算是非法证据排除规则的一种低层次状态下运作。不能让非法证据排除规则在保障人权的价值体系下高位运行，就退而求其次，至少能尽可能保障不冤及无辜，也是中国法治文明进程的历史性进步。

二、自侦案件侦查阶段预防非法证据的路径

非法证据主要产生于侦查阶段。由于在侦查阶段，非法证据的排除主体与取证主体属于同一主体，所以非法证据一旦产生，要在侦查阶段就予以排除是非常困难的。而且由于自侦案件有其自身的特殊性，其犯罪主体和犯罪行为往往呈现出"智能型"和"高隐秘型"的特点，案件很难自行暴露，侦查路径则是"由人查事"，实物证据较少且难以查证，言词证据、书面证据等特别是犯罪嫌疑人的口供地位突出。因此，自侦案件在侦查阶段排除非法证据的关键在于预防非法证据的产生，也就是如何做到依法取证。为此，需要从重视初查，重视收集口供以外的证据，重视收集举证合法性的证据，严格依法采取强制措施，严格依法收集证据，严格依法采取技术侦查措施和完善内部和外部监督等方面构建侦查阶段预防非法证据的工作机制。

（一）重视初查取证工作

初查是检察机关查办职务犯罪案件过程中的一项至关重要的工作，其效果如何，往往直接关系到职务犯罪案件的侦破。当前侦查机关的初查工作存在一些不规范之处，也给检察机关带来了一些负面影响。因此，应严格依照人民检察院职务犯罪案件初查工作规范的规定，明确初查的概念、目的和原则，明确初查中的线索管理、线索评估、初查方式、初查期限、安全防范等内容。

1. 健全线索管理、评估机制。对来源于各种途径的举报信息汇总登记、初审并进行评估，提出书面意见；并从准确性和可查性两个方面进行认真研究，准确判断整个案件走势，从而正确制定初查方向和计划。

2. 进行模式和机制的创新。检察机关应积极探索用以事立案和以人立案

并举的方式办案。具体操作时，要按照最高人民检察院有关以事立案的规定，从两个方面严格把握：一是立案是刑事诉讼的起始阶段，此时的"有犯罪事实"是指有一定的事实材料证实发生了危害社会又触犯刑律的行为，不要求对犯罪的过程、情节都一一掌握；二是事实材料只要求足以证实犯罪事实存在即可，并不要求收集到犯罪嫌疑人所有犯罪构成情况、犯罪动机、目的、手段等证据。

3. 制定安全规范与预警机制。初查工作一般应当秘密进行，可以进行书面审查，也可以进行必要的调查，但如果公开进行初查，应当经检察长批准。要确保被初查取证对象的基本人权，严格按照规定的审批程序和权限进行。同时，如发现其逃跑、自杀、自残或正隐匿、毁弃证据，转移赃款财物等紧急情况时，应采取必要的应急措施。

论证说明如下：

职务犯罪不同于一般刑事案件，没有明显的犯罪现场和痕迹，只有从各种途径受理的案件线索，以及控告人、举报人提供的信息。这种信息是否确实，需要我们进行鉴别、判断和评估分析，并对案件线索的准确性和可查性进行分析研究，因此，需要健全线索管理、评估机制；按照《刑事诉讼法》的管辖规定，人民检察院管辖职务犯罪的主体较一般刑事案件的主体特殊，社会各方面更为关注，因此检察机关办案既要严格依法，更要坚持"一要坚决，二要慎重，务必搞准"的办案原则。同时针对现行法律框架要以与时俱进的精神，转变观念，不断提高依法独立公正行使检察侦查权的能力，进行模式与机制的创新；另外，对于打击犯罪嫌疑人的侦查工作，一定要做好预警和风险防范工作。

（二）重视收集口供以外的证据

实践中，自侦案件依赖"口供"定案的问题比较突出。非法证据排除规则就像悬在侦查人员头上的一把利剑，要求侦查人员摆脱对口供的依赖。因此，在侦查过程中，需要重视收集物证、书证、视听资料等证据，要善于从一系列的间接证据来组合形成完整的证据链条。以贿赂犯罪案件为例，应当注重发现并调查以下证据：

1. 书证。包括证明行贿款来源的银行存折、支取的账单、受贿人或行贿人收受财物或送出财物行为的有关笔记、日记；有关受贿人利用职务便利行为的文件、记录、批示等；有关经济活动、金融活动的合同、协议、资金往来票据、财物记账、回扣、手续费的票据、财务记账等。

2. 物证。包括贿赂的款物；贿赂犯罪现场留下的财物与痕迹，如包扎财物的纸张、口袋和各类包等；犯罪现场发生的现场证据，如行贿人、受贿人曾经到达现场的证明，留下的烟头、用过的茶杯及其他痕迹。

3. 再生证据。所谓受贿的再生证据，相对于原生证据而言，是指行贿、受贿方及其利益关系人为逃避法律追究，而进行的掩盖犯罪事实，隐藏、包庇犯罪嫌疑人等反侦查活动中形成的、新的能够证明贿赂案件真实情况的证据。在贿赂案件中，犯罪嫌疑人作案后由于害怕暴露罪行，往往会与行贿人订立攻守同盟，而行、受贿双方一旦发现自己的权钱交易被察觉或贿赂的同案犯罪嫌疑人落网，特别是通过各种途径探知对方已坦白供述，必然会生反常心理，进行频繁活动，采取各种手段掩盖事实真相。如为赃物赃款编造合法来源或转移赃物赃款；涂改、伪造和销毁能够证明贿赂犯罪的书证；频繁同行贿嫌疑人会面或用电话、书信同行贿嫌疑人联系，订立攻守同盟，这些都是再生证据。

论证说明如下：

从检察机关近年来查办的职务犯罪案件来看，大部分的案件都是依赖于口供，侦查人员认为只要将犯罪嫌疑人的口供突破了，案件就成功告破了，因为从客观上看，拿下口供比通过外围调查，获取相关的犯罪证据更节省人力、物力和财力，且口供属于直接证据，便于快速掌握犯罪事实。于是，侦查人员以实施刑讯逼供或变相的刑讯逼供等非法手段来获取犯罪嫌疑人的供述，从而"事半功倍"地侦破案件。加之实践中刑讯逼供法定追诉标准过高以及有的侦查机关领导对刑讯逼供等非法现象有意无意的纵容、袒护，致使侦查人员因刑讯逼供等非法取证行为而被追责的风险大为降低，最终形成"口供唯一性"、"口供至上性"的执法观念。

因此，要转变这种办案观念，就要最大限度地收集相关的物证、书证等证据材料，调取间接证据，努力构建独立于"口供"之外的证据体系。

（三）重视收集证明取证合法性的证据

实践中，侦查人员常常把侦查取证的重心放在所取得的证据是否足以证明犯罪嫌疑人有罪的问题上，忽略了侦查取证的合法性和证据能否作为法庭认定案件事实的依据方面的考量，忽略了在收集有罪证据的同时也要收集证明其举证合法性的证据材料。因此，非法证据排除规则的确立促使侦查人员在侦查取证的过程中，既要注重证据的证明力，又要注重证据的合法性。

1. 注意固定同步录音或者录像。（1）自侦部门要严格按照最高人民检察院于2005年11月1日发布的《人民检察院讯问职务犯罪嫌疑人实行全程同步录音录像的规定（试行）》进行。要更加注意甄别威胁、引诱、欺骗等非法取证与政策教育、侦查策略等合法取证的关系，不能超越法律和规定的界限，不能进行指供、诱供，更不能刑讯逼供、暴力威胁取证，确保讯问的合法性。

（2）不断提高制作同步录音或者录像资料的技术水平和扩大制作范围，保证记录过程的完整性。每次讯问犯罪嫌疑人时，应当对讯问全程实施不间断地录音、录像。万一出现中间断电或机器故障等意外情况，必须固定发生意外情况的证据，并作好情况说明。对重要言词证据应当多次用同步录音或者录像予以固定，并善于运用其他证据（诸如亲笔书写的供词等）固定重要言词证据。（3）摄制的图像应当反映犯罪嫌疑人、检察人员、翻译人员及讯问场景的情况，犯罪嫌疑人应当在图像中全程反映，并显示与讯问同步的时间数码。（4）讯问过程中，需要出示书证、物证等证据的，应当当场出示让犯罪嫌疑人辨认，并对辨认过程进行录音、录像。辨认要依法规范进行。（5）自侦部门将案件移送审查逮捕、审查起诉时，应当将全部讯问录音录像连同案卷材料一并移送审查，不能只移送部分同步录音录像资料。

2. 注意固定能证明所移送证据法律手续齐全、合法的证据材料。如现场搜查、收集物证、书证和视听资料法律手续齐全、程序合法。办理羁押期限的法律文书完备，制作的笔录规范等。确保收集证据的方法是合法的证据。

3. 注意固定能够证明犯罪嫌疑人身体状况的证据材料。如侦查机关传唤犯罪嫌疑人时，可以对其作身体体检。固定看守所收押前医院的体检报告和看守所狱医收押时对犯罪嫌疑人的体检记录等证据，确保证明犯罪嫌疑人进入看守所时身体正常，没有发现犯罪嫌疑人遭到刑讯逼供的证据。

4. 注意固定提审犯罪嫌疑人的记录证据。侦查人员每次去看守所提审时，要把《提讯证》填写完整，包括办案人员及提审开始时间和结束还押时间等。

5. 注意固定犯罪嫌疑人表达未遭到刑讯逼供的材料。如犯罪嫌疑人在侦查阶段所写的亲笔供词，供词中表达侦查人员没有对其进行非法取证的证据。犯罪嫌疑人在会见律师时没有提出侦查人员非法取证的证据材料。犯罪嫌疑人在看守所期间与管教人员谈话中表达未遭到刑讯逼供的证据材料。

论证说明如下：

从现在的非法证据排除程序来看，很多证据的合法性证据材料没有引起侦查人员的重视，因此，当被告人或辩护人提出非法证据排除程序时，侦查人员又得从头去收集相关的证实合法取证的材料，这会导致一些证据因时间、空间的变换而灭失，也会导致诉讼程序的拖延。同时，侦查机关在收集指控犯罪嫌疑人有罪的证据的同时，就可以收集其取证合法性的相关证据材料，也具有可行性。

同步录音或者录像是证明犯罪嫌疑人是否受到刑讯逼供最直观、最有效的工具。因此，侦查机关在查办职务犯罪案件过程中要严格落实和规范制作全程同步录音或者录像，把它作为固定讯问结果、解决争执、排除异议、防止翻供的重要手段。

自侦部门将案件移送审查逮捕、审查起诉时，应当将讯问录音、录像连同案卷材料一并移送审查。这一点很多自侦案件都还没有做到。有一个基层院办的一个受贿案件，同步录音录像笔录显示做了 12 节审讯同步录音录像，但只随案移送了其中的第 2 节、第 12 节，其余的为什么不移送，也未说明合理理由，结果律师抓住这一点大做文章，在网络上进行炒作。所以，自侦部门制作同步录音录像一定要规范，要全部随案移送，避免造成被动。

每次讯问犯罪嫌疑人时，应当对讯问全程实施不间断地录音、录像。因为一旦中断，就很难说清楚原因，使人怀疑是否中断期间存在刑讯逼供等非法行为。所以，一次审讯记录必须是不间断的，万一出现中间断电或机器故障等意外情况，也必须固定发生意外情况的证据，并作好情况说明。

摄制的图像应当反映犯罪嫌疑人、检察人员、翻译人员及讯问场景的情况，犯罪嫌疑人应当在图像中全程反映，并显示与讯问同步的时间数码。在人民检察院讯问室讯问的，应当显示温度和湿度。这些细节也不可忽视。实践中就发生过这种情况，录像中没有显示时间数码，使同录制作的笔录与同录内容无法核对。显示温度和湿度，目的是表明审讯的环境是适宜的。

讯问过程中，需要出示书证、物证等证据的，应当当场出示让犯罪嫌疑人辨认，并对辨认过程进行录音、录像。辨认一定要规范。有一个受贿案件，辨认笔录载明：侦查人员把 5 个不同品牌的袋子放在犯罪嫌疑人面前，然后侦查人员从中拿出一个问犯罪嫌疑人："你送钱用的是这种袋子吗？"这个笔录显然程序违法，因为侦查人员应该让犯罪嫌疑人自己指认。辨认笔录也是很关键的证据，辨认笔录无效，物证书证也随之失效。

（四）严格依法采取强制措施

1. 严格执行拘传、拘留和逮捕的送押规定。讯问犯罪嫌疑人时，侦查人员不得少于 2 人，犯罪嫌疑人被送交看守所羁押后，侦查人员对其讯问，应当在看守所内进行；拘传持续的时间不得超过 12 小时，案情特别重大、复杂，需要采取拘留、逮捕措施的，拘传持续的时间不得超过 24 小时。两次拘传间隔的时间一般不得少于 12 小时，不得以连续拘传的形式变相拘禁犯罪嫌疑人。侦查人员应严格遵守法律规定，贯彻法律关于拘传、拘留和逮捕的相关规定，不得违反或超越法律办案。

2. 严格依法进行搜查、查封、扣押。搜查、查封、扣押的财物也应遵守法律程序。（1）必须有相应的搜查、查封、扣押法律文书。（2）搜查时，应当有被搜查人或他的家属、邻居或其他见证人在场，并在相关的法律文书上签名并捺手印。查封、扣押财物的，应由保管人或持有人确认，并在相关的法律文书上签名并捺手印，同时侦查人员应在以上相关的法律文书上签名。（3）搜查、查封、扣押的财物应交检察机关的财务部门妥善保管，并办理相关的移交文书。

3. 严格依法适用指定居所监视居住。自侦部门一定要严格依法适用指定居所监视居住。（1）加强对指定居所监视居住的严格审批，只有对符合法律和司法解释规定条件的案件才能适用指定居所监视居住。（2）指定居所监视居住不得在看守所、拘留所、监狱等羁押、监管场所以及留置室、讯问室等专门的办案场所、办公区域执行，适用指定居所监视居住的场所应保障犯罪嫌疑人必要的生活、休息条件，便于监视、管理，同时确保办案安全。（3）适用指定居所监视居住的决定应接受侦监部门的监督，自侦部门应主动将证明案件符合指定居所监视居住条件的相关材料移送侦监部门审查；适用指定居所监视居住期间，应接受监所部门的执行监督，确保严格依法规范执行。（4）适用指定居所监视居住期间对嫌疑人进行审讯的，应严格按照规定，进行全程同步录音录像，确保不发生刑讯逼供等违法取证行为。

论证说明如下：

目前指定居所监视居住如何适用还不规范，各地侦查机关做法不一，检察机关自侦部门一定要严格防止指定居所监视居住措施的滥用。按照修改后《刑事诉讼法》的规定，指定居所监视居住是羁押的替代措施，严厉性介于逮捕与取保候审之间，但实践中，有的自侦部门将指定居所监视居住措施当作单独羁押，比看守所羁押还严厉残酷。造成这种现象的原因，是因为有的自侦部门在传唤的 24 小时内突破不了犯罪嫌疑人口供，执行刑事拘留后就不能提外审了，于是就采取指定居所监视居住措施，对犯罪嫌疑人实行变相羁押。这实际上是将指定居所监视居住作为突破口供的手段，以强制措施代替侦查措施。这种将指定居所监视居住措施作为突破口供手段的做法，很可能导致刑讯逼供、疲劳审讯等违法取证现象发生。所以，自侦部门一定要严格依法适用指定居所监视居住，防止发生非法取证。

（五）严格依法收集证据

1. 严格依法收集书证、物证和视听资料等证据。收集证据时应严格遵守法律程序。（1）必须有调取证据通知书；（2）应当调取原件或原物，取得原件确有困难或者因保密需要不能调取原件的，可以调取副本或复制件，因特殊原因无法调取原物的，可以将原物拍照、录像；（3）副本或复制件应表明证据来源和出处，收集物证是拍照、录像的应制作笔录并注明物证的来源和出处，并由保管人或持有人确认，签名并捺手印，如是出自有关单位，应加盖相应的印章。同时收集证据的侦查人员应签名。

2. 严格依法、规范收集言词证据。收集言词证据严禁采取刑讯逼供等非法手段获取犯罪嫌疑人供述和采取暴力、威胁等非法手段获取证人证言和被害人陈述。除此，还应注意一些细节：（1）同步录音录像笔录一定要现场制作，不能事先制作笔录，不能采取复制粘贴的方式制作笔录。（2）依法履行告知程序。在讯问前，应告知讯问人员是检察机关工作人员并出示有效证件，告知犯罪嫌疑人有申请侦查人员回避的权利，对与本案无关问题有拒绝回答的权利等。侦查机关在第一次讯问犯罪嫌疑人或者对其采取强制措施时，应告知犯罪嫌疑人有权委托辩护人，还应当告知犯罪嫌疑人如实供述自己罪行可以从宽处理的法律规定。（3）笔录中不能有指供。（4）不要制作"清洁笔录"。"清洁笔录"是指经过侦查人员处理和剔除以后，不能真实反映案件事实，过于追求定罪的讯问笔录。（5）从不认罪到认罪的整个过程应尽量笔录化。（6）仔细核查制作的讯问笔录。对于犯罪嫌疑人已签名捺指印的笔录，讯问人员和记录人员要及时审核。讯问笔录的起止时间要规范准确，讯问地点应符合法律规定，侦查人员应当在笔录上分别签字，讯问笔录的涂改处应有被讯问人的捺印，等等。如果讯问过多次，要注意笔录上的讯问时间和次数不能颠倒。（7）文字的表述意思要忠于被讯问人表述的原意。关键的情节一定要按原话记录，碰到不宜用原话记录时，也不能改变甚至歪曲被讯问人的原意。

论证说明如下：

一些侦查人员的程序意识淡薄，认为只要收集到犯罪嫌疑人的有罪证据，程序是否违法违规不重要。这些违反法定程序的现象，通过事后的补办相关手续掩盖，公诉人和法官就很难发现其中存在的问题。然而，作为法律监督者，检察人员首先应当依法办案，在收集证据时，应当严格按照法定程序进行讯问、搜查等，在实体真实性和程序正当性之间，应当承认并重视程序的价值和作用。

同录笔录一定要现场制作。这点在同步录音录像制作中是个比较突出的问题，很多侦查机关都是事先做好笔录再开始同录，同录时其实并没有形成笔录。有一个案件的讯问同步录音录像中，侦查人员在讯问时，记录人员并不在记录的状态，而只是摆出一副记录的样子，结果讯问结束后，记录人员不是将面上的笔录拿给犯罪嫌疑人，而是从下面抽出一叠厚厚的笔录拿给犯罪嫌疑人看，显然，笔录不是现场制作的。这就会导致同录的笔录内容与同录中犯罪嫌疑人供述的内容不相一致，法官有可能怀疑笔录取证的合法性进而予以排除。所以，自侦部门一定要现场制作同录笔录，避免造成笔录被排除的被动局面。

依法履行告知程序。讯问犯罪嫌疑人、询问证人、被害人，《刑事诉讼法》、《人民检察院刑事诉讼规则（试行）》都规定了严格的告知程序，讯（询）问笔录制作如果不严格遵守该规定，将降低、弱化证据的证明力，特别是非法证据排除制度出台后，如果采取非法方法收集证据严重到一定程度，该证据将会被排除。比如，根据法律规定，制作讯问笔录时告知内容应在讯问前，应告知讯问人员是检察机关工作人员并出示有效证件，告知犯罪嫌疑人有申请侦查人员回避的权利，对与本案无关问题有拒绝回答的权利等。另外，根据修改后《刑事诉讼法》第 33 条和第 118 条规定，侦查机关在第一次讯问犯罪嫌疑人或者对其采取强制措施的时候，应告知犯罪嫌疑人有权委托辩护人，还应当告知犯罪嫌疑人如实供述自己罪行可以从宽处理的法律规定。

笔录中不能有指供。指供其实比诱供更可怕，因为诱供尚只是采取引诱方法诱使犯罪嫌疑人招供，供述内容并没有告诉犯罪嫌疑人，这种情况下得来的供述有可能是真实的，而指供则是直接将供述内容告诉了犯罪嫌疑人，指示或暗示犯罪嫌疑人照此交代，这种供述虚假的成分可能就会比较大，导致冤假错案的概率就更高。所以，侦查人员讯问语言要讲究技巧，比如审讯一开始就问"你为什么要贪污这笔钱？""你收受的这笔贿赂是多少钱？"等，这些讯问方式都属于指供。因为这些问题已经设置了一个前提，就是犯罪嫌疑人已经实施了犯罪，令犯罪嫌疑人无从辩解。

不要制作"清洁笔录"。"清洁笔录"是指经过侦查人员处理和剔除以后，不能真实反映案件事实，过于追求定罪的讯问笔录。实践中，有的侦查人员急功近利，过于追求定罪，犯罪嫌疑人认罪的供述记得很清楚，犯罪嫌疑人作无罪辩解的就不记录，认为犯罪嫌疑人的无罪辩解都是狡辩。结果制作的笔录全都是有利于指控的，这种笔录就是"清洁笔录"。这种"清洁笔录"不能体现侦查的客观真实性，反而容易使人产生违法取证的怀疑。所以，侦查人员要全面收集有罪、无罪证据，笔录中要允许犯罪嫌疑人作无罪的辩解和供述从轻情节，以充分体现侦查取证的真实性和合法性。

从不认罪到认罪的整个过程应尽量笔录化。实践中，除了投案自首等少数情况外，犯罪嫌疑人不可能一接受讯问就认罪，侦查人员突破口供有一个过程，但是，侦查人员往往只是在突破口供后才开始制作笔录。这样，公诉人和法官对犯罪嫌疑人是怎么认罪的，是如何从不认罪到认罪的这个情况不清楚。所以，侦查人员应从第一次讯问开始，尽可能对每一次讯问都形成笔录，完整体现犯罪嫌疑人从不认罪到认罪的思想变化过程，这样一种动态的展现，恰恰能反映笔录的真实性和合法性，有助于法官对证据形成内心确信。

规范电脑制作的笔录。随着执法规范化要求，检察机关现在基本上改用电脑笔录，但是制作电脑笔录容易造成笔录的雷同。有的侦查人员采用粘贴方式，制作1份10多页的笔录只花了30分钟，有的侦查人员认为多谈几次话多记几份笔录可以防止犯罪嫌疑人翻供，但又图省事，于是采取复制粘贴方式，把第1份讯问笔录进行多次复制重新写上不同的时间让犯罪嫌疑人签字，或者把行贿人的证言复制到受贿人的供述中，只是把"我"改为"他"，使得情节和语言完全雷同，这显然不符合客观情况，这样制作证据涉嫌非法取证。

（六）强化侦查阶段的监督机制

不受监督的权力会产生腐败，同样，不受监督的侦查会有非法取证行为，除了加强内部监督以外，还可以引入第三方见证制度，发挥人大代表、人民监督员的功效。

1. 强化内部监督机制。技术部门负责对讯问犯罪嫌疑人的全程同步录音或者录像工作，可以把技术部门纳入纪检分管；侦查监督部门可以提前介入案件侦查过程，对侦查工作进行监督；在自侦案件侦查过程中实行案前预防、案中督查、案后评价的监督措施等。

2. 引入第三方见证制度。侦查工作具有封闭性的特点，失去外界监督，容易产生非法取证现象。因此，有必要引入与案件无关的第三方。比如人大代表、纪检监察、人民监督员等人员对案件的整个讯问过程全程参与，在参与过程中，为了防止泄露案情，可以采取一些技术处理手段，比如，第三方在监控室内采取无声传送图像观看讯问实况。这不仅能有效遏制刑讯逼供，也为公诉人证明取证手段合法提供了切实依据。一旦在庭审中被告人或辩护人提出非法证据排除，那么第三方的作证比侦查人员出庭作证的证明力要强，社会效果要好。

论证说明如下：

人民检察院是法律监督机关，可以监督公安的侦查行为和法院的审判行为，那么，检察机关办理自侦案件也应受到内部和外部的监督，监督具有合法性、正当性。自侦案件出现非法取证的原因之一是其侦查行为缺乏监督，侦查过程不透明。因此，有必要加强内部和外部监督机制，确保其合法办案。在内部，侦办自侦案件一般需要法警部门、技术部门的支持，可以构建部门之间相互配合、相互监督的工作机制。在外部，检察机关实行的人民监督员制度也可以引入自侦案件的查办当中。对自侦案件的办理实行内、外部监督的工作机制具有可行性。

三、审查逮捕阶段非法证据排除的路径

在审查逮捕阶段排除非法证据，有利于减少错捕案件，提高逮捕质量；有利于促进侦查机关规范执法，通过全面审查案件事实和证据，对违法取得的证据进行调查核实并予以排除，对发现的侦查人员违法行为给予口头或书面纠正，能遏制其他的潜在的侦查人员违法行为的发生，从而引导和规范侦查取证行为；有利于保障诉讼活动顺利进行，进而维护司法公正，保障人权。

然而，目前在逮捕阶段排除非法证据也存在一些障碍和问题：首先，实体公正优于程序公正的执法理念不利于非法证据排除的实施。长期以来由于受"有罪必罚、有错必纠"思想的影响，在审查逮捕时办案人员往往更注重案件的实质真实，对人权保障和程序正当的关注相对较少。其次，在逮捕阶段对非法证据启动难、调查难、排除难。在法律体系中，没有细化逮捕阶段非法证据排除的程序规定。在司法实践中，有相当一部分案件是依赖言词证据定案，一旦排除了非法证据可能造成对犯罪嫌疑人无法定罪的局面出现。因此，在这种情况下，要开展对非法证据的调查和排除会遭到来自各方的压力。最后，由于审查逮捕工作时间紧、任务重，实践中操作也十分困难。

因此，侦查监督部门检察人员要及时转变执法理念，摒弃片面追求结果公正而忽视程序公正的传统观念，牢固树立惩罚犯罪与保障人权并重、实体公正与程序公正并重的理念。而且在程序上需要建立和完善在逮捕阶段非法证据排除的工作机制和措施。

（一）发现机制

在审查逮捕阶段，检察人员可以在审查案件过程中，通过案件中的证据材料或讯问犯罪嫌疑人发现非法证据线索，也可以通过犯罪嫌疑人及其辩护人以及控告申诉部门、监所部门发现非法证据。

1. 具体举措

（1）严格落实讯问犯罪嫌疑人的制度。修改后《刑事诉讼法》第86条规定，人民检察院审查批准或者决定逮捕，可以讯问犯罪嫌疑人；有下列情形之一的，应当讯问犯罪嫌疑人：①对是否符合逮捕条件有疑问的。②犯罪嫌疑人要求向检察人员当面陈述的。③侦查活动可能有重大违法行为的。因此，在办理审查逮捕案件时，严格按照法律规定依法及时讯问犯罪嫌疑人，在讯问过程中，除了核实相关证据以外，还应讯问其是否遭受到刑讯逼供，并告知其有权提出非法证据排除的权利，对于文化程度低、理解能力低的犯罪嫌疑人，要向

其解释相关的非法证据规定。如犯罪嫌疑人认为其受到了刑讯逼供，应告知其应提供遭受刑讯逼供的时间、地点、人物、方式等内容，同时也要告知其诬告的法律后果。

在审查逮捕中对被拘留的犯罪嫌疑人不予讯问的，应当送达听取犯罪嫌疑人意见书，由犯罪嫌疑人填写后及时收回审查并附卷。意见书中应有告知其有提出非法证据排除权利的内容。

（2）仔细审查全部案件材料。在审查案件的证据材料时：①要注重从证据的来源角度发现非法证据，突出审查言词证据，坚持对"一对一"证据的重点审查核实。②审慎对待行政机关的鉴定意见，并对行政执法机关所收集的有罪证据进行重点审查。③在程序方面特别要仔细审查犯罪嫌疑人的到案时间、到案经过、侦查机关采取强制措施的种类、时间，是否在规定的时间里送看守所关押等。④注意审查犯罪嫌疑人的供述与其他证人证言、被害人的陈述有无较大的不合理之处。⑤注意审查同步录音录像。按照最高人民检察院的《人民检察院刑事诉讼规则（试行）》和检察机关执法办案规范中对录音录像的具体要求进行审查。

（3）充分听取案件当事人以及辩护人的意见。听取案件当事人及辩护人的意见可以帮助检察人员全面地核实案件事实，也是发现有价值的非法证据线索的又一途径。而且在实践中，一般而言，由于辩护律师的法律专业素养比犯罪嫌疑人高，其掌握的法律专业知识更深、更全面，其提出的相关辩护意见更具有参考性和针对性。

（4）提前介入侦查。①提前介入侦查的案件范围。一般情况下，侦查监督部门在审查逮捕过程中，应监督侦查部门合法取证，对于侦查机关提出的，侦查监督部门认为确有必要的案件，可以介入侦查。比如，在本区域范围内有重大影响的案件，可能判处10年以上有期徒刑、无期徒刑、死刑的案件，故意杀人、毒品犯罪、有组织犯罪等非法取证较为突出的案件等。②提前介入侦查的模式。在提前介入侦查过程中，检察人员可从两个方面对侦查机关的取证行为进行引导：一是对取证程序合法化的引导，防止非法取证，使收集来的证据能合法、客观地反映案件事实，具有可采性。二是对实体证据全面取证的引导，指引侦查机关全面、客观地收集证据，特别注重收集实物证据。同时，既要对有罪证据进行调查，也不能忽视对无罪、罪轻证据的侦查，力求杜绝片面证据导致错误逮捕状况的发生。

（5）侦查机关报捕时应随案移送其取证合法性的材料。由于审查批准或者决定逮捕时间短，一旦犯罪嫌疑人或辩护人提出非法证据排除申请或检察人员在审查过程中发现有非法取证的可能性后，再调取相关的证据材料会令承办案件的检察人员措手不及，也不能留给侦查人员更多的时间取证。因此，侦查人员在侦查过程中，应收集好相关的证明其取证合法的相关证据材料并随案移送，包括同步录音或者录像、刑事拘留送看守所的身体检查报告复印件等。

（6）加强与控告申诉部门、监所部门的协调和合作。犯罪嫌疑人或者其家属、辩护人认为其遭受到刑讯逼供，向控告申诉部门提出的，控告申诉部门要立即通知侦查监督部门，由两部门联合调取相关证据。在非法证据线索方面，监所部门具有一定的优势，要充分发挥监所部门获取线索的作用。

2. 论证说明

（1）正当性：《非法证据排除规定》明确阐述了人民检察院在审查逮捕阶段，对于非法言词证据应当依法予以排除，不能作为批准或者决定逮捕的根据，且人民检察院侦查监督部门承担着审查批准或者决定逮捕的责任，也具有监督侦查机关依法办案的义务。另外，检察人员提前介入侦查有立法上的法律依据，根据《人民检察院刑事诉讼规则（试行）》的相关规定，人民检察院派员参加侦查机关对于重大案件的讨论和其他侦查活动过程中，发现违法行为时，应当及时通知纠正。

（2）必要性：发现非法证据是核查、排除的前提和基础。因此，在审查逮捕过程中加大力度和落实措施发现非法证据是非常有必要的。由于审查逮捕的期限较短，检察人员在有限的时间内准确认定并排除非法证据是非常困难的。因此，审查逮捕工作必须改变工作方式，变被动为主动，以新的执法理念为指导，适时介入侦查工作，正确引导取证，使案件侦查过程能够最大限度、合理、合法地还原事实真相。

（3）可行性：对于发现非法证据有两种方式：一是检察人员在审查案件过程中，通过案件中证据材料或者讯问犯罪嫌疑人获得线索；二是由于辩护人或案件当事人的举报而获得侦查机关涉嫌非法取证的线索。另外，检察人员提前介入可以较好地引导侦查机关合法收集证据。侦查机关在收集证明犯罪嫌疑人有罪证据的同时，也要注意随案移送证据合法性的证据材料，这在实践中是可以实现的。

（二）核查机制

在发现有价值的非法证据线索时，足以使检察人员对案件证据的合法性产生怀疑时，检察人员就要根据法律的规定对其进行调查，向侦查机关发出要求说明取证程序合法的通知书，调取相关材料进行核实。

1. 具体举措

（1）建立线索评估机制。在审查逮捕案件中，办案人员通过自身审查案件或者经举报发现在本案中侦查机关有非法取证的相关线索后，经过对该线索价值评估，如果足以使办案人员产生存在非法证据的合理怀疑的，可以启动非法证据的核查审批程序。

（2）明确核查审批程序。对非法证据启动核查的内部审批程序应当由侦查监督部门的案件承办人提出意见，层报检察长批准。检察机关决定调查核实的，应当及时通知侦查机关。

（3）核查的手段和方式。检察人员向侦查机关发出《要求说明取证程序合法通知书》后，侦查机关应尽快回复并提供相关的证据材料，包括全部讯问笔录、调取同步录音或者录像、犯罪嫌疑人入看守所的身体检查报告材料、提讯证明、询问侦查人员等。必要的时候，可以询问其他证人或者其他在场人员、看守所管教人员以及检察机关驻看守所人员等。

（4）明确核查期限。调查核实应当在审查逮捕的期限之内完成，并对核查作出阶段性的审查结论。如不能完成，但调查核实的结果可能会对案件事实认定、证据采信和审查决定具有重大影响的，经过审查评估后可以在核查后的处理方面予以考虑。

（5）侦监部门与监所部门要加强联动。侦监部门应协同监所部门规范完善犯罪嫌疑人入所身体检查报告表。收押人员应在入所身体检查报告表中详细记载犯罪嫌疑人的面部、头部、四肢、上身、腿部等各部位是否存在软组织挫伤、青紫瘀痕、伤疤瘢痕等异常，并询问犯罪嫌疑人是否受到过刑讯逼供或其他折磨，身体是否感觉不适，形成笔录，登记造册备查。

对于体表有明显伤痕的，收押人员还可以采取录像或拍照的方式将这种情况记录下来，监所检察人员发现这种情况，也应当及时采取录像或拍照方式将证据固定下来。

侦监、监所部门加强监督配合，发现侦查机关在刑拘后没有及时将犯罪嫌疑人送看守所的，应当查明原因并记录犯罪嫌疑人在所外看押地点及侦查人员的讯问情况。

对于犯罪嫌疑人送看守所后，侦查人员以起赃、辨认等理由将犯罪嫌疑人提押出所的，应及时了解提押的时间、地点、理由、审批手续及是否存在所外讯问等情况，特别是要核查提押、还押时的体检记录，审查是否可能存在非法取证。

2. 论证说明

（1）必要性：对于侦查机关移送的案件证据材料是否涉嫌非法取证、是否需要排除，就必须采取措施对其进行调查核实。

侦监部门在核查非法证据中，要加强与监所部门联动，完善犯罪嫌疑人入所身体检查工作程序。目前，犯罪嫌疑人入所身体检查表的格式全国各地都不一样，有的地方非常简单，看守所收押人员就是在上面填写"健康"两个字，根本没有做细致全面的体表检查，更没有对身体是否存在软组织挫伤、青紫瘀痕、伤疤癍痕等详细记录和描述，也没有对入所犯罪嫌疑人是否有伤的问话笔录和记载。即使有的看守所要求侦查人员带犯罪嫌疑人做身体检查，体检的重点也是犯罪嫌疑人有无严重心脏病、严重传染病等不适宜羁押的疾病，而非关注犯罪嫌疑人是否可能遭受刑讯逼供。所以，监所部门应当督促看守所完善这方面的工作程序，重新规范设计入所体检表，要求收押人员一定要在体检表上详细记录犯罪嫌疑人的面部、头部、四肢、上身、腿部等各部位是否有异常，询问犯罪嫌疑人是否受到过刑讯逼供或其他折磨，身体是否感觉不适，并要形成笔录登记造册备查。对于体表有明显伤痕的，收押人员采取录像或拍照的方式将这种情况记录下来，收押人员没有这样做，监所检察人员发现这种情况，也应当及时采取录像或拍照方式将证据固定下来。有了这样完善的工作程序，一旦犯罪嫌疑人向检察机关控告遭受刑讯逼供，检察机关就可以马上调取入所体检表、笔录、录像或照片等进行核查。

此外，侦监部门还要与监所部门共同配合，防止侦查机关规避修改后《刑事诉讼法》第83条、第116条的规定。这两条规定，侦查机关在执行拘留后，24小时内必须将犯罪嫌疑人送看守所，送看守所后，不得提到所外审讯。实践中，侦查人员刑讯逼供一般都发生在两个时间段：一是送看守所之前，为了突破口供往往采取各种手段；二是提外审，提到外面去怎么审都没人知道了。修改后《刑事诉讼法》的这两条规定，可谓遏制刑讯逼供的"杀手锏"，把刑讯逼供的两条路都堵死了。但检察机关要防止侦查人员规避规定，主要是两种可能：一种是把送押嫌疑人的时间登记提前几天，如明明是20日关的，在入所登记上写成15日关的，实际上15日到20日这5天都在外面审讯，这个律师要发现也很难，因为入所登记是书证，书证显示是15日关进来的，要推翻就比较难。另一种是侦查人员进入提审室的里面审讯，这样侦查人员与犯罪嫌疑人之间就没有物理隔离了。当然，这两种规避的做法都需要看守所民警配合，但在我国还没有实行侦押分离，公安机关办案部门与看守所都由公安局长领导，公安机关侦查人员要这么做不是不可能实现的。这也要求检察机关侦监、监所部门加强监督防范，发现侦查机关在刑拘后没有及时将犯罪嫌疑人送所的，应当查明原因、犯罪嫌疑人在所外看押地点及侦查人员的讯问情况；对于犯罪嫌疑人送所后，侦查人员以起赃、辨认等理由将犯罪嫌疑人提押出所的，应及时了解提押的时间、地点、理由、审批手续及是否存在所外讯问等情况，特别是要核查提押、还押时的体检情况记录，严防所外讯问。

（2）可行性：在审查逮捕阶段，检察机关在对侦查机关移送报捕的案件材料进行审查，对于有合法证据证明犯罪嫌疑人有犯罪的事实，且达到《刑事诉讼法》逮捕的条件时应当予以批准或者决定逮捕。在这个过程中，需要对案件的证据材料进行合法性、关联性、客观性审查，对于不合法的证据材料则不能作为证据使用。因此，在审查逮捕阶段对案件事实进行审查的同时对证据的合法性进行审查是可行的。

需要注意的是，侦监部门对非法证据的核查不能仅限于审查逮捕的 7 天时间，要在侦查阶段对刑讯逼供等非法取证进行全程监督。侦监部门一定要澄清一个认识：这个部门叫"侦查监督"部门，不再是叫"审查逮捕"部门，工作职责是侦查监督，而不仅仅是审查逮捕，审查逮捕仅仅是侦查监督的一种方式。侦监部门相对于公诉部门来说，在发现非法证据方面具有明显突出的优势，因为案件到公诉部门时，犯罪嫌疑人的伤大部分早就痊愈了，而案件报捕时，离侦查的时间还比较短，犯罪嫌疑人的伤还有可能看得出来，有条件进行身体检查或者法医鉴定。所以，发现和核查刑讯逼供等非法取证最有利的时机是在审查逮捕阶段讯问犯罪嫌疑人时，侦监人员发现这方面的线索，可以马上采取调查措施。

所以说，在非法证据排除工作中，侦监部门责任最为重大，他们对非法证据的监督应当是贯穿整个侦查阶段的，应该是对侦查过程的全程监督。

（三）排除机制

在检察人员对非法证据的线索进行调查核实后，就要对该证据是否属于非法证据进行认定，然后层报至检察长，由其决定是否需要排除，且排除后的证据不得作为审查逮捕的根据。

1. 具体举措

（1）明确非法证据的证明标准。在审查逮捕阶段，对于非法证据的证明标准问题，也应适用修改后《刑事诉讼法》关于认定和排除非法证据的证明标准，即"对于经过法庭审理，确认或者不能排除存在本法第五十四条规定的以非法方法收集证据情形的，对有关证据应当予以排除"。

但是在核查后的认定中，要严格区分瑕疵证据与非法证据。由于审查逮捕阶段期限短，审查方式单一，且主要任务是审查犯罪嫌疑人是否达到"有证据证明有犯罪事实"、"可能判处徒刑以上刑罚"，并结合犯罪嫌疑人逮捕必要性作出是否逮捕的决定。因此，在这一阶段对证据的排除应当非常慎重，应严格区分瑕疵证据与非法证据，参照《关于办理死刑案件审查判断证据若干问题的规定》对各类证据的审查与认定的相关规定，能够补正的尽量要求侦查部门补正，能够让侦查部门做出合理说明的尽量要求侦查部门做出书面说明。

（2）核查后的处理。如果检察机关认为侦查机关提请逮捕的证据不存在违法取得的情形，应当依法作出不予排除的决定并告知犯罪嫌疑人或辩护人理由。如果检察机关认为侦查机关提请逮捕的证据确系违法取得的，或者认为侦查机关提请逮捕的证据不能排除刑讯逼供或者暴力、威胁等非法取证行为嫌疑的，应当依法予以排除。如果排除非法证据后其他证据不能证明犯罪嫌疑人实施犯罪行为的，应当依法作出不予批准或者决定逮捕的决定。

（3）排除的审批程序。承办人收到侦查机关移送的关于取证合法性的材料后，经过审查，制作审查报告，提出该证据是否属于非法证据的初步意见，并详细阐述其事实及理由，经部门负责人审批后，由检察长决定。

（4）加强与公诉部门的联系与沟通。由于审查逮捕后案件的下一步就是审查起诉程序，因此，要加强与公诉部门的联系，促进信息共享，排除非法证据的材料及被排除的非法证据都应随案移送至公诉部门。

2. 论证说明

（1）正当性：在核实非法证据后，根据法律规定要对非法证据作出处理决定，就要依据一定的审批程序予以处理，同时也要告知侦查机关和犯罪嫌疑人对于非法证据排除的处理结果。

（2）必要性：在调查核实涉嫌非法证据后，就要对该证据予以认定，如果不属于非法证据就可以把它作为定罪的依据，如果属于非法证据就必须依法予以排除，不得作为定罪的依据。

（3）可行性：检察机关根据法律规定具有审查及排除非法证据的权利和义务。因此，对于构建排除非法证据的完整程序是可行的。

四、审查起诉阶段非法证据排除的路径

对于检察机关而言，通过审查起诉等庭前阶段排除非法证据十分重要。因为一方面，庭前排除非法证据有利于提高公诉案件的质量，防止出现错案；另一方面，庭前如果启动了非法证据的调查核实等程序，即使最终没有对相关证据予以排除，那么在法庭再次启动非法证据的法庭调查程序时（实践中再次启动的可能性是非常大的），检察机关已经提前收集固定了相关证据并做好了应对准备，防止了等到法庭调查阶段再去收集证据可能产生的证据灭失等不利后果，因此证明证据合法性的任务将易于完成。

根据审查起诉阶段工作的特点，审查起诉阶段排除非法证据需要完善发现、核查、排除等几个工作程序以及相应的工作机制。

（一）发现机制

发现机制是指检察机关在审查起诉阶段发现侦查非法取证行为和非法证据线索的途径、方法、程序和制度的总称。通过该机制，检察机关能够及时、畅通地获取侦查机关非法取证的各种信息，从而为进一步的核查处理打下基础。

1. 具体举措

（1）明确告知诉讼权利的内容。目前的通说在阐述告知的权利范围时仅限于委托辩护权和委托代理权，有的实践部门将告知内容明确为包括申请回避权、委托辩护权和控告权在内的 8 项权利，但是将控告权限定为对检察人员侵犯其诉讼权利和人身侮辱的行为有权提出控告。因为检察机关负有诉讼监督的职责，有权对办案人员侵犯当事人诉讼权利的行为进行调查处理和监督纠正，权利告知同时具有权利救济的性质，因此，审查起诉阶段告知犯罪嫌疑人、被害人的权利内容理应包括控告权，尤其是对非法取证行为有权提出控告。同时，可以要求犯罪嫌疑人、被害人在 7 日之内提出控告，并提供相关线索或材料，使非法证据问题能够在审查起诉阶段早发现早处理。

（2）规范公诉讯（询）问的内容。实践中很多检察人员忽视了对侦查活动合法性的讯（询）问，或者即使讯（询）问但没有记入笔录，导致非法证据的线索难以发现或易于灭失。因此，应当明确将侦查合法性情况作为审查起诉阶段讯（询）问当事人的必问内容，并将当事人对于非法取证的报案、控告、举报及其所提供的涉嫌非法取证的人员、时间、地点、方式和内容等材料或者线索内容记入笔录。

（3）充分听取辩护人、诉讼代理人的意见。律师（包括辩护人和诉讼代理人）与其当事人之间具有特殊的信任关系，律师比检察人员更有可能得到真实的案件信息，包括非法取证的信息；同时，律师作为专业人员，自己首先会对非法取证的线索进行甄别，对虚假的、没有任何证据证明的线索会劝导当事人放弃提出，而对真实的线索会采取相应手段收集证据一并向检察人员提出。因此，律师提出关于非法取证的线索往往比当事人提出的更有价值。检察机关应当充分听取辩护人、诉讼代理人的意见，对其提供的非法取证的材料或者线索应当受理。

（4）认真审查同步录音或者录像。检察机关对于自侦案件随案移送的同步录音或者录像资料，应当认真审查。对于公安机关立案侦查的可能判处无期徒刑、死刑的案件或者其他重大犯罪案件，可以要求侦查机关随案移送同步录音或者录像资料。在审查同步录音或者录像资料过程中，注意发现其中是否存在非法取证的问题和线索。审查的重点包括：①录音或者录像的内容是否完整，录制的起止时间是否从犯罪嫌疑人进入讯问场所时开始至犯罪嫌疑人核对讯问笔录、签字捺印时结束；②录音或者录像能否反映讯问场所全景及犯罪嫌疑人、侦查人员、翻译人员情况，犯罪嫌疑人是否在录制图像中全程反映，并显示与讯问同步的时间数码；③在讯问过程中，侦查人员的讯问方式是否规范、文明，有无采取刑讯逼供、暴力、威胁等非法方法进行讯问；④讯问开始时，侦查人员有无告知犯罪嫌疑人将对讯问进行录音或者录像，告知情况有无在讯问笔录和录音或者录像中反映；⑤讯问过程中，需要出示书证、物证等证据的，录音或者录像是否反映犯罪嫌疑人辨认的过程；⑥纸质讯问笔录与录音或者录像反映的讯问过程是否一致；⑦录音或者录像是否存在中断，有无在讯问笔录、录音或者录像中说明中断的情况以及中断的原因是否合理；等等。

（5）完善公诉引导侦查取证的制度。首先，应当明确将发现和纠正侦查活动中的非法取证行为作为检察机关介入重大案件侦查的任务之一。其次，应当实行侦查机关和检察机关双向启动机制，明确侦查机关可以邀请检察机关介入案件侦查活动，检察机关也可以根据需要主动介入侦查，为此需要检察机关与侦查机关协调建立案件信息通报工作机制，侦查机关在刑事立案后应当通报检察机关，保证检察机关及时充分地了解案件基本信息，从而根据需要启动介入侦查程序。最后，可以规定检察机关介入侦查的人员有权对侦查活动行使观察权，即在介入侦查时可以在现场对侦查活动（包括侦查讯问活动）进行观察，也可以不在现场而是通过单向透视玻璃、电子监控等技术手段进行同步观察。

2. 论证说明

（1）正当性：检察机关对侦查取证活动开展法律监督，首先必须采取措施发现和获取非法取证的线索和信息，因此建立和完善发现机制是侦查监督的题中应有之义。

（2）必要性：一般而言，我国刑事诉讼中的侦查讯问活动具有封闭性的特点，作为讯问人的侦查人员和作为被讯问人的犯罪嫌疑人或作为被询问人的被害人、证人双方便形成了讯问的基本结构。侦查人员基于职业利益、个人前途等考量，一般不可能向检察机关主动提供非法取证的情况和细节，同时，在由侦查人员主导制作并移送审查起诉的案卷材料中也不可能有非法取证的明显记载，因此，依靠侦查人员与侦查案卷基本上不可能发现非法证据的线索。在这种情况下，检察机关提高发现非法证据线索能力的思路只有三条：一是完善听取犯罪嫌疑人及其辩护人、被害人意见的机制，从当事人的角度了解侦查取证情况；二是建立介入侦查过程的机制，通过介入侦查并对侦查活动进行同步观察了解侦查取证情况；三是通过审查同步录音或者录像资料了解侦查取证情况。上述五项举措正是这三条思路的体现。

关于公诉引导侦查取证的制度，实践中的效果受到了很大制约，应当加以完善。首先，关于介入侦查的目标任务，检察机关的目标主要是侦查监督，而侦查机关的需求只在引导侦查取证，双方目标并不一致。为了实现刑事诉讼利益的最大化，必须兼顾双方的目标和需求。因此，应当明确检察机关介入重大案件侦查的任务：一是引导取证；二是发现和纠正侦查活动中的违法行为。其次，关于介入侦查的启动程序，实践中多根据侦查机关的申请而启动，检察机关由于案件信息的滞后基本无法主动启动介入侦查程序，这种单向的启动程序显然无法满足检察机关对于侦查监督的需要。因此，应当建立双向启动机制，明确侦查机关和检察机关都有权根据需要启动介入侦查的程序，同时建立案件信息通报制度，由侦查机关在刑事立案3日内通报检察机关，保证检察机关及时充分地了解案件基本信息，从而根据需要启动介入侦查程序。最后，关于介入侦查的工作方式，实践中以参加案件讨论、阅卷、提出取证的意见和建议为主，直接参加侦查活动的情况并不多见，由此导致检察机关仍然只能停留在案卷材料的表面，无法直接了解侦查活动的具体情况，这种介入其实只能提前了解案情而无法真正介入侦查，特别是介入侦查讯问。为此，可以明确规定检察机关介入侦查的人员有权对侦查活动行使观察权，即在介入侦查时对侦查活动（包括侦查讯问活动）有在场观察或者通过单向透视玻璃、电子监控等技术手段同步进行观察的权力。检察机关的观察权是由检察机关的法律监督性质所决定的，因为检察机关负有对侦查活动进行法律监督的职责，就有权通过观察的形式了解侦查活动的具体情况。同时，检察机关只是行使观察权而不是直接参与侦查活动，可以避免检察人员对侦查活动产生不必要或不正确的干预。应该说，一个完善的公诉介入侦查制度不仅有助于发现刑讯逼供的线索，甚至能够在很大程度上减少和遏制刑讯逼供现象。

（3）可行性：公诉引导侦查取证，司法实践中已经进行了多年的探索并积累了一定的经验，只要检察机关明确自己在介入侦查工作中的职能定位，加强与侦查机关的配合与制约，就能够达到预期的效果。

（二）核查机制

核查机制是指检察机关对于非法证据的线索进行调查核实的手段、方法等工作程序和要求的总称。为了确定核查工作的必要性，检察机关应当加强对线索价值的评估。在核查工作中，检察机关应当加强上下级机关之间以及同一检察机关各相关部门之间的联系和配合，充分利用各种手段收集相关证据，为进一步排除非法证据做好准备。

1. 具体举措

（1）建立线索评估制度。对于发现的非法取证线索，检察机关应当进行初步的价值评估；对于提不出任何具体线索或材料、明显属于无理辩解的，不必启动下一步程序；对于提供了一定的线索和材料，使检察人员产生非法证据可能存在的合理怀疑的，应启动进一步的调查核实程序。

（2）明确审批程序。对非法证据启动核查的内部审批程序应当由公诉部门的承办人提出意见，层报检察长批准。检察机关决定调查核实的，应当及时通知办案机关。

（3）完善核查手段。包括：①讯问犯罪嫌疑人、听取辩护人意见；②要求侦查机关书面说明侦查取证的过程和细节，书面材料应由侦查人员签名和侦查机关盖章；③询问侦查人员、看押人员、同步录音或者录像的制作人员等，了解侦查取证的过程和细节；④询问看守所看管人员和犯罪嫌疑人同监号犯人，了解犯罪嫌疑人是否提出过遭受刑讯逼供；⑤询问看守所狱医和收押人员，调取犯罪嫌疑人在看守所的健康检查记录，核查犯罪嫌疑人在入所之前或提外审过程中是否存在身体损伤的情况；⑥对犯罪嫌疑人进行伤情、病情检查或者鉴定，确定其身体是否受到损害、损害的程度和损害的原因；等等。

对于公安机关立案侦查的案件，存在下列情形之一的，检察机关可以调取公安机关讯问犯罪嫌疑人的录音、录像，对证据收集的合法性以及犯罪嫌疑人、被告人供述的真实性进行核查：①认为讯问活动可能存在刑讯逼供等非法取证行为的；②犯罪嫌疑人、被告人或者辩护人提出犯罪嫌疑人、被告人供述系非法取得，并提供相关线索或者材料的；③犯罪嫌疑人、被告人对讯问活动合法性提出异议或者翻供，并提供相关线索或者材料的；④案情重大、疑难、复杂的。

（4）明确核查期限。调查核实应当在审查起诉的期限之内完成，必要时可延长办案期限或退回补充侦查。如不能完成，且调查核实的结果对案件事实认定、证据采信和审查决定具有重大影响的，可以变更为非羁押性强制措施继续核查；案情重大不宜变更为非羁押性强制措施的，可以先行提起公诉，同时继续核查工作。

（5）加强部门联动。为了强化对非法证据的核查力度，公诉部门应当加强与侦查监督部门、监所检察部门、渎职侵权检察部门以及纪检监察部门之间的部门联动，共同配合开展核查工作。其一，非法获取犯罪嫌疑人口供的行为一般都是在侦查机关所控制的封闭场所内进行，之后会转押至看守所，看守所就能够在第一时间掌握犯罪嫌疑人被非法取证的情况，因此公诉部门可以主动联系监所检察部门，通过该部门向看守所调取有关非法取证的证据。其二，犯罪嫌疑人被移送审查起诉之前，一般都经过了审查批准或者决定逮捕阶段，侦查监督部门对其中部分犯罪嫌疑人已经进行过讯问，可能掌握了犯罪嫌疑人被非法取证的情况，因此公诉部门可以主动联系侦查监督部门，了解犯罪嫌疑人在审查批准或者决定逮捕阶段是否也提出过非法取证的问题，收集复制侦查监督部门对非法取证问题的调查处理材料。其三，渎职侵权检察部门作为渎职侵权犯罪的专门侦查部门，对于调查渎职侵权问题具有一定的优势，公诉部门可以主动联系渎职侵权检察部门，必要时，渎职侵权检察部门可以派员参加核查。其四，对于检察机关自侦部门的非法取证问题，公诉部门可以主动联系纪检监察部门联合开展调查。

（6）基层院自侦案件的核查工作上提一级。对于基层院办理的自侦案件，非法取证线索的核查工作上提一级，由市检察院公诉部门承担，基层院公诉部门提供协助。市检察院公诉部门经过调查核实，应当形成调查结论，交基层院公诉部门执行。

市检察院接到关于基层公安机关侦查人员非法取证线索的，可以直接进行调查核实，也可以交由基层院调查核实。交由基层院调查核实的，基层院应当及时将调查结果报告市检察院。

2. 论证说明

（1）正当性：修改后《刑事诉讼法》明确规定，检察机关对非法证据应当进行调查核实；同时，"两高三部"《非法证据排除规定》、《关于对司法工作人员在诉讼活动中的渎职行为加强法律监督的若干规定（试行）》以及《人民检察院刑事诉讼规则（试行）》等有关的司法解释也规定了检察机关进行调查核实的具体手段和措施。这些规定为建立完善核查机制奠定了基础，是核查机制得以确立的关键。

（2）必要性：关于核查期限。因为非法取证线索的核查关系到是否存在非法证据需要排除，关系到非法证据排除之后全案证据是否足以认定犯罪事实，所以核查实际上是审查起诉环节必须解决的问题。这里就会产生一个问题，如果审查起诉期限已经到期而核查尚未结束，怎么处理？因此就必须解决核查期限与审查起诉期限的冲突和矛盾问题。如果在一个月的审查起诉期限内无法完成，应当以证据需要核查为由退回补充侦查或延长办案期限，以此保证核查的期限。如果在经过两次退回补充侦查和延长办案期限之后，就是说把审查期限的最长期限都用完的情况下，仍不能核查完毕，则应当变更为非羁押性的强制措施，以便继续核查，同时避免超期羁押。但是，如果案情特别重大不宜变更强制措施的，则可以先行起诉，同时继续核查工作，经过起诉后的核查如果认定非法证据需要排除并可能对案件认定产生实质性重大影响的，检察机关可以采取撤回起诉或变更起诉的措施。

关于基层院自侦案件核查工作上提一级的问题，主要是考虑到基层院的自侦案件中如果存在非法取证的问题，同一检察院的公诉部门在审查起诉过程中如要启动对非法取证线索的核查程序是非常困难的，因为"无论何种监督制度，只要把监督者与被监督者合为一体，一切监督都将化为乌有"。为了解决该问题，可以借鉴自侦案件审查逮捕上提一级的做法，实行自侦案件中的非法证据线索核查工作上提一级的做法，具体而言，就是由上级检察机关即市检察院的公诉部门负责对非法取证线索的核查工作，同时由基层院的公诉部门提供协助，市检察院公诉部门经过核查，应当形成核查结论，交由基层院公诉部门执行。

（3）可行性：核查非法取证的线索既是检察机关法律监督职能的体现，又是检察机关审查证据认定案件事实的需要，在理论和实践上都是可行的。

关于核查手段中的调取同步录音或者录像资料。根据修改后《刑事诉讼法》的规定，侦查人员在讯问犯罪嫌疑人的时候，可以对讯问过程进行录音或者录像；对于可能判处无期徒刑、死刑的案件或者其他重大犯罪案件，应当对讯问过程进行录音或者录像。对于一般性案件，公安机关没有进行录音或者录像的，检察机关无法使用该核查手段。但是对于法律规定应当对讯问过程进行录音或者录像的案件，或者公安机关根据需要进行了录音或者录像的案件，如果具备以下4种情形之一，检察机关可以调取公安机关讯问犯罪嫌疑人的录音录像，对证据收集的合法性以及犯罪嫌疑人、被告人供述的真实性进行审查：一是认为讯问活动可能存在刑讯逼供等非法取证行为的；二是犯罪嫌疑人、被告人或者辩护人提出犯罪嫌疑人、被告人供述系非法取得，并提供相关线索或者材料的；三是犯罪嫌疑人、被告人对讯问活动合法性提出异议或者翻供，并提供相关线索或者材料的；四是案情重大、疑难、复杂的。

至于基层院自侦案件核查上提一级的做法，是在借鉴参考自侦案件审查逮捕上提一级做法的基础上提出的，体现了市检察院对基层院工作的领导和监督，在实践中是行得通的。

（三）排除机制

排除机制是指检察机关认定非法证据并决定排除的标准、程序和方式的总称。排除机制涉及检察机关对非法证据进行司法认定的证明标准、决定程序，以及对非法证据材料和案件的处理方式等问题。

1. 具体举措

（1）明确非法证据的证明标准。修改后《刑事诉讼法》规定了审判阶段认定和排除非法证据的证明标准，即"对于经过法庭审理，确认或者不能排除存在本法第五十四条规定的以非法方法收集证据情形的，对有关证据应当予以排除"。在我国刑事诉讼证明中，提起公诉和作出有罪判决的证明标准是一致的，那么在这两个阶段认定非法证据的证明标准也应当一致，即检察机关经过核查后，对于确认或者不能排除存在非法取证情形的证据，应当认定为非法证据。

（2）完善非法证据的决定程序。对非法证据线索进行调查核实之后，应当报检察长决定，如果非法证据的排除可能产生案件主罪无法认定或作不起诉处理等重大影响的，应当报检察委员会研究并作出决定。

（3）明确对核查证据的处理方式。检察机关经过核查，对于确认或者不能排除存在非法取证情形的，应当决定予以排除，不得作为认定案件事实的依据；对于合法证据或者证据瑕疵经过补正或者作出合理解释的，应当决定不予排除。

（4）明确排除非法证据后的案件处理方式。排除非法证据后，检察机关可以将案件退回侦查机关补充侦查或者自行补充侦查；对于经过二次补充侦查，仍然认为证据不足，不符合起诉条件的，应当作出不起诉决定。排除非法证据后，其他证据确实充分的，检察机关可以提起公诉。

（5）完善对相关材料的移送制度。对于排除非法证据的，应当制作排除非法证据决定书，通知侦查机关。被排除的非法证据应当随案移送审判机关，同时附上非法证据的清单和排除理由。

对于提起公诉的案件，被告人及其辩护人提出审前供述系非法取得，并提供相关线索或者材料的，人民检察院可以将讯问录音录像连同案卷材料一并移送人民法院。

2. 论证说明

（1）正当性：修改后《刑事诉讼法》规定，排除非法证据的诉讼阶段包括审查起诉阶段。在审查起诉阶段，认定非法证据、决定排除以及对非法证据材料的处理主体均为检察机关，那么检察机关可以在不违反法律明确规定的前提下，设计和安排检察机关排除非法证据的具体工作程序和要求。

（2）必要性：对非法证据问题的调查核实过程，实际上就是收集证据证明非法证据存在或不存在的过程。那么，在什么状况下证据应认定存在非法证据？在什么状况下证据应认定不存在非法证据？这说明，非法证据的认定本身也涉及证明标准的问题。同时，非法证据的认定和排除既可能对审查起诉的案件本身是否符合起诉条件产生重大影响，又可能对侦查机关及其侦查人员的考核评价产生重大影响，检察机关应当依据一定的程序慎重作出处理决定，并对非法证据材料和案件作出合适的处置。因此，有必要建立和完善对非法证据的排除机制。

（3）可行性：关于庭前排除非法证据的决定程序，有一些实务部门主张引入听证程序，被学者称为听证排除。关于听证排除，有 4 个问题需要进一步考虑：一是必要性问题，听证程序与庭审程序具有类似的特征，即使是检察机关拟作不起诉的终局性决定，法律仍然没有设置听证程序，而排除非法证据只是审查起诉乃至刑事诉讼的一个中间环节，是否有必要作出这种叠床架屋式的程序设计值得考虑；二是可操作性问题，听证程序涉及犯罪嫌疑人的押解与安全、案情保密与公开听证的矛盾、参与各方的诉讼地位和权利保障等诸多问题，实践中难以把握，甚至会产生负面影响；三是角色冲突问题，在证明证据的合法性问题上，法律规定由检察机关承担举证责任并赋予了对非法证据进行调查核实的职权，那么听证过程中必然出现检察机关出示证据接受犯罪嫌疑人、辩护人或者侦查机关质证的状况，这与听证程序要求检察机关作为组织方应保持的中立地位产生了冲突，导致最终决定的公正性和公信力受到质疑；四是实际效果问题，在排除非法证据的听证过程中，侦查机关和被害人可能都会予以反对，在意见不一致的情况下，检察机关是否排除往往难以裁决，如坚持排除反而容易导致不好的实际效果。所以，听证排除并不可取，应当采取检察长或检察委员会决定排除的程序设计。

关于非法证据的随案移送制度是《人民检察院刑事诉讼规则（试行）》的明确规定。为了防止非法证据对审判人员的实质性影响和审判人员的先入为主，检察机关在移送非法证据材料的时候，应当附随移送已排除的非法证据的清单并说明理由。

五、审判阶段检察机关落实非法证据排除规则的路径

审判，对于刑事诉讼活动具有决定性的意义，也是辩方提出非法证据问题较多的诉讼阶段。公诉人能否在审判阶段对非法取证问题进行及时而有效的应对，直接关系到证据采信和审理结果。概而言之，检察机关应准确把握开庭前、庭审中、休庭后等阶段的不同特点，及时对相关线索和材料进行调查核实，通过多种方式有针对性地收集证据，积极鼓励和引导相关人员出庭作证，提高审判阶段的应对能力。

（一）庭前会议中的应对机制

修改后《刑事诉讼法》第 182 条第 2 款规定："在开庭以前，审判人员可

以召集公诉人、当事人和辩护人、诉讼代理人，对回避、出庭证人名单、非法证据排除等与审判相关的问题，了解情况，听取意见。"这一规定确立了刑事诉讼中的庭前会议程序。庭前会议是连接审查起诉和审判的中间程序，对于提高诉讼效率，节约司法资源具有重要意义。庭前会议中的非法证据排除问题既是庭审中的敏感问题，也是公诉人庭前应当重点准备的问题。公诉人可以通过参加庭前会议，了解关于非法证据排除问题的争议和不同意见，解决有关程序问题，为参加法庭审理做好准备。公诉人应积极主动与审判人员和辩方进行沟通，可能出现证据合法性争议的，提前拟定证明证据合法性的提纲并准备相关材料，在会议过程中提出和交换意见，并了解辩护人收集证据的情况。

1. 具体举措

（1）确定参加会议的人员。人民法院通知人民检察院派员参加庭前会议的，由出席法庭的公诉人参加，必要时配备书记员担任记录。出席庭前会议的检察人员与出席法庭的检察人员保持一致，有利于保证对案件事实、证据状况、诉讼进程的完整把握，同时节约司法资源，提高诉讼效率。

（2）构建会前、会中、会后的沟通机制。为充分发挥庭前会议了解情况、听取意见的作用，公诉人应主动加强沟通，了解关于证据合法性问题的争议和不同意见，为庭审顺利进行打好基础。庭前会议召开前，公诉人应主动询问法官、辩护人非法证据的名称及存在的问题，并结合辩方所提出的证据问题收集证据，做好参加会议的准备。庭前会议过程中，公诉人在针对辩方提出的问题向审判人员进行说明的同时，可以与辩方交换意见，为参加法庭审理做好准备。庭前会议结束后，公诉人应与审判人员和辩方再次沟通，介绍在会后针对辩方提出的问题所做的工作，听取意见，为庭审做好准备。

（3）核实在审查起诉阶段未提出非法证据问题的原因。辩方在庭前会议过程中首次提出非法证据排除问题的，公诉人应结合审查起诉阶段的工作情况询问或讯问其在审查起诉环节未提出的原因，查明其原因是否属实，进一步听取其意见，为应对庭审做好准备。对辩护人收集的证据有异议的，应当提出，要求其说明取证的合法性。

（4）结合相关证据阐明意见。对于辩方提出的非法取证的问题，公诉人可以结合检察内卷中的权利义务告知书、检察机关的提审笔录等材料阐明意见。对于审查逮捕、审查起诉期间已经提出并经查证不存在非法取证行为的，应当结合查证情况说明证据的合法性。

（5）庭前会议之后对非法证据的排除。辩方提出排除非法证据问题的，公诉人应在会议后及时核实、调取证据合法性的相关证明。若经核实后认为确属非法证据应予排除的，应报请检察长决定。排除非法证据后可能导致无罪或撤回起诉的，应提交检委会讨论研究。经召开检委会将非法证据排除导致证据状况发生重大变化的，检察机关可以视情况撤回起诉或变更起诉，并将非法证据排除情况及时通知法官、辩护人和有关当事人。

2. 论证说明

（1）正当性：庭前会议程序赋予了刑事诉讼中的控辩双方程序性的权利，有利于更大程度地实现司法公正和人权保障。同时，审判方可以了解控辩双方对庭审中程序问题的要求和意见，大幅度地减少庭审中因程序问题产生的不必要的对抗和冲突，提高庭审效率。检察机关应当积极探索通过庭前会议程序发现或排除非法证据的途径和方式，充分发挥庭前会议职能，对公诉人应对庭前会议中辩方申请非法证据排除问题予以明确和细化，在法定的框架之内制定有效的应对举措。

（2）必要性：公诉人在庭审前的准备工作充分与否将直接影响庭审的效果，甚至决定对犯罪事实的指控。然而对于公诉人而言，案件移送起诉之后到开庭之前，基本很少再与辩方进行接触。一旦直接进入庭审程序，如果公诉人准备不足，那么对于一些突发情况和问题很难有较好的应对。例如，在庭审过程中辩方突然提出的刑讯逼供问题，如果公诉人未准备相关证据材料，则难以应对，出现建议休庭补充相关证据材料的情形。因此，如果大量地排除非法证据的申请均在庭审程序中提出，必将使检察机关为了收集相关证据而不断申请延期审理，引起诉讼拖延。

在庭前会议中，控辩双方对证据合法性问题提出意见，将这一程序性问题的争论焦点提前亮明，有助于公诉人做到心中有数，对庭审中可能遇到的问题做出预判，并做好充分准备，使得控方的举证和质证经得起辩方的推敲和质疑。因此，庭前会议的设置对公诉人而言是十分必要的，它不仅有助于保障被告人的权利，也将促进诉讼效率的提高。但由于庭前会议程序是公诉人需要面对的新情况、新问题，所以如果不能对会议机制进一步予以明确，很可能会导致公诉人在实践中无章可循、难以操作，不能有效应对辩方在庭前会议中提出的非法证据抗辩。制定操作细则规定，进一步将庭前会议可能遇到的情况逐条列出，能够有效提高公诉人的应对能力。

（3）可行性：修改后《刑事诉讼法》和《人民检察院刑事诉讼规则（试行）》关于庭前会议制度的确立是一个重要亮点，其对庭前会议的召集人、参加人、基本内容、会议性质等问题做出了明确规定。庭前会议作为非法证据排除的一个重要手段和环节，无疑在新的法律和司法解释施行后发挥着积极的作用。就庭前会议的相关细化规定制定实施细则兼具理论和实践的可行性：一方面，细则是对庭前会议相关法律规定的践行，其创新点在于将实践中公诉人可能遇到的问题进行预判,并将其进行条文明确,易于操作,避免修改后法律中原则性的规定难以落实;另一方面,细则规定的应对举措应紧密结合公诉实务,应当对实践经验进行总结和提炼,经得起实践的证明和检验。

(二) 庭审过程中的应对机制

法庭审理作为非法证据发现、认定、排除的关键环节,其重要性不言而喻。由于证明证据合法性的责任由控方承担,如果人民检察院在庭审阶段无法证明指控犯罪的证据具有合法性,那么法院应当对有关证据予以排除,不得将其作为认定案件事实的依据。因此,检察机关要在审判中积极提供证据,避免因为证据不足而导致相关证据被认定为非法证据,影响对犯罪的指控。根据法律规定和庭审实践制定实施细则,在现有法律框架之内进一步理解规则、运用规则、细化规则,能够便于公诉人在庭审中具体操作和适用。

1. 具体举措

(1) 对辩方提供的线索或者材料进行审查。修改后《刑事诉讼法》第56条第2款规定:"当事人及其辩护人、诉讼代理人有权申请人民法院对以非法方法收集的证据依法予以排除。申请排除以非法方法收集的证据的,应当提供相关线索或者材料。"该线索或者材料应足以引起法官对可能存在非法取证行为的合理怀疑,不必要求提供的证据达到确实、充分的程度。具体而言,应同时提供以下几项:非法取证的大致时间或清晨、傍晚、深夜等大致时间段;非法取证的地点或场所环境和特征;非法取证人员的姓名或体貌特征;非法取证的方式。

(2) 行使对程序启动的抗辩权。如果辩方未提供相关线索或材料,应明确提出反对意见,建议法庭不予启动调查程序。被告人及其辩护人提供了非法取证的相关线索或材料的,公诉人应结合讯问笔录、相关诉讼法律文书、同步录音或者录像等材料核实是否属实,明显与事实不符的,应向法庭说明情况,建议不启动程序。

(3) 明确举证内容。在庭审过程中,公诉人可以出示与刑事诉讼过程直接相关的证据证明证据合法性。包括公诉人提审笔录,如被告人在公诉人提审时的供述与侦查机关一致的,公诉人应结合提审被告人时的讯问环境、条件等证明被告人在审查起诉阶段不可能遭受刑讯逼供,从而证明公诉人提审笔录的合法性;可以要求侦查机关对证据收集的合法性进行书面说明,该说明应当加盖单位公章,并由侦查人员签名;调取和查询被告人出入看守所的身体检查记录及相关材料,证明被告人被羁押当天的身体状况;出示检察机关《权利义务告知书》;提请法庭当庭播放相关时段的讯问录音录像等。公诉人可以提请法庭当庭播放的讯问录音录像，必须是没有破坏、编辑、剪切、删除的同步录音或者录像；如果涉及国家秘密、商业秘密、个人隐私或者含有其他不宜公开的内容的，公诉人应当建议在法庭组成人员、公诉人、侦查人员、被告人及其辩护人范围内播放；因涉及国家秘密、商业秘密、个人隐私或者其他犯罪线索等内容，人民检察院对讯问录音、录像的相关内容作技术处理的，公诉人应当向法庭作出说明。

（4）积极参与质证、辩论。《非法证据排除规定》第7条第4款规定："控辩双方可以就被告人审判前供述取得的合法性问题进行质证、辩论。"公诉人举证后，控辩双方可以就被告人审判前供述、未到庭证人的书面证言、未到庭被害人的书面陈述取得的合法性问题进行质证和辩论，充分表明己方观点，查明证据收集程序、方式是否违法。证明证据合法性的证据只有经过法庭充分质证和辩论程序，法庭才能作采纳与否的裁决。公诉人应根据庭审情况及时调整庭审质证预案，针对证据种类的不同，分别选择不同的质证策略，通过询问、质疑、说明、解释、辩驳等方式增强法官的内心确信。对被告人及其辩护人所提供证据取得的合法性有疑问的，公诉人应当建议法庭要求其证明该证据的合法性。

（5）建议休庭。实践中，公诉人建议休庭存在以下几种情形：第一种，辩方在庭审过程中提出非法证据问题，公诉人当庭无法核实其提供的相关线索或材料的；第二种，非法证据排除程序启动后，公诉人举证不能的；第三种，公诉人已经就证据合法性问题出示相关证据，法庭仍有疑问，公诉人需要进一步补充证据的。

2. 论证说明

（1）正当性：在总结实践经验、吸取既有成果的基础上，修改后《刑事诉讼法》和《人民检察院刑事诉讼规则（试行）》中确立了非法证据排除规则。因此，在庭审过程中启动和排除非法证据有着法律上的直接依据，而在司法实践中贯彻这一规则也成为修改后《刑事诉讼法》施行后公诉实务的重要内容之一。检察机关在排除非法证据的过程中发挥着重要作用，只有在线索核查、程序启动和非法证据审查等方面的程序做出较为详细的规定，才能保证检察职能的充分发挥。同时，经过庭审公开的举证、质证更有利于查明取证的真实情况，增强非法证据排除的公信力。

（2）必要性：从2010年"两高三部"发布的"两个证据规定"到今年修改后《刑事诉讼法》和《人民检察院刑事诉讼规则（试行）》规定的非法证据排除规则，立法的变化对证据的收集、固定、法庭质证产生了深刻影响，更对公诉人的证据审查判断能力、庭审应变能力、证据补强能力提出了挑战。但是在实践中，非法证据排除规则面临着很多实际问题，例如启动标准、应对手段、排除标准等。庭审环节作为排除非法证据的决定性环节，对于保障被告人权利、实现司法公正具有重要意义。然而庭审中如何启动程序、对于非法证据如何认定、认定后如何排除尚缺乏实践性的操作依据，这对公诉人的庭审应对造成一定障碍，也直接影响了非法证据排除规则功能的发挥。因此，有必要对庭审中公诉人应对非法证据问题的方式、手段、程序予以明确。

（3）可行性：从 2010 年"两个证据规定"颁行至今，检察机关逐渐积累了一些实践经验。修改后《刑事诉讼法》和《人民检察院刑事诉讼规则（试行）》进一步完善了非法证据排除制度，对庭审中非法证据的认定标准、非法证据排除程序以及取证合法性的证明责任等问题进行了更加详细的阐述。有必要制定实施细则，将实践中的一些积极探索和有益经验进行总结、归纳、提炼，并通过制度进一步明确和细化，对公诉人可能遇到的问题和情形进行预测，并提出应对的策略，通过可供实际操作的具体程序来支撑非法证据排除规则及其背后所蕴涵的深刻的法治精神、人文价值，实现法律理论与司法现实之间的无缝对接。

（三）休庭后的应对机制

公诉人应在休庭之后积极补正或通过多种方法进行调查核实，证明取证是否合法。在非法证据排除程序中，相关法律和司法解释对休庭的情形做出具体规定，在细则中应对公诉人的休庭后需开展的具体举措进一步予以明确。在证据的补正或解释的过程中，应当坚持真实性，对于确属非法证据的，应坚决予以排除，而不是通过补正或解释使"非法证据"变为"合法证据"。根据瑕疵证据的不同种类，也应采取不同的应对手段。

1. 具体举措

（1）对辩方提供的线索和材料进行有针对性的调查核实。辩方当庭提供了证明非法证据的证言、病历、血衣等证据的，公诉人可在休庭后核实辩方是否对出证人存在威胁、引诱和贿买等非法取证行为，查明材料来源、调取的程序合法性及证据材料的真实性。

（2）通过多种方法调查核实。公诉人出示关于刑事诉讼活动过程的相关证据后，法庭对证据合法性仍有疑问的，应当报请检察长批准，及时进行调查核实，并应及时通知办案机关。包括：①收集驻所检察官出具的谈话记录、情况说明等证明材料，证明被告人被羁押时和羁押期间的情况；②收集同监号人员的证言，证明被告人在收押时的身体状况；③调取看守所监管人员的谈话笔录，查明是否有非法取证的相关反映及被羁押时的身体状况；④收集讯问时在场的其他人员或其他证人的证言，证明取证过程的合法性等；⑤进行伤情、病情检查或者鉴定，查明被告人伤情、病情出现的时间、原因等情况；⑥其他证明取证合法性的证据。

（3）要求侦查机关就瑕疵证据予以完善。经检察机关审查后认为不属于非法证据但确有瑕疵的，应根据存在瑕疵的原因，对取证程序上的非实质性瑕疵进行补救或作出符合常理及逻辑的解释，进一步完善证据形式。言词证据中，没有填写询问人、记录人、法定代理人等姓名或者询问的起止时间、地点的，询问的地点不符合规定的；询问笔录没有记录告知相关权利和义务的；询问笔录反映出在同一时间段内，同一询问人员询问不同证人的都属于瑕疵证据，应予补正。物证、书证中，收集调取的物证、书证，在勘验、检查笔录，搜查笔录，提取笔录，扣押清单上没有侦查人员、物品持有人、见证人签名或者物品特征、数量、质量、名称等注明不详的；收集调取物证照片、录像或者复制品，书证的副本、复制件未注明与原件核对无异，无复制时间、无被收集、调取人（单位）签名（盖章）的；物证照片、录像或者复制品，书证的副本、复制件没有制作人关于制作过程及原物、原件存放于何处的说明或者说明中无签名的都属于瑕疵证据，应予补正。

（4）申请侦查人员出庭。侦查人员出庭应包括以下情形：①未提供讯问同步录音或者录像，或同步录音或者录像被破坏、编辑、剪切、删除的；②在公诉人举证之后，法庭对证据合法性仍存在疑问的；③案情重大复杂，社会影响较大的案件。侦查人员出庭时，应向法庭证明取证的时间、地点、方式等内容；对于辩方提出刑讯逼供的，应详细回忆描述讯问的场所和情境，以及突破犯罪嫌疑人心理防线的审讯策略、方法及具体过程，通过侦查人员出庭与被告人进行对质，进一步判断口供的真实性。侦查人员现身说法阐明证据的取证过程，也是侦查人员申辩权利的体现，对于辩方不实的反映和控告进行反驳，对侦查取证的环节和情形进行细致回忆，消除法庭对非法取证的怀疑，形成对证据合法性的内心确信，从而有效遏制被告人恶意翻供、证人恶意翻证。由于当庭的撒谎会造成一定的心理负担，法庭可以通过侦查人员作证时的神情、语气、肯定性程度判断是否存在非法取证行为。侦查人员出庭作证的，公诉人应与其提前沟通，制作出庭作证的预案，明确作证内容，准备的重点不仅包括回答的内容而且还要有回答的策略。因为如果出庭作证的侦查人员准备不够充分或因某些不恰当的作证方式导致证据在形式上的缺陷使公诉陷入被动，反而不利于法庭查明事实。公诉人还可以配合侦查员开展模拟庭审演练，给侦查人员提供一个相对真实的法庭环境，体验证人陈述证词及接受控辩双方询问的过程，从而让侦查人员在真正出庭作证时客观、公正地提供证言。

（5）申请相关人员出庭。公诉人未能调取相关证据，或者出示相关证据后，法庭对证据合法性仍有疑问的，公诉人应提请相关人员出庭作证。如公诉人出示相关书证、书面证言等证据后，仍不能排除刑讯逼供可能性的，可申请讯问时翻译人员等其他在场人员出庭作证；经公诉人解释说明后，辩方仍然对被害人或证人的书面陈述及证言存在疑问的，可申请被害人或证人本人出庭作证。对于经人民法院通知而未到庭证人的证言笔录存在疑问、确实需要证人出庭作证，且可以强制其到庭的，公诉人应当建议人民法院强制证人到庭作证和接受质证。

（6）对相关人员出庭作证的保护。必要时公诉人可以建议法庭采取不暴露证人、鉴定人、被害人外貌、真实声音等出庭保护措施，或者建议法庭在庭外对证据进行核实，并配合人民法院做好相关准备工作。对出庭证人及其近亲属进行威胁、侮辱、殴打或者打击报复，构成犯罪或者应当给予治安管理处罚的，人民检察院应当移送公安机关处理；情节轻微的，予以批评、教育、训诫。

（7）调查核实的主体。休庭后，可以要求侦查机关对证据收集的合法性进行说明或者提供相关证明材料，必要时可以自行调查核实。调查过程中，检察机关监所、侦查监督、反渎职侵权部门应予以配合。

（8）明确排除程序。通过休庭后的调查核实，若确认属非法证据应予排除的，应报请检察长决定。排除非法证据后可能导致无罪或撤回起诉的，应提交由检委会讨论研究。经召开检委会将非法证据排除的，检察机关可以视情况撤回起诉或变更起诉，并将非法证据排除情况及时通知法官、辩护人和有关当事人。

2. 论证说明

（1）正当性：相关法律和司法解释对法庭休庭的情况进行了具体规定，有必要制定实施细则，从排除非法证据的角度，对散见于各条文中的休庭情形进行归纳和总结，便于公诉人在不同情形下采取相应的休庭应对措施。同时，对于瑕疵证据和非法证据的区分处理也是学术界和实务界达成的共识，休庭后对瑕疵证据的处理方式符合证据形式的相关要求。由于办理案件的侦查人员或者其他人员亲历了证据的取证环节，可以完整地陈述证据的取得过程，其出庭作证便于控辩双方当庭质证，避免了以出具书面证言的方式代替出庭作证的现象，有利于查明真相，最终保证审判人员正确采信证据、认定案件事实。

（2）必要性：如何对瑕疵证据进行补正和解释、休庭的适用条件、休庭后公诉人取证的方式、调取证据的途径和手段等问题只有通过实施细则的形式进一步明确，才能在修改后法律施行后有效地指导实践，保证非法证据排除规则发挥实效。

　　对于侦查人员出庭作证的问题，有论者认为，侦查人员从讯问或询问的主角与发动者，成为被质询的对象会有损侦查人员的形象和不利于以后侦查工作的开展，实务部门也有人认为，被告人与侦查人员在法庭上各执一词，质证效果并不理想，有人甚至认为侦查人员当庭拒不承认刑讯逼供，反而有损侦查机关形象。之所以会产生这样的认识，是因为不知道如何发挥侦查人员出庭的作用，或者说不知道如何展开质证。其实，侦查人员出庭是很有必要的，具体体现在以下六个方面：

　　第一，法官可以通过对侦查人员的察言观色形成内心确信。古人就知道"五听"之讼，即辞听、色听、气听、耳听、目听，五听之讼的合理之处就在于相由心生，人的心理会反映在神态和面相上，理直自然就会气壮，相反，心虚则胆寒。当庭质证中，法官通过观察侦查人员的言词、面色、语气，可增强是否存在刑讯的内心确信。

　　第二，不愿意当众说谎的心理可以迫使侦查人员说出真相。虽然侦查人员当庭作伪证也很难追究他的责任，但毕竟说谎总是令人不安，特别是对于侦查人员而言，他的出庭代表侦查机关形象，万一谎言被当庭揭穿，无地自容，情何以堪。所以，侦查人员当庭说谎必然是一种沉重的心理负担，我们有理由相信，敢于走上法庭的，多半不会当众撒谎。

　　第三，详解突破案件的策略方法可以消除法官的疑虑。面对被告人声称遭受刑讯逼供，法官为什么会产生疑惑？因为在侦查案卷中，往往只有认罪供述，而除了自首的外，一般情况下嫌疑人是不可能一到案即如实供述的，而侦查机关并没有将嫌疑人从不认罪到认罪的过程笔录化，或者没有将那些笔录装卷，法官自然不清楚审讯和突破案件的过程，因为不知道侦查人员如何突破口供的，才会怀疑是不是真的存在刑讯逼供。所以，侦查人员出庭最关键的意义在于，通过详细回忆和描述讯问时的场所、情境，以及突破犯罪嫌疑人心理防线的审讯策略、方法和具体过程，将突破口供的方法策略展示出来，使法庭消除疑虑，对证据合法性产生内心确信。

　　第四，只有侦查人员才能有力揭穿被告人谎言。侦查人员如果不出庭，不仅让法庭和旁听人员感觉侦查人员心虚，更让被告人可以信口雌黄，随意栽赃。所以，侦查人员出庭的另一层意义，就在于通过与被告人对质，反驳、揭露其谎言，谎言与真相对质，必然破绽百出，自相矛盾，其谎言也就自然不攻自破。其实，只要侦查人员正气凛然地往法庭上一站，被告人就已经胆寒三分，事先拟好的谎言都要删减很多，所以，侦查人员完全应该相信，真相从来不用惧怕谎言。

　　第五，这不仅是侦查人员的义务更是申辩清白的权利。侦查人员出庭不仅是捍卫控方证据合法性的义务，更是为自己洗清污水的权利。面对被告人的当庭控诉，如果这是一种诬蔑，侦查人员就不能保持沉默。法庭上不存在"清者自清"，清者内心知道自己清白是不够的，还必须向法庭证明自清。所以，侦查人员不要认为出庭是一种负担，其实更是一种申辩的权利。

第六，侦查人员出庭的压力可以促使其自觉规范侦查取证。侦查人员出庭的意义远不止于证明控方证据合法性，从长远看，因为侦查人员侦查当中就知道自己将来会亲自出庭来证明证据合法性，心理压力大，所以在侦查取证中会有所顾忌，不敢随意实施非法取证，潜意识里会增强规范取证的意识。而以前，侦查人员之所以毫无顾虑地刑讯逼供，因为一方面他们认为这种行为不为人知，另一方面是因为他们认为即使被告人当庭翻供，声称遭受刑讯逼供，那也是公诉人去应付的事，不用他们操心。今后，如果一旦他们实施了刑讯逼供，将由他们自己站到法庭上去对质，这将迫使他们约束自己的手脚，自觉规范审讯。

总之，侦查人员出庭绝不是简单地说一声"没有打"那么简单，对侦查过程的描述和侦查策略的展示才是关键。实践当中，侦查人员出庭要取得理想效果，重要的一点就是要加强与公诉人的沟通，做好庭前预案，与公诉人商定庭审中说明些什么内容，如何回答辩方提问，如何展开质证、反驳，只要充分预测各种可能的庭审情形，就自然胸有成竹，对出庭也就会有必胜的信心。

（3）可行性：非法证据排除程序在庭审中属于前置程序，原有的审判程序随之置后。非法证据排除程序启动后，需当庭调查。公诉人当庭不能举证的，原有的审判程序应中止休庭，待法庭对被告人审判前供述等证据取得的合法性问题作出裁决后，再恢复法庭审理。因此，公诉人在休庭后开展相关的调查核实便有了法律依据和时间保障。公诉人建议休庭、申请相关人员出庭等应对举措都是法律赋予公诉人的职权，上述相关调取证据的手段和方式也均来源于司法实践，具有理论和实践上的可行性。

六、非法证据排除的监督、救济、制裁路径

检察机关是国家的法律监督机关，根据《宪法》和法律赋予的职权，依法对侦查、审判等司法环节进行法律监督。实现法律监督职能不仅需要检察机关充分利用抗诉、检察建议等手段发挥对外监督职能，也需要自觉接受来自外部的监督。在非法证据排除程序中，检察机关也应当及时发现问题、纠正问题，对于隐藏在非法取证行为背后的违纪、违法问题进行深挖明查、严肃

处理。

（一）具体举措

1. 向侦查机关（部门）提出纠正意见。检察机关发现侦查活动中有采用刑讯逼供等非法方法收集犯罪嫌疑人供述的，或采用暴力威胁等非法方法收集证人证言、被害人陈述，或者以暴力、威胁、贿买等方法阻止证人作证或者指使他人作伪证等行为，对于情节较轻的，可以由检察人员以口头方式向侦查人员或者公安机关负责人提出纠正意见，并及时向本部门负责人汇报；必要的时候，由部门负责人提出。对于情节较重的违法情形，应当报请检察长批准后，向公安机关发出纠正违法通知书。发出纠正违法通知书的，应当根据公安机关的回复，监督落实情况；没有回复的，应当督促公安机关回复。人民检察院提出的纠正非法取证行为的意见不被接受，公安机关要求复查的，应当在收到公安机关的书面意见后 7 日以内进行复查。经过复查，认为纠正违法意见正确的，应当及时向上一级人民检察院报告；认为纠正违法意见错误的，应当及时撤销。上一级人民检察院经审查，认为下级人民检察院的纠正意见正确的，应当及时通知同级公安机关督促下级公安机关纠正；认为下级人民检察院的纠正意见不正确的，应当书面通知下级人民检察院予以撤销，下级人民检察院应当执行，并及时向公安机关及有关侦查人员说明情况。同时，将调查结果及时回复申诉人、控告人。

2. 向人民法院提出纠正意见。对于人民法院在证据合法性法庭调查过程中违反法定程序，侵犯当事人和其他诉讼参与人诉讼权利和其他合法权利，以及所作排除、采纳证据的决定违反法律规定的，应当向人民法院提出纠正意见。出席法庭的检察人员发现法庭审判违反法律规定的诉讼程序，应当在休庭后及时向检察长报告。人民检察院对违反程序的庭审活动提出纠正意见，应当由人民检察院在庭审后提出。

3. 建议更换侦查人员。在针对侦查机关的非法取证行为开展侦查监督的同时，可以根据"两高三部"《关于对司法工作人员在诉讼活动中的渎职行为加强法律监督的若干规定（试行）》，建议侦查机关更换办案人。

4. 发出检察建议。对公安机关、人民法院在非法证据排除过程中存在的普遍性、苗头性、倾向性的不规范问题，需要改进的，可以发出检察建议，要求采取措施予以纠正。

5. 及时、准确运用抗诉手段。人民法院对于非法证据排除错误，影响案件定罪量刑的，检察机关应通过抗诉予以纠正。包括检察机关提交的合法证据被审判机关作为非法证据排除，导致检察机关指控的事实或罪名被审判机关改变的；检察机关提交的、虽存在瑕疵但经过补正或已作出合理解释，不需或不宜排除的证据被审判机关排除，导致检察机关指控的事实或罪名被审判机关改变的；辩方提交的、应当排除的非法证据被审判机关作为判决证据使用，可能影响定罪量刑的。

6. 对侦查机关提出异议的救济。检察机关应告知侦查机关非法证据排除的结果。侦查机关对检察机关作出非法证据排除决定不服，如不影响批捕、起诉决定的，一般不宜申请复议，检察机关应向侦查机关说明作出决定的依据和理由；如果排除非法证据导致不批捕、不起诉的，侦查机关可以在针对不批捕、不起诉决定提起复议的同时一并对非法证据排除提出审查要求。侦查机关可以在接到通知后以书面形式向作出决定的检察机关申请复议，意见不被接受的，可提请作出决定的检察机关的上一级检察机关复核。复议、复核均须在接到复议、复核申请书后 7 日内答复。复议之后维持排除决定的，不得再次申请复议。

7. 对当事人提出异议的救济。检察机关应告知当事人非法证据排除的结果。在审查逮捕阶段，由于受到审查期限的制约，当事人不服非法证据排除决定的，可以在审查起诉阶段再次提出审查要求。对检察机关在批捕、起诉等环节作出的排除非法证据的决定不服，如不影响批捕、起诉决定的，由案件承办人说明作出决定的依据和理由，做好释法说理工作；如果排除非法证据导致不批捕、不起诉的，当事人可以向作出决定的检察机关控告申诉部门申诉。控告申诉部门应在 10 日内将复查决定反馈申诉人。

8. 追究轻微违法、违纪责任。在非法证据排除过程中，如果公诉人发现可能存在违纪、轻微违法问题的，应及时向相关单位或部门提供案件线索。轻微违法的，可向其所在单位或部门发出纠正违法通知书或口头纠正；对纠正意见不被接受的，向上一级人民检察院报告，并抄报上一级公安机关。涉嫌违纪的，及时将线索移交纪检监察部门或机关处理。

9. 追究刑事责任。在非法证据排除过程中，如果公诉人发现涉嫌犯罪属检察机关管辖的，应当移送本院侦查部门审查，侦查部门审查后应当提出是否立案侦查的意见，报请检察长决定。对于不属于人民检察院管辖的，应当移送有管辖权的机关处理。

10. 追究辩方相应责任。经调查核实，辩方提供的非法证据线索和材料不属实的，应区分情况作出相应处理：被告人虚构刑讯逼供等事实，情节严重的，可建议法庭酌情从重处罚；辩护律师违反律师职业道德和行业纪律的，公诉人应将相关情况书面通知其所在的律师事务所或所属的律师协会，并及时向司法行政部门反映；辩护人有帮助被告人隐匿、毁灭、伪造证据或者串供，或者威胁、引诱证人作伪证以及其他干扰司法机关诉讼活动的行为，捏造非法取证事实，可能涉嫌犯罪的，经检察长批准后，属于公安机关管辖的，将相关线索或者证据材料移送同级公安机关按照有关规定处理；属于人民检察院管辖的，应当报请上一级人民检察院立案侦查，同时书面通知辩护律师所在的律师事务所或所属的律师协会。

（二）论证说明

1. 正当性：检察机关在我国宪法体制下承担着多元的职能，包括依法行使职务犯罪案件侦查、提起公诉或支持公诉、对诉讼活动实行法律监督等职能。因此，检察机关可以参与到侦查、起诉、审判等刑事诉讼活动的全过程。从检察机关的职能出发考虑，应当充分发挥检察机关在非法证据排除规则中的监督作用。同时，审判阶段的非法证据排除由法庭最终确定，检察机关对于认定证据合法性明显错误的情形，应当及时提出，从而保证非法证据排除规则的正确施行。

2. 必要性："没有救济就没有权利"。从诉讼权利保障、实现程序正义的角度而言，应赋予诉讼参与方相应的表达异议的救济性权利。检察机关作为法律监督机关，不仅要在刑事诉讼程序中严格遵守非法证据排除规则，还负有客观公正义务，应主动进行法律监督。一个完善的法律规则应当具备假定、处理和制裁三个逻辑要素，只有在法律框架内合理确定制裁规则，才能达到最佳的威慑或激励效果。非法证据排除规则也应规定制裁要素，才能真正发挥其功能。通过法律监督手段排除非法证据或采用合法证据，避免对证据合法性认定的错误和随意，是非法证据排除程序中设置的必要救济手段。同时，只有深挖非法取证行为背后的违纪、违法问题，才能有效打击违法犯罪行为，规范取证，实现实体正义与程序正义的并重。

3. 可行性：对侦查机关的侦查违法行为提出纠正意见、通过抗诉手段纠正人民法院的错误判决、对涉及刑讯逼供等犯罪行为进行立案侦查等，这些举措都是检察机关重要的法律职责。对于不属于检察机关管辖范围的事项，本细则规定应及时移交有管辖权的机关处理。因此，在实施细则中明确相关情形的处理方式，与检察机关的职责相符、权限相合。

七、非法证据排除的风险防范路径

诉讼风险防范机制是指检察机关在启动非法证据排除程序时对可能产生的当事人上访等诉讼风险问题的评估、预警、防范、报告等程序和要求的总称。

非法证据排除的结果可能导致被害人一方不服并产生上访的风险，需要采取一定的措施，在事先进行预警防范，在事后进行妥善处置。

（一）具体举措

1. 充分评估风险。对于有被害人的案件，在审查逮捕、审查起诉等诉讼阶段，检察机关都应当充分听取被害人或其法定代理人、近亲属的意见，及时全面地掌握其诉求。对于涉及非法证据问题的案件，检察机关应当结合非法证据对案件处理的影响程度以及被害人或其法定代理人、近亲属的实际情况，分析研判排除非法证据可能导致的诉讼风险，做好化解排除风险的预案和准备。

2. 及时释法说理。在决定启动非法证据排除程序的同时，检察机关应当及时向被害人或其法定代理人、近亲属开展释法说理工作，重点向其阐明非法证据的危害以及认定非法证据存在的理由和排除的法律依据。如果被害人或其法定代理人、近亲属委托了律师为诉讼代理人的，可以先向律师说明排除非法证据的有关情况，取得律师认同之后，邀请律师共同向被害人或其法定代理人、近亲属开展释法说理工作。

3. 做好善后工作。对于被害人或其法定代理人、近亲属在生活和经济方面的实际困难，检察机关应当充分利用近年来建立起来的被害人救助机制，与民政、劳动、社保等部门互相配合，做好安抚、救助工作。对于排除非法证据导致案件证据不足、犯罪嫌疑人被释放的，检察机关应当针对侦查机关做好两个方面的工作：一方面通报非法取证行为的危害并要求其采取措施纠正；另一方面要求侦查机关继续加大侦查力度，争取尽快破案或重新收集有力证据。

4. 及时报告风险。对于排除非法证据可能导致申诉上访等诉讼风险的，检察机关应当及时向上级检察机关和党委政府相关部门报告或通报。

（二）论证说明

1. 正当性：检察工作不仅要追求正确的法律效果，还要追求良好的政治效果和社会效果，体现三个效果的统一。防范诉讼风险是检察工作追求三个效果统一的必然要求。

2. 必要性：完善非法证据排除的工作机制和程序能够提高和加强该规则的可操作性，但仍然不能完全保证非法证据排除取得好的政治效果和社会效果，因为在司法实践中，排除非法证据可能导致一定的诉讼风险，需要进行评估和防范。一般而言，侦查机关非法取证所获取证据的内容都是关于犯罪嫌疑人、被告人构成犯罪的证据或罪行严重的证据，其证明方向都是不利于犯罪嫌疑人、被告人的，检察机关依法排除该非法证据将导致犯罪嫌疑人、被告人获得无罪或罪轻的有利结果。在有被害人的案件中，排除非法证据对犯罪嫌疑人、被告人产生有利结果，就意味着对被害人或其法定代理人、近亲属将产生不利结果，可能导致被害人或其法定代理人、近亲属的权益得不到保障或诉求得不到满足。特别是在一些重大杀人案件中，侦查机关依靠非法手段收集了犯罪嫌疑人供述或证人证言、物证、书证等关键性证据，进而认定犯罪嫌疑人构成犯罪，被害人的法定代理人、近亲属受非法证据的影响也可能先入为主地认定犯罪嫌疑人即为杀人罪犯，并进而提出杀人偿命、巨额赔偿等诉求；如果检察机关依法排除关键性的非法证据，导致犯罪嫌疑人因证据不足而释放，而此时真正的杀人凶手尚未抓获归案，那么被害人的法定代理人、近亲属的所有诉求都将落空；在这样的情况下，被害人的法定代理人、近亲属对于案件的心理预期与案件现实处理的结果将相去甚远，由此将导致其对检察机关的公正性产生怀疑，甚至引发申诉上访等影响社会稳定的严重问题。因此，执行非法证据排除规则，检察机关必须预料到此种现象的可能发生，提前进行风险评估和预警防范，做好研判说理、化解息诉等工作。

3. 可行性：根据规定，检察机关在审查起诉阶段应当听取被害人及其诉讼代理人的意见，因此可以全面了解被害人的诉求和意见，对诉讼风险进行评估；同时可以积极对被害人开展释法说理和必要的救助工作，尽可能消除被害人对于检察机关的办案过程和办案结论的疑虑，防范可能发生的诉讼风险。因此，建立完善诉讼风险防范机制是完全可行的。

第三章 附 件

一、参考文献

（一）专著

1. 王作富主编：《刑法分则实务研究（上）》，中国方正出版社 2001 年版，第 991 页。

2. 陈瑞华：《问题与主义之间》，中国人民大学出版社 2008 年版，第 363 ~ 364 页。

3. 郎胜主编：《中华人民共和国刑事诉讼法修改与适用》，新华出版社 2012 年版。

4. 熊红文：《公诉实战技巧》，中国检察出版社 2007 年版，第 22 页。

5. 姜伟主编：《中国检察制度》，北京大学出版社 2009 年版，第 258 页。

6. 陈国庆：《检察制度原理》，法律出版社 2009 年版，第 157 页。

7. 钟海让：《法律监督论》，法律出版社 1993 年版，第 1 页。

（二）杂志

1. 陈瑞华：《非法证据排除规则的理论解读》，载《证据科学》2010 年第 5 期。

2. 陈瑞华：《非法证据排除规则的中国模式》，载《中国法学》2010 年第 6 期。

3. 龙宗智：《两个证据规定的规范与执行若干问题研究》，载《中国法学》2010 年第 6 期。

4. 陈卫东、程雷、孙皓、陈岩：《"两个证据规定"实施情况调研报告》，载《证据科学》2012 年第 1 期。

5. 汪海燕：《评关于非法证据排除的"两个规定"》，载《政法论坛》2011 年第 1 期。

6. 郭松：《非法证据为何难以有效排除——兼及中国非法证据排除的未来》，载《法学论坛》2012 年第 7 期。

7. 万毅：《"全国首例非法证据排除案"法理研判》，载《证据科学》2011 年第 6 期。

8. 张洁：《对反贪案件线索管理的重新审视》，载《检察实践》2005 年第 6 期。

9. 俞军杰、张少林：《浅论贿赂案件证据的特点及其收集》，载《犯罪研究》2007 年第 2 期。

10. 王彬：《非法证据排除规则对侦查行为的影响与应对——以两个"规定"为视角》，载《北京人民警察学院学报》2011 年第 5 期。

11. 杜邈：《论侦查环节同步录音录像制度之完善》，载《山东警察学院学报》2011 年第 2 期。

12. 卞建林：《检察机关与非法证据排除》，载《人民检察》2011 年第 12 期。

13. 王伟：《在审查逮捕过程中排除非法证据——以"非法证据排除规定"之公布为视角》，载《法制与社会》2011 年第 9 期（下）。

14. 宋伟利：《自侦案件内部监督的完善》，载《山西省政法管理干部学报》2012 年第 3 期。

15. 雷建国：《浅谈审查批捕中的非法证据排除》，载《山西省政法管理干部学院学报》2008 年第 3 期。

16. 上海市人民检察院反贪污贿赂局：《规范和加强上海检察机关初查工作的思考和探索》，载《反贪工作指导》2006 年第 3 期。

17. 季刚：《合理确立排除规则，切实预防错案发生——基于检察工作实务的思考》，载《刑事司法指南》2009 年第 4 集。

（三）报刊

1. 樊崇义：《"五条八款"确立非法证据排除规则》，载《检察日报》2012 年 3 月 20 日第 3 版。

2. 樊崇义、张中：《证据意识：刑事诉讼的灵魂》，载《检察日报》2012 年 6 月 13 日第 3 版。

3. 杨维汉：《7 起涉足球系列犯罪案件昨宣判》，载《检察日报》2012 年 6 月 14 日第 1 版。

4. 王巍：《强化审查逮捕阶段非法证据排除》，载《检察日报》2012 年 9 月 21 日第 3 版。

5. 张森焱：《职务犯罪侦查中要积极面对非法证据排除规则》，载《检察日报》2012 年 8 月 1 日第 3 版。

6. 霍永库：《排除非法证据要预判五个实践问题》，载《检察日报》2011 年 7 月 8 日第 3 版。

7. 陈卫东：《非法证据排除的喜与忧》，载《法制日报》2010 年 8 月 19 日。

8. 陈光锋、李彦珊：《非法证据排除规则的审查程序》，载《江苏法制报》2010 年 1 月 11 日第 1 版。

（四）论文集

1. 莫瑞安：《我国检察机关自侦案件初查制度研究》，2006 年华东政法学院硕士学位论文。

2. 蔡哲斌：《检察机关自侦案件初查制度研究》，2006 年苏州大学硕士研究生学位论文。

（五）网络

1.《谢亚龙明日一审宣判是否认定刑讯逼供情节成看点》——法治——人民网，网址：http：//legal. people. com. cn/GB/18151100. htmlhttp：//legal. people. com. cn/GB/188502/18223211. html。

2.《"非法证据排除"遭遇现实困境》——人民网——天津视窗，网址：http：//www. 022net. com/2012/8 - 2/462846122939398. html。

3.《光泽县检察院出台〈公诉案件庭前会议制度〉推进新刑诉法实施》，网址：http：//www. nppf. gov. cn/Article/ShowArticle. asp？ArticleID = 654。

4.《加强和规范职务犯罪初查工作的对策》，网址：http：//www. ahjcy. gov. cn/jcy - news/newsinfo. jsp？id = 9530。

5.《反贪侦查工作中非法证据排除制度的现实应对》，网址：http：//www. anyang. jcy. gov. cn：8060/Article_ Show. aspx？ArticleId = 287。

二、南昌市人民检察院非法证据排除规则实施细则（试行）

第一章 总 则

第一条 为规范司法行为，促进司法公正，根据《中华人民共和国刑事诉讼法》和《人民检察院刑事诉讼规则（试行)》、最高人民法院《关于适用〈中华人民共和国刑事诉讼法〉的解释》、最高人民法院、最高人民检察院、公安部、国家安全部、司法部《关于办理刑事案件排除非法证据若干问题的规定》、《关于办理死刑案件审查判断证据若干问题的规定》，结合检察机关办理刑事案件工作实际，制定本实施细则。

第二条 检察机关适用非法证据排除规则，应当坚持以下基本原则：

（一）依法、主动、全面、合理排除非法证据；

（二）排除非法证据与预防非法证据相结合；

（三）排除非法证据与补强合法证据相结合；

（四）强化法律监督与强化自身监督相结合。

第三条 经检察机关依法认定的非法证据，应当予以排除，不得作为报请逮捕、批准或者决定逮捕、移送审查起诉以及提起公诉的依据。

第二章 非法证据的范围

第四条 采用下列肉刑或者变相肉刑逼取的犯罪嫌疑人供述，属于非法证据，应当予以排除：

（一）对犯罪嫌疑人实施殴打、捆绑、电击、违法使用戒具等直接针对身体器官的暴力行为的；

（二）对犯罪嫌疑人实施较长时间并使其难以忍受的冻、饿、晒、烤、罚站、罚跪、不让睡觉等不直接针对身体器官但使其遭受肉体痛苦或精神折磨的行为的。

第五条 采用违法程度和对犯罪嫌疑人的强迫程度与刑讯逼供相当，而迫使犯罪嫌疑人违背意愿作出的供述，属于非法证据，应当予以排除。

在自侦案件侦查过程中，对犯罪嫌疑人采用抽耳光、吐口水等恶劣的人格侮辱方法逼取的供述，属于非法证据。

在对犯罪嫌疑人非法羁押、超期羁押期间取得的供述，属于非法证据。

第六条 采用下列威胁、引诱、欺骗性方法收集的犯罪嫌疑人供述，严重损害司法机关的公正性、权威性和公信力的，属于非法证据，应当予以排除：

（一）对犯罪嫌疑人、被告人威胁使用可能致人伤残、死亡的严重侵害人身健康或生命安全的暴力行为的；

（二）以非法拘捕近亲属等违反社会道德底线的行为进行威胁的；

（三）以承诺提供毒品吸食、供认即可释放等违反法律规定的利益进行引诱、欺骗的；

（四）以虚构的同案犯供述笔录等可能引发虚假供述的方法进行引诱、欺骗的；

（五）以其他非法的方法进行威胁、引诱或欺骗的。

第七条　采用刑讯逼供等非法方法收集犯罪嫌疑人供述之后重复收集内容相同的犯罪嫌疑人供述的，属于非法证据，应当予以排除。但是，下列情形除外：

（一）原侦查机关以外的侦查机关依法收集的犯罪嫌疑人供述；

（二）侦查机关更换办案人员并明确告知犯罪嫌疑人后依法收集的犯罪嫌疑人供述；

（三）检察机关在审查逮捕、审查起诉阶段依法收集的犯罪嫌疑人供述；

（四）被告人当庭作出的内容相同的供述。

第八条　采用暴力、威胁、非法拘禁、非法限制人身自由等非法方法收集的证人证言、被害人陈述，属于非法证据，应当予以排除。

第九条　同时符合下列三个条件的物证、书证，属于非法证据，应当予以排除：

（一）采用暴力、威胁、引诱、欺骗或者没有合法的勘验、检查、搜查、查封、扣押、冻结手续等不符合法定程序的方法收集物证、书证的；

（二）收集物证、书证不符合法定程序的行为明显违法或者情节严重，可能对司法机关办理案件的公正性造成严重损害，包括具有严重损害司法机关的公正性、权威性、公信力或者严重侵犯证据持有人、相关人员的重大合法权益等严重影响司法公正的情形的；

（三）侦查机关不能补正或作出合理解释的。

补正是指对取证程序上的非实质性瑕疵进行补救；合理解释是指对取证程序的瑕疵作出符合常理及逻辑的解释。

第三章　自侦案件侦查阶段非法证据的预防

第一节　重视自侦案件的初查工作

第十条　侦查人员对举报中心移交的举报线索进行初审、评估，提出书面审查意见，需要进行初查的，经部门负责人审核后，报检察长或者检委会决定。

第十一条 在进行初查前，应制定初查方案，经侦查部门负责人审核后，由检察长审批。

第十二条 初查一般应当秘密进行，不得擅自接触初查对象。公开进行初查或者接触初查对象，应当经检察长批准。

第十三条 初查结束后，应当制作初查终结报告，提出处理意见，经侦查部门集体讨论后报检察长审批，由检察长决定是否立案侦查。

第二节 重视收集口供以外的证据

第十四条 在侦查过程中，要重视收集物证、书证、视听资料等证据，要收集并组合间接证据，以构建完整的证据链条。

第十五条 重视收集再生证据，即犯罪嫌疑人及其利益相关人为逃避法律追究，在进行掩盖犯罪事实的反侦查过程中形成的、新的能够证明案件真实情况的证据。

第三节 重视收集证明取证合法性的证据

第十六条 在侦查过程中，要注意固定能证明所移送证据是合法取得的证据。

第十七条 在将犯罪嫌疑人传唤或拘传到案后，应首先讯问其身体健康状况，包括其有无病史、全身有无伤痕等，如体表有外伤，则应指派法医或者到定点医院进行身体检查。

第十八条 固定能够证明犯罪嫌疑人身体状况的证据，包含传唤或者拘传到案时的体检记录、看守所收押前医院的体检报告和收押后在看守所的体检记录等证据。

第十九条 固定提审犯罪嫌疑人的详细记录等证据。

第二十条 固定犯罪嫌疑人表达未遭到刑讯逼供的证据。

第二十一条 人民检察院办理直接受理的职务犯罪案件，每次讯问犯罪嫌疑人时，应当对讯问全程实施不间断的录音、录像。

录音、录像的录制时间应从犯罪嫌疑人进入讯问场所时开始至犯罪嫌疑人核对讯问笔录、签名捺印时结束。

第二十二条 全程同步录像的，摄制的图像应当反映犯罪嫌疑人、检察人员、翻译人员及讯问场景的情况，犯罪嫌疑人应当在图像中全程反映，并显示与讯问同步的时间数码。在人民检察院讯问室讯问的，应当显示温度和湿度。

第二十三条 在讯问的开始，检察人员应当表明自己的身份，告知犯罪嫌疑人应当享有的权利和履行的义务，同时告知对他的讯问将进行同步录音、录像，且在录像和笔录中反映。

第二十四条 讯问过程中，需要出示书证、物证等证据的，应当当场出示让犯罪嫌疑人辨认，并对辨认过程进行录音、录像。

第二十五条 讯问笔录的内容应和同步录音、录像中的犯罪嫌疑人的供述一致，不得歪曲、增加或删减。

第二十六条 讯问过程中，因技术故障等客观原因不能录音、录像的，一般应当停止讯问，等故障排除后再行讯问。讯问停止的原因、时间和再行讯问的时间等情况，应当在笔录和录音、录像中予以反映。

不能录音、录像的客观情况一时难以消除又必须继续讯问的，经检察长批准，并告知犯罪嫌疑人后可以继续讯问。未录音、录像的情况应当在笔录中予以说明，由犯罪嫌疑人签字确认。

第二十七条 全程录音、录像实行讯问人员和录制人员相分离的原则。讯问由检察人员负责；录音、录像一般由检察技术人员负责。

第二十八条 讯问结束后，录制人员应当立即将录音、录像的资料复制件交给讯问人员，并经讯问人员和犯罪嫌疑人签字确认后当场对录音、录像资料原件进行封存，交由检察技术部门保存。

第四节 依法采取强制措施

第二十九条 拘传犯罪嫌疑人到案后，应当责令其在拘传证上填写到案时间，并签字并捺印；讯问结束后，应当责令犯罪嫌疑人在拘传证上填写讯问结束时间。

第三十条 拘传、提押、看管等工作应当交由司法警察负责，严格执行看审分离制度，不得看审不分，不得脱管或由一人看管。

一次拘传持续的时间不得超过十二小时，案件特别重大、复杂，需要采取拘留、逮捕措施的，拘传持续的时间不得超过二十四小时。

两次拘传间隔的时间一般不得少于十二小时，不得以连续传唤、拘传的方式变相拘禁犯罪嫌疑人。

第三十一条 严格依法适用指定居所监视居住措施，加强对指定居所监视居住的严格审批，只有对符合法律和司法解释规定条件的案件才能适用指定居所监视居住。

适用指定居所监视居住不得在看守所、拘留所、监狱等羁押、监管场所以及留置室、讯问室等专门的办案场所、办公区域执行，适用指定居所监视居住的场所应保障嫌疑人必要的生活、休息条件，便于监视、管理，同时确保办案安全。

不得对被指定居所监视居住的嫌疑人采取变相羁押措施，防止将指定居所监视居住措施作为突破嫌疑人口供的手段，用以代替侦查措施。

第三十二条　拘留、逮捕后，应当立即将被拘留人、被逮捕人送看守所羁押，至迟不得超过二十四小时。

第三十三条　犯罪嫌疑人被送交看守所羁押后，检察人员对其进行讯问，应当填写提讯、提解证，在看守所讯问室进行。

因侦查工作需要，需要提押犯罪嫌疑人出所辨认或者追缴犯罪有关财物的，经检察长批准，可以提押犯罪嫌疑人出所，并应当由二名以上司法警察押解。不得以讯问为目的将犯罪嫌疑人提押出所进行讯问。

第三十四条　进行搜查、查封、扣押、冻结、处理涉案款物时，应严格依照法律程序进行。

第五节　严格依法收集证据

第三十五条　检察人员第一次讯问犯罪嫌疑人或者对其采取强制措施的时候，应当告知其可以聘请律师为其提供法律咨询、代理申诉、控告或者为其申请变更强制措施，并将告知情况记明笔录。

讯问犯罪嫌疑人时，应当先查明其基本身份情况，讯问其是否有犯罪行为，让其陈述有罪的事实或者作出无罪的辩解，然后向其提出问题。对提出的反证要认真核查。

讯问犯罪嫌疑人时，应当告知其如实供述自己罪行可以从宽处理的法律规定。

严禁以刑讯逼供、指供、诱供等非法手段获取犯罪嫌疑人的供述。

第三十六条　同步录音录像笔录要在同录的现场制作，不得在同录之前制作，不得采取复制粘贴的方式制作，确保笔录内容与同步录音录像的内容相吻合一致。

第三十七条　侦查人员要全面收集有罪、无罪证据，笔录中要允许嫌疑人有无罪的辩解和供述从轻情节，确保笔录的真实、合法性。

第三十八条　讯问犯罪嫌疑人，应当制作讯问笔录。讯问笔录应当详细具体、忠实原话，并交犯罪嫌疑人核对。对于没有阅读能力的，应当向他宣读。如果记载有遗漏或者差错，应当补正或改正。犯罪嫌疑人认为讯问笔录没有错误的，由犯罪嫌疑人在笔录上逐页签名或者盖章并捺手印。如果犯罪嫌疑人拒绝签名或者盖章的，应当在笔录上注明。检察人员也应当在笔录上签名。

笔录制作完成后，讯问人员和记录人员要及时审核，讯问笔录的起止时间是否规范准确，讯问地点是否符合法律规定，侦查人员是否在笔录上分别签字，讯问笔录的涂改处是否有被讯问人的捺印。如果讯问多次，笔录上的讯问时间和次数不能颠倒。

犯罪嫌疑人请求自行书写供述的，检察人员应当准许。必要的时候，检察人员也可以要求犯罪嫌疑人亲笔书写供词。犯罪嫌疑人应当在亲笔供述的末页签名、捺指印，并注明书写日期。检察人员收到后，应当在首页右上方写明"于某年某月收到"，并签名。

第三十九条　收集物证、书证、视听资料等证据，应严格依照法律程序进行。

第六节　监督程序

第四十条　侦查监督部门可以根据情况，提前介入侦查，对侦查工作进行引导和监督。

第四十一条　自侦部门在查办职务犯罪案件时应与法警部门、技术部门互相配合、互相监督。

第四十二条　人民检察院在讯问犯罪嫌疑人时，除涉及保密的案件外，可以邀请人大代表、人民监督员到场见证。

第四章　审查逮捕阶段非法证据的排除

第一节　非法证据的发现

第四十三条　检察机关在审查逮捕阶段，应当全面审查全案证据，切实保障犯罪嫌疑人及其他诉讼参与人的合法权利。

第四十四条　检察机关侦查监督部门在收到移送审查逮捕案件材料后应按照新《刑事诉讼法》第八十六条和《人民检察院刑事诉讼规则（试行）》第三百零五条的规定讯问犯罪嫌疑人，并告知其有提出非法证据排除申请的权利。

对犯罪嫌疑人不予讯问的，应当送达听取犯罪嫌疑人意见书，由犯罪嫌疑人填写后及时收回审查并附卷。意见书中应告知犯罪嫌疑人有提出非法证据排除申请的权利。

第四十五条　侦查机关应当随案移送犯罪嫌疑人被送入看守所时的身体检查报告等证明侦查机关合法取证的证据材料。

侦监部门应协同监所部门规范完善犯罪嫌疑人入所身体检查报告表。收押人员应在入所身体检查报告表中详细记载犯罪嫌疑人的面部、头部、四肢、上身、腿部等各部位是否存在软组织挫伤、青紫瘀痕、伤疤瘢痕等异常，并询问嫌疑人是否受到过刑讯逼供或其他折磨，身体是否感觉不适，形成笔录，登记造册备查。

对于体表有明显伤痕的，收押人员还可以采取录像或拍照的方式将这种情况记录下来，监所检察人员发现这种情况，也应当及时采取录像或拍照方式将证据固定下来。

第四十六条 侦监、监所部门加强监督配合，发现侦查机关在刑拘后没有及时将犯罪嫌疑人送看守所的，应当查明原因、犯罪嫌疑人在所外看押地点及侦查人员的讯问情况。

对于犯罪嫌疑人送看守所后，侦查人员以起赃、辨认等理由将犯罪嫌疑人提押出所的，应及时了解提押的时间、地点、理由、审批手续及是否存在所外讯问等情况，特别是要核查提押、还押时的体检记录，审查是否可能存在非法取证。

第四十七条 犯罪嫌疑人及其辩护人申请非法证据排除，需提供涉嫌非法取证的人员、时间、地点、方式、内容等相关线索或者证据，承办人记录在卷。

第四十八条 检察机关在审查逮捕阶段，对犯罪嫌疑人提出非法证据排除的案件，应当听取辩护人的意见。

必要时，也要听取被害人、诉讼代理人、相关证人的意见，被询问人应当如实陈述是否存在采用暴力、威胁等非法手段取证的情况，对侦查机关是否涉及非法取证的言词必须记录在卷，并签字确认。

第四十九条 侦查监督部门在审查逮捕过程中，应监督侦查部门合法取证，对于侦查机关提出，侦查监督部门认为确有必要的案件，可以提前介入引导侦查取证。

第五十条 案件承办人对审查发现或通过其他途径获得的非法证据线索，经过评估，承办人对侦查机关提供的证据材料的合法性产生合理怀疑时，应启动核查程序。

第二节 非法证据的核查

第五十一条 检察机关决定对非法证据线索进行调查核实的，由承办人提出意见，报侦查监督部门负责人审批，由检察长决定。

第五十二条 案件承办人应当将非法证据线索书面提交侦查机关，并向其发出《要求说明取证程序合法的证明书》。

第五十三条 侦查机关应当及时反馈工作情况并提供相应的证据材料，对其取证合法性予以证明、补正或作出合理解释。必要时检察机关也可以自行组织调查。

第三节　非法证据的排除

第五十四条　案件承办人应当将非法证据线索以及调查、取证等情况在案件审查逮捕意见书中详细阐述，并提出采信意见和处理意见，报部门负责人、检察长审查。

第五十五条　排除非法证据由检察长决定。

第五十六条　排除的证据材料不得作为审查逮捕的依据。

第五十七条　排除非法证据后其他证据不能证明犯罪嫌疑人实施犯罪行为的，应当依法不予批准或者决定逮捕。

第五十八条　检察机关应当在作出是否批准或者决定逮捕时书面告知侦查机关、犯罪嫌疑人或其辩护人非法证据排除的结果，并阐述理由。

第五章　审查起诉阶段非法证据的排除

第一节　非法证据的发现

第五十九条　检察机关自收到侦查机关移送审查起诉的案件之日起三日内，应当告知犯罪嫌疑人、被害人对侦查机关的非法取证行为有权提出控告。犯罪嫌疑人、被害人应当及时提出控告，并提供相关的材料或线索。

第六十条　检察机关在讯问犯罪嫌疑人、询问被害人时，应当针对侦查活动的合法性情况进行讯（询）问，并将当事人对于非法取证的报案、控告、举报及其所提供的涉嫌非法取证的人员、时间、地点、方式和内容等材料或者线索内容记入笔录。

第六十一条　检察机关在审查起诉阶段应当充分听取辩护人、诉讼代理人的意见，对其提供的非法取证的材料或者线索应当受理。

第六十二条　检察机关直接受理立案侦查的案件，侦查部门移送审查起诉时，应当将讯问录音、录像连同案卷材料一并移送审查。检察机关应当认真审查讯问录音、录像。

对于公安机关立案侦查的可能判处无期徒刑、死刑的案件或者其他重大犯罪案件，检察机关可以要求侦查机关随案移送讯问录音、录像，对证据收集的合法性以及犯罪嫌疑人、被告人供述的真实性进行审查。

审查讯问录音、录像的重点包括下列内容：

（一）录音或者录像的内容是否完整，录制的起止时间是否从犯罪嫌疑人进入讯问场所时开始至犯罪嫌疑人核对讯问笔录、签字捺印时结束；

（二）录音或者录像能否反映讯问场所全景及犯罪嫌疑人、侦查人员、翻译人员情况，犯罪嫌疑人是否在录制图像中全程反映，并显示与讯问同步的时间数码；

（三）在讯问过程中，侦查人员的讯问方式是否规范、文明，有无采取刑讯逼供、暴力、威胁等非法方法进行讯问；

（四）讯问开始时，侦查人员有无告知犯罪嫌疑人将对讯问进行录音或者录像，告知情况有无在讯问笔录和录音或者录像中反映；

（五）讯问过程中，需要出示书证、物证等证据的，录音或者录像是否反映犯罪嫌疑人辨认的过程；

（六）纸质讯问笔录与录音或者录像反映的讯问过程是否一致；

（七）录音或者录像是否存在中断，有无在讯问笔录、录音或者录像中说明中断的情况以及中断的原因是否合理。

第六十三条 检察机关应当与侦查机关协调建立案件信息通报工作机制。在案件侦查过程中，侦查机关可以邀请检察机关派员介入侦查，检察机关也可以根据需要主动提出介入侦查。

第六十四条 检察机关在介入侦查引导取证时，可以对侦查讯问活动进行在场观察，也可以通过单向透视玻璃、电子监控等技术手段进行同步观察，同时应当注意发现和纠正侦查活动中的非法取证行为。

第二节 非法证据的核查

第六十五条 检察机关发现非法取证的线索时，应当进行初步的价值评估。对于提不出任何具体线索或材料、明显属于无理辩解的，不必启动下一步程序；对于提供了一定的线索和材料，使检察人员产生非法证据可能存在的合理怀疑的，应启动进一步的调查核实程序。

第六十六条 检察机关决定对非法取证线索进行调查核实的，由公诉部门承办人提出意见，经部门负责人审核后，报检察长批准。

检察机关决定调查核实的，应当及时通知办案机关。

第六十七条 检察机关可以采取以下方式对非法取证线索进行调查核实：

（一）讯问犯罪嫌疑人；

（二）要求侦查机关书面说明取证合法性情况；

（三）询问办案人员；

（四）询问看管人员、翻译人员、同步录音或者录像的制作人员等在场人员；

（五）询问同监号人员等证人；

（六）听取辩护律师意见；

（七）调取讯问笔录、讯问录音、录像；

（八）调取、查询犯罪嫌疑人出入看守所的身体检查记录及相关材料；

（九）进行伤情、病情检查或者鉴定；

（十）其他调查核实方式。

第六十八条　对于公安机关立案侦查的案件，存在下列情形之一的，检察机关可以调取公安机关讯问犯罪嫌疑人的录音、录像，对证据收集的合法性以及犯罪嫌疑人、被告人供述的真实性进行核查：

（一）认为讯问活动可能存在刑讯逼供等非法取证行为的；

（二）犯罪嫌疑人、被告人或者辩护人提出犯罪嫌疑人、被告人供述系非法取得，并提供相关线索或者材料的；

（三）犯罪嫌疑人、被告人对讯问活动合法性提出异议或者翻供，并提供相关线索或者材料的；

（四）案情重大、疑难、复杂的。

第六十九条　调查核实应当在审查起诉的期限之内完成，必要时可延长办案期限或退回补充侦查。

如不能在上述期限内完成，且调查核实的结果对案件事实认定、证据采信和审查决定具有重大影响的，可以变更为非羁押性强制措施继续核查；案情重大不宜变更为非羁押性强制措施的，可以先行提起公诉，同时继续核查工作。

第七十条　对于重大刑事案件或自侦案件，检察机关公诉部门应当加强与侦查监督部门、监所检察部门、渎职侵权检察部门、控告申诉部门以及纪检监察部门之间的部门联动，必要时，可成立非法证据排除核查工作小组，共同开展非法证据调查核实工作。

第七十一条　对于基层院办理的自侦案件，非法取证线索的调查核实工作一般由基层院公诉部门自行承担，确有困难的，可上提一级由市检察院公诉部门承担，基层院公诉部门提供协助。市检察院公诉部门经过调查核实，应当形成调查结论，交基层院公诉部门执行。

市检察院接到关于基层公安机关侦查人员非法取证的线索的，可以直接进行调查核实，也可以交由基层院调查核实。交由基层院调查核实的，基层院应当及时将调查结果报告市检察院。

第三节　非法证据的排除

第七十二条　检察机关经过核查后，对于确认或者不能排除存在非法取证情形的证据，应当认定为非法证据。

第七十三条　检察机关承办人调查核实非法取证线索，应当制作调查报告，根据查明的情况提出处理意见，报检察长决定。

如果非法证据的排除可能产生案件主罪无法认定或作不起诉处理等重大影

响的，应当报检察委员会研究并作出决定。

第七十四条 检察机关对于非法证据，应当决定予以排除，不得作为认定案件事实的依据；对于合法证据或者证据瑕疵经过补正或者作出合理解释的，应当决定不予排除。

第七十五条 检察机关排除非法证据后，可以将案件退回侦查机关补充侦查或者自行补充侦查；对于经过二次补充侦查，仍然认为证据不足，不符合起诉条件的，应当作出不起诉决定。

检察机关排除非法证据后，经审查其他证据确实充分的，可以提起公诉。

第七十六条 检察机关依法排除非法证据的，应当制作《排除非法证据决定书》。《排除非法证据决定书》应及时送达侦查机关。

被排除的非法证据应当随案移送人民法院，并附上非法证据的清单以及排除的理由。

第七十七条 对于提起公诉的案件，被告人及其辩护人提出审前供述系非法取得，并提供相关线索或者材料的，检察机关可以将讯问录音、录像连同案卷材料一并移送人民法院。

第六章 审判阶段非法证据排除的应对

第一节 庭前会议中的应对

第七十八条 人民法院通知人民检察院派员参加庭前会议的，由出席法庭的公诉人参加，必要时配备书记员担任记录。

第七十九条 公诉人应在会前、会中、会后与审判人员和辩方进行充分沟通，提出和交换意见，了解辩护人收集证据的情况：

（一）庭前会议召开前，公诉人应主动询问法官、辩护人非法证据的名称及存在问题，并结合辩方所针对的证据问题收集证据，做好参加会议的准备；

（二）庭前会议过程中，公诉人应与辩方和审判人员沟通，针对辩方提出的问题在向审判人员进行说明的同时，可以与辩方展开交流；

（三）庭前会议结束后，公诉人应与审判人员和辩方再次沟通，介绍在会后针对辩方提出的问题所做的工作，听取意见，为庭审做好准备。

第八十条 辩方在庭前会议过程中首次提出非法证据排除问题的，公诉人应结合提审、权利告知等情况询问或讯问其在审查起诉环节未提出的原因，并进一步听取其意见。对辩护人收集的证据有异议的，应当提出，要求其说明取证的合法性。

第八十一条 庭前会议中，公诉人可以结合检察内卷中的权利义务告知书、检察机关的提审笔录等材料阐明意见。对于审查逮捕、审查起诉期间已经提出并经查证不存在非法取证行为的，应当结合查证情况说明证据的合法性。

第八十二条 辩护人提出排除非法证据的，公诉人应在会议后及时核实、调取证据合法性的相关证据。若经核实后确认非法证据应予排除的，应报请检察长决定。排除非法证据后可能导致无罪或撤回起诉的，应提交检委会讨论研究。经召开检委会将非法证据排除导致证据状况发生重大变化的，检察机关可以视情况撤回起诉或变更起诉，并将非法证据排除情况及时通知法官、辩护人和有关当事人。

第二节 庭审中的应对

第八十三条 辩方申请排除以非法方法收集的证据的，公诉人应当审查其是否同时提供以下相关线索或者材料：

（一）非法取证的大致时间或清晨、傍晚、深夜等大致时间段；

（二）非法取证的地点或场所环境和特征；

（三）非法取证人员的姓名或体貌特征；

（四）非法取证的方式。

第八十四条 被告人及其辩护人未提供相关线索或材料的，公诉人可建议法庭不启动程序；已提供相关线索或材料的，公诉人应结合讯问笔录、相关诉讼法律文书、同步录音或者录像等证据对取证时间、地点、人员等进行核实，明显与事实不符的，应向法庭说明情况，建议不启动程序。

第八十五条 程序启动后，公诉人应出示以下证据证明证据合法性：

（一）公诉人提审笔录。应结合公诉人提审被告人的讯问环境、条件等证明被告人在审查起诉阶段供述的合法性。

（二）侦查机关提供的说明。说明应当加盖单位公章，并由侦查人员签名。

（三）被告人出入看守所的身体检查记录及相关材料。通过证明被告人被羁押当天的身体状况，查明是否存在非法取证行为。

（四）检察机关《权利义务告知书》。《权利义务告知书》应告知被告人对于侦查人员非法取证的行为，可及时向检察机关承办人反映相关情况，并有向相关部门提出控告的权利。

（五）相关时段的同步录音或者录像。该录音或者录像不得进行破坏、编辑、剪切、删除，应真实体现讯问全过程；如果涉及国家秘密、商业秘密、个人隐私或者含有其他不宜公开的内容的，公诉人应当建议在法庭组成人员、公诉人、侦查人员、被告人及其辩护人范围内播放；因涉及国家秘密、商业秘密、个人隐私或者其他犯罪线索等内容，人民检察院对讯问录音、录像的相关内容作技术处理的，公诉人应当向法庭作出说明。

（六）其他证明取证合法性的证据。

第八十六条　公诉人认为被告人及其辩护人所提供证据的合法性有疑问，并提供相关证据或线索的，应当建议法庭对该证据的合法性进行调查，并开展质证、辩论。

第八十七条　公诉人遇有下列情形之一的，可以建议休庭：

（一）对辩方提供的非法取证的线索或材料需要核实的；

（二）当庭对证据合法性不能举证的；

（三）公诉人对证据收集的合法性进行证明后，法庭仍有疑问的。

法庭休庭后，由人民法院对相关证据进行调查核实。人民法院调查核实证据，通知人民检察院派员到场的，人民检察院可以派员到场。

第三节　休庭后的应对

第八十八条　辩方当庭提供了证明侦查机关非法取证的证言、病历、血衣等证据的，公诉人应报请检察长批准，在休庭后核实辩方对证人是否存在威胁、引诱或贿买等非法取证行为，查明材料来源、调取的程序合法性及证据材料的真实性。

第八十九条　报经检察长批准后，公诉人应通过调查进一步收集以下证据，并及时通知办案机关：

（一）驻所检察官出具的证明材料，通过驻所检察官出具的谈话记录、情况说明等证明材料，证明被告人被羁押时和羁押期间的情况；

（二）同监号人员的证言，公诉人可通过同监号人员的证言，证明被告人在收押时的身体状况；

（三）看守所监管人员的谈话笔录，通过谈话笔录，查明是否有非法取证的相关反映及被羁押时的身体状况；

（四）讯问时在场的其他人员或其他证人的证言，通过收集证明讯问过程的相关证人证言，核实证据合法性；

（五）进行伤情、病情检查或者鉴定，查明被告人伤情、病情出现的时间、原因等情况；

（六）其他证明取证合法性的证据。

第九十条　经调查核实，不属于非法证据，但存在以下瑕疵的，公诉人应要求侦查人员及时进行补正或者作出书面解释：

（一）没有填写询问人、记录人、法定代理人等姓名或者询问的起止时间、地点的；

（二）询问的地点不符合规定的；

（三）询问笔录没有记录告知相关权利和义务的；

（四）询问笔录反映出在同一时间段内，同一询问人员询问不同证人的；

（五）收集调取的物证、书证，在勘验、检查笔录，搜查笔录，提取笔录，扣押清单上没有侦查人员、物品持有人、见证人签名或者物品特征、数量、质量、名称等注明不详的；

（六）收集调取物证照片、录像或者复制品，书证的副本、复制件未注明与原件核对无异，无复制时间、无被收集、调取人（单位）签名（盖章）的；

（七）物证照片、录像或者复制品，书证的副本、复制件没有制作人关于制作过程及原物、原件存放于何处的说明或者说明中无签名的；

（八）物证、书证的收集程序、方式存在其他瑕疵的。

第九十一条 侦查人员出庭作证的，公诉人应在出庭证人名单中予以列明。有下列情况之一的，侦查人员应出庭说明真实的取证情况：

（一）未提供讯问同步录音或者录像，或同步录音或者录像被破坏、编辑、剪切、删除的；

（二）在侦查人员提供取证合法性说明，并经公诉人举证之后，法庭对证据合法性仍存在疑问的；

（三）案情重大复杂，社会影响较大的案件。

第九十二条 侦查人员出庭时，应向法庭说明取证的时间、地点、方式等内容，对于辩方提出刑讯逼供的，应详细回忆和描述讯问时的场所和情境，以及突破犯罪嫌疑人心理防线的审讯策略、方法和具体过程。对辩方不实的控告可进行对质、反驳。

第九十三条 侦查人员出庭作证的，公诉人应与其提前沟通，制作出庭作证的预案，明确作证内容，以实现良好的庭审效果。

第九十四条 公诉人未能调取到相关证据，或者出示相关证据后，法庭对证据合法性仍有疑问的，公诉人应提请相关人员出庭作证：

（一）公诉人出示相关书证、书面证言等证据后，仍不能排除刑讯逼供可能性的，可申请讯问时其他在场人员出庭作证；

（二）辩方对被害人或证人的书面陈述及证言存在疑问的，可申请被害人或证人本人出庭作证；

（三）提请其他证人出庭作证。

第九十五条 对于经人民法院通知而未到庭的证人的证言笔录存在疑问、确实需要证人出庭作证，且可以强制其到庭的，公诉人应当建议人民法院强制证人到庭作证。

第九十六条 必要时公诉人可以建议法庭采取不暴露证人、鉴定人、被害人外貌、真实声音等出庭作证措施，或者建议法庭在庭外对证据进行核实，并配合人民法院做好相关工作。对出庭证人及其近亲属进行威胁、侮辱、殴打或者打击报复，构成犯罪或者应当给予治安管理处罚的，人民检察院应当移送公安机关处理；情节轻微的，予以批评教育、训诫。

第九十七条 休庭后，公诉人可以要求侦查机关对证据收集的合法性进行说明或者提供相关证明材料，必要时可以自行调查核实。调查过程中，检察机关监所、侦查监督、反渎职侵权部门应予以配合。

第九十八条 经调查核实，公诉人认为属于非法证据应予排除的，应报请检察长决定。排除非法证据后可能导致无罪或撤回起诉的，应提交检委会讨论研究。经召开检委会将非法证据排除的，检察机关可以视情况撤回起诉或变更起诉，并将非法证据排除情况及时通知法官、辩护人和有关当事人。

第七章 非法证据排除的监督、救济、制裁

第一节 非法证据排除的监督

第九十九条 检察机关发现侦查活动中有采用刑讯逼供等非法方法收集犯罪嫌疑人供述的，或采用暴力威胁等非法方法收集证人证言、被害人陈述，或者以暴力、威胁、贿买等方法阻止证人作证或者指使他人作伪证等行为，对于情节较轻的，可以由检察人员以口头方式向侦查人员或者公安机关负责人提出纠正意见，并及时向本部门负责人汇报；必要的时候，由部门负责人提出。对于情节较重的违法情形，应当报请检察长批准后，向公安机关发出纠正违法通知书。

第一百条 人民检察院发出纠正违法通知书的，应当根据公安机关的回复，监督落实情况；没有回复的，应当督促公安机关回复。

第一百零一条 人民检察院侦查监督部门或公诉部门对本院侦查部门侦查活动中违法取证的，应根据情节分别处理。情节较轻的，可以直接向侦查部门提出纠正意见；情节较重或者需要追究刑事责任的，应报请检察长决定。

上级人民检察院发现下级人民检察院在侦查活动中违法取证的，应通知其纠正。下级人民检察院应及时纠正，并将纠正情况报告上级人民检察院。

第一百零二条 对于人民法院在证据合法性法庭调查过程中违反法定程序，侵犯当事人和其他诉讼参与人诉讼权利和其他合法权利，以及所作排除、采纳证据的决定违反法律规定的，应当向人民法院提出纠正意见。

出席法庭的检察人员发现法庭审判违反法律规定的诉讼程序，应当在休庭

后及时向检察长报告。对违反程序的庭审活动提出纠正意见，应当在庭审后提出。

第一百零三条 对公安机关、人民法院在非法证据排除过程中存在的普遍性、苗头性、倾向性的不规范问题，需要改进的，可以发出检察建议，要求采取措施予以纠正。

第一百零四条 检察机关发现侦查人员非法取证的，可以要求侦查机关另行指派侦查人员重新调查取证，必要时，人民检察院也可以自行调查取证。

第一百零五条 存在下列情形之一，经审查符合抗诉条件的，应及时提出抗诉：

（一）检察机关提交的合法证据被审判机关作为非法证据排除，导致检察机关指控的事实或罪名被审判机关改变；

（二）检察机关提交的、虽存在瑕疵但经过补正或已作出合理解释不需或不宜排除的证据被审判机关排除，导致检察机关指控的事实或罪名被审判机关改变；

（三）辩方提交的、应当排除的非法证据被审判机关作为判决证据使用，可能影响定罪量刑的。

第二节 非法证据排除的救济

第一百零六条 人民检察院提出的纠正非法取证行为的意见不被接受，公安机关要求复查的，应当在收到公安机关的书面意见后七日以内进行复查。经过复查，认为纠正违法意见正确的，应当及时向上一级人民检察院报告；认为纠正违法意见错误的，应当及时撤销。

上一级人民检察院经审查，认为下级人民检察院的纠正意见正确的，应当及时通知同级公安机关督促下级公安机关纠正；认为下级人民检察院的纠正意见不正确的，应当书面通知下级人民检察院予以撤销，下级人民检察院应当执行，并及时向公安机关及有关侦查人员说明情况。同时，将调查结果及时回复申诉人、控告人。

第一百零七条 检察机关应告知侦查机关、犯罪嫌疑人或其辩护人、被害人非法证据排除的结果。

第一百零八条 侦查机关对检察机关作出非法证据排除决定不服，如不影响批捕、起诉决定的，一般不宜申请复议，检察机关可向侦查机关解释做出决定的依据和理由；如果排除非法证据导致不批捕、不起诉的，侦查机关可以在针对不批捕、不起诉决定提起复议、复核的同时一并对非法证据排除提出审查要求。

第一百零九条 当事人对审查逮捕阶段不排除决定不服的，可以在审查起诉阶段再次提出非法证据排除申请。

当事人对检察机关在批捕、起诉等环节作出的排除非法证据决定不服，如不影响批捕、起诉决定的，由案件承办人说明做出决定的依据和理由。

如果排除非法证据导致不批捕、不起诉的，当事人可以向作出决定的检察机关控告申诉部门申诉。

第三节 非法证据排除的制裁

第一百一十条 非法取证的侦查人员涉嫌轻微违法和违纪的，应视不同情形采取相应措施：

（一）轻微违法的，可提出纠正意见，对纠正意见不被接受的，向上一级人民检察院报告，并抄报上一级公安机关；

（二）涉嫌违纪的，及时将线索移交纪检监察部门或机关处理。

第一百一十一条 非法取证的侦查人员涉嫌犯罪的，应当移送本院侦查部门审查，侦查部门审查后应当提出是否立案侦查的意见，报请检察长决定。对于不属于人民检察院管辖的，应当移送有管辖权的机关处理。

第一百一十二条 经调查核实，辩方提供的非法取证线索和材料不属实的，应视不同情形采取相应措施：

（一）被告人虚构侦查人员刑讯逼供等事实，情节严重的，可建议法庭酌情从重处罚；

（二）辩护律师违反律师职业道德和行业纪律的，公诉人应将相关情况书面通知其所在的律师事务所或所属的律师协会，并及时向司法行政部门反映；

（三）辩护人有帮助被告人隐匿、毁灭、伪造证据或者串供，或者威胁、引诱证人作伪证以及其他干扰司法机关诉讼活动的行为，捏造非法取证事实，可能涉嫌犯罪的，经检察长批准后，属于公安机关管辖的，将相关线索或者证据材料移送同级公安机关按照有关规定处理；属于人民检察院管辖的，应当报请上一级人民检察院立案侦查，或者由上一级人民检察院指定其他人民检察院立案侦查，同时书面通知辩护律师所在的律师事务所或所属的律师协会。

第八章 非法证据排除的风险防范

第一百一十三条 对于有被害人的非法证据排除案件，在审查逮捕、审查起诉等诉讼阶段，检察机关都应当充分听取被害人或其法定代理人、近亲属的意见，及时全面地掌握其诉求。

第一百一十四条　对于涉及非法证据问题的案件，检察机关应当结合非法证据对案件处理的影响程度以及被害人或其法定代理人、近亲属的实际情况，分析研判排除非法证据可能导致的诉讼风险，做好化解排除风险的准备和预案。

第一百一十五条　检察机关在决定启动非法证据排除程序时，应当及时向被害人或其法定代理人、近亲属开展释法说理工作，重点向其阐明非法证据的危害以及认定非法证据存在的理由和排除的法律依据。

被害人或其法定代理人、近亲属委托律师为诉讼代理人的，检察机关可以先向律师说明排除非法证据的有关情况，邀请律师共同向被害人或其法定代理人、近亲属开展释法说理工作。

第一百一十六条　对于排除非法证据导致案件证据不足、犯罪嫌疑人被释放的，检察机关应当向侦查机关通报非法取证行为的危害并要求其采取措施纠正，同时要求侦查机关继续加大侦查力度，争取尽快破案或重新收集有力证据。

第一百一十七条　对于被害人或其法定代理人、近亲属在生活和经济方面的实际困难，检察机关应当充分利用近年来建立起来的被害人救助机制，与民政、劳动、社保等部门互相配合，做好安抚、救助工作。

第一百一十八条　对于排除非法证据可能导致申诉上访等诉讼风险的，检察机关应当及时向上级检察机关和党委政府相关部门报告或通报。

第九章　附　则

第一百一十九条　检察机关应当加强与侦查机关、审判机关的工作协调，通过定期召开联席会议等形式解决非法证据排除工作中的问题。

第一百二十条　本实施规则如与法律、司法解释和上级规定发生冲突，依照法律、司法解释和上级规定执行。

第一百二十一条　本实施规则自公布之日起开始实施。

三、法律文书范本

（一） 排除非法证据审批表

_____人民检察院

排除非法证据审批表

犯罪嫌疑人姓名	
案由	
简要案情	
排除的证据名称	
排除理由	
承办人意见	
部门负责人意见	
检察长意见	

（二） 排除非法证据审查报告

人民检察院

排除非法证据审查报告

一、犯罪嫌疑人基本情况

（包括姓名、性别、出生年月日、身份证号码、民族、文化程度、职业、居住地、籍贯、羁押场所）

二、案件来源

三、侦查机关认定的事实和证据

（起诉意见书中认定的犯罪事实，简要列明侦查机关认定上述事实所依据

的证据)

四、非法证据线索来源情况

1. 犯罪嫌疑人及其法定代理人、辩护人、被害人及其诉讼代理人、证人等诉讼参与人反映的情况，或者承办人审查案件过程中自行发现的情况；

2. 犯罪嫌疑人及其法定代理人、辩护人、被害人及其诉讼代理人、证人等诉讼参与人提供的线索或材料情况。

五、对非法证据线索的核查情况

1. 采取的核查措施情况；

2. 收集的证据情况；

3. 核查过程中出现的问题及其应对；

4. 对收集的证据进行分析论证。

六、需要说明的问题

1. 排除非法证据可能对案件处理产生的影响；

2. 对排除非法证据可能产生的诉讼风险进行评估；

3. 相关侦查人员在非法证据产生过程中应承担的责任。

七、承办人意见

1. 承办人关于非法证据是否需要排除的意见及理由；

2. 承办人关于是否需要采取监督措施以及采取何种措施的意见和理由。

以上意见妥否？请批示。

承办人：

年　月　日

（三）说明取证程序合法通知书

说明取证程序合法通知书

南昌市公安局（某某分局）：

你局侦查的　　　　某某涉嫌某罪　　　一案，　　犯罪嫌疑人某某或其辩护人某某提出某某证据（或经审查发现某某证据）　　　取证程序涉嫌非法，为维护司法公正，保障诉讼顺利进行，请你局在收到本通知书后二日内书面向本院说明相关证据取证程序的合法性，并提供相关证据材料。

南昌市人民检察院

年　月　日

（四）排除非法证据决定书

排除非法证据决定书

南昌市公安局（某某分局）：

你局侦查的　　　　某某涉嫌某罪　　　一案，经审查，本院认为　某某证据　属于非法证据，决定依法对该证据予以排除。你局如有异议，请在收到本决定书后三日内向本院提出书面意见，并阐明理由。

南昌市人民检察院

年　月　日

第三编

侦查机关"另案处理"工作机制课题报告

课题负责人：熊红文

研 发 人 员：刘彤彤　曹丹丹　王赫楠

第一章 总 论

一、引 言

党的十八大报告提出了"进一步深化司法体制改革,完善中国特色社会主义司法制度"的改革目标。司法权运行改革是全国政法工作会议上提出的一项重大改革内容,是建设"平安中国、法治中国"的必经之路。为全面贯彻落实2013年全国政法工作会议精神,按照中央统一部署,把握机遇,积极行动,勇于冲破思想观念的障碍、突破利益固化的藩篱,深入开展南昌市司法权力运行机制改革,以优质高效的法律服务和公平正义的法治保障助推南昌打造带动全省发展的核心增长极,从而进一步提高南昌执法办案质量和水平,增加司法权力运行的透明度,真正做到"司法权力在阳光下运行"。

刑事司法实践中,"另案处理"这一术语较为常见,它的出现及所反映的法律现象有积极的一面,有利于提高刑事诉讼的效率和效益,使得共同犯罪案件更快处理,避免因共同犯罪人未到案而久拖不决,最终达到刑事诉讼保障人权之目的。但由于法律规定不够明确,缺乏统一标准和规范,"另案处理"的监督易成为司法监督的盲区,"另案处理"易在实践中被随意使用,成为权力寻租的根源。司法实践中少数案件适用"另案处理"存在一定随意性,由此也滋生了一些执法不严、执法不公等问题,影响执法公信力。不当的"另案处理"违背了惩罚犯罪的刑事诉讼目的以及《刑法》的罪责刑相适应、法律面前人人平等的基本原则,因而有必要通过对司法权力的改革及规制来实现另案处理规范化、制度化,实现其功能的回归。

2013年3月,市委政法委下发了《全市司法权力运行机制改革工作的实施意见》,确定了检察院调研组课题为"侦查机关另案处理工作机制改革"。调研小组结合工作实践,对侦查机关另案处理情况进行了深入的调查研究,并赴全国规范另案处理工作的先进单位考察学习。通过收集资料、研究论证、征集建议、专家咨询等多种方式,调研小组深入了解规范另案处理工作取得的成功经验及存在的问题,确定了南昌市开展另案处理规范工作的指导思想、基本原则、总体思路，并研发制定了《关于规范刑事诉讼中"另案处理"工作的意见》。

二、研发方法与步骤

为确保此次司法权力运行机制改革顺利进行，此次研发工作确定了以下研发方法和步骤。

（一）方法

1. 经验借鉴法：广泛收集近几年来全国检察机关规范"另案处理"的先进经验和做法，同时赴先进单位进行实地考察，并认真加以分析，充分吸取能适应南昌司法实践发展的成功做法，确立南昌"另案处理"工作机制改革的出发点和着力点。

2. 研究论证法：认真查阅公开发表的期刊、专著、论文集及相关网站有关规范"另案处理"的理论成果，并运用这些理论成果，充分论证"另案处理"工作机制改革的正当性、必要性和可行性，确保此次改革取得实效。

3. 深入调研法：在课题撰写过程中，全体课题小组成员赴市公安局、基层分局两级一线办案单位，采取查询台账、抽查案卷、座谈交流等形式开展调研，尽可能摸清、摸透实情，增强调查数据和案例的代表性和广泛性。

4. 组织讨论法：为保证课题报告内容翔实、论证充分、可操作性强，课题小组成员之间加强交流、互相借鉴，定期召开小组成员会对课题报告进行深入细致的集中讨论，课题报告在反复的组织讨论下历经 5 次修改。

5. 专家咨询法：为保证本次课题调研理论扎实、科学可行。课题组专门邀请南昌大学、江西财经大学有关法学专家对课题内容进行论证和分析，并开展现场讨论、咨询，在有关专家的建议下对课题报告进行修改和完善。

6. 制定细则法：为了确保此次"另案处理"工作机制改革课题报告在司法实践中充分具备实际可操作性，课题组专门制定了《关于规范刑事诉讼中"另案处理"工作的意见》，全面规范侦查机关的另案处理行为。

（二）步骤

1. 收集资料及初步构思阶段（2013 年 3 月至 4 月上旬）。本阶段课题组制定了工作方案、确定人员分工、制定工作推进表。利用检察内网收集大量的理论资料及全国各地检察机关的先进经验，通过外网收集相关新闻报道、理论文章、规章制度。并对收集的理论研究成果、实践经验，进行整理归纳，确定课题报告的框架、结构。

2. 拟定初稿阶段（2013 年 3 月下旬至 4 月中旬）。本阶段课题组积极汲取国内理论成果，下载和学习相关论文、著作百余篇，对另案处理基本原理、理论成果进行了认真梳理、熟悉、消化，在对另案处理的概念、特征、理论依据与现实意义等宏观方面准确把握的基础之上，撰写课题报告初稿。并于 4 月中旬在进行多次集中讨论、反复修改之后，完成近 6 万字的课题报告初稿。

3. 调研论证阶段（4 月中旬至 5 月中旬）。课题组于 4 月上旬完成调研方案，根据《全市司法权力运行机制改革工作实施意见》的精神和要求，收集并整理了 2011 年、2012 年全市侦查机关另案处理数据，在市政法委的组织下实地调研考察了南昌市公安机关市级和部门、县（区）级的刑侦、经侦和缉毒等一线办案单位。基本掌握了第一手材料，一定程度上能反映出目前南昌市侦查机关另案处理的现状和相关机制运行情况。

4. 考察论证阶段（7 月中旬）。课题组于 7 月中旬赴重庆、天津对公安机关内部另案处理工作制度及考评规则进行考察；对当地"另案处理"的全套工作机制运行情况和检察监督工作机制构建情况，特别是对"另案处理"说明机制、与公安机关建立信息通报机制情况进行重点考察。通过考察结合南昌本地实际，探索相关工作机制的构建。

5. 专家咨询与修改完善阶段（2013 年 7 月下旬）。课题组完成了课题报告初稿后于 2013 年 7 月下旬参加了包括南昌大学法学院副院长胡祥福、江西财经大学法学院副院长黄华生、南昌大学法学院教授涂书田等专家组成的专家咨询论证会，对课题报告的相关问题进行咨询，就专家提出的问题进行论证和答辩。在专家的建议和指导下完成了课题报告的修改完善。

三、"另案处理"概述

黑格尔曾言"凡是合理的东西都是现实的，凡是现实的东西都是合理的"。另案处理在实践中自发而生，并自下而上地逐渐被实务界关注和认可。"另案处理"最初是用于解决共同犯罪中同案犯在逃，无法在犯罪嫌疑人、被告人悉数到案的情况下全案起诉、全案审判的问题。随着诉讼的发展，"另案处理"的适用范围开始扩容，逐步脱离了单纯解决共同犯罪中在逃同案犯的诉讼程序问题。司法实践中，在侦查机关的提请批准逮捕书、起诉意见书以及检察院的起诉书、法院的刑事判决书里经常可以看到对部分犯罪嫌疑人、被告人以括号注明"另案处理"，"另案处理"已为司法实务工作者所认可并广泛使用。

对于究竟什么是"另案处理"？应根据什么标准对犯罪嫌疑人、被告人作出"另案处理"？如何保证"另案处理"人员与其他同案犯罪嫌疑人、被告人的权利平等？谁来监督以及如何监督"另案处理"案件？如何应对实践领域出现的不当"另案处理"现象等问题困扰着司法工作者，解决上述问题的根本途径是通过理论对实践的指导来规范"另案处理"工作机制运行。鉴于此，本课题组拟先从建立与完善"另案处理"的理论体系入手，对现有的理论成果进行梳理取舍，对"另案处理"内涵外延等基本原理进行深层次、全景性考察，探索"另案处理"工作机制改革的理论支持与现实意义。

（一）理论研究现状

近年来，我国的法学理论研究蔚为壮观，呈现出一派欣欣向荣的景象，尤其在司法改革过程中，学者们以敏锐的嗅觉把握改革的进程和动态，一大批学术观点独特、学术视野开阔、学术底蕴深厚的论文和论著先后问世，对指导我国的司法实践发挥了非常重要的作用。但司法实践中仍有不少问题还没有引起理论界的高度关注，"另案处理"现象便是其中之一。有关"另案处理"问题的理论研究还处于相对弱化的状态，至少存在三方面的缺憾：一是现有的成果整体数量不多，在质量较高的核心期刊上发表的并不多见，以"另案处理"为专题研究对象的硕博士论文近乎空白；二是缺乏对"另案处理"的全景性考察，多从"另案处理"失范性的表象出发提出整改性立法建言，多数仅针对不当另案处理进行表层介绍或粗浅分析，缺乏深入透彻、鞭辟入里的论证和探讨；三是在形式上一般表现为文字较少、篇幅较短的单篇论文或文章，缺少大篇幅的实证性、对策性的研究报告，针对性不强。

虽然整体而言，对"另案处理"的专业性学术研究尚处于起步阶段，但也有不少专家学者结合司法实践，对"另案处理"的功能异化、危害结果和规范监督途径等方面展开了积极探讨，且形成了一定的共识：多数学者认为"另案处理"对于实现《刑事诉讼法》的人权保障机能，提高诉讼效益以及解决管辖冲突等方面均有着重要意义，"另案处理"一旦变成"另案不理"，不但严重践踏了法律的尊严和权威，导致司法不公，而且个别重罪嫌疑人长期逍遥法外，会严重影响公众的安全感，给社会留下严重的治安隐患。同时，理论界、实务界均对不当另案处理原因的多样性表示认可，认为包括另案处理的法律规定不健全的立法原因、另案处理的思想认识不统一的司法观念问题以及另案处理的操作模式不规范的机制原因等多重原因，需以立法形式明确"另案处理"的适用条件和范围、适用程序、救济措施等具体可操作性措施，必须从侦查机关自身制约机制和检察机关法律监督机制两大方面进行制度构建和程序完善。

当然，关于"另案处理"仍有许多问题需要更加深入地探讨，尤其是涉及"另案处理"内涵外延一系列重要问题，理论界、实务界至今莫衷一是，歧见纷呈。如"另案处理"的适用范围，岳红革等学者认为"另案处理"仅存在于共同犯罪案件中，由于部分同案犯罪嫌疑人在逃等原因而从案件中分离出来；但王涟平及更多学者认为"另案处理"不仅仅存在于共同犯罪案件中，因法律规定或犯罪嫌疑人自身条件限制等原因，在实践中对于牵连性犯罪案件通常也是一并处理，因而不排除在特定情况下，有必要对牵连性犯罪案件中的部分行为人另案处理。又如"另案处理"的适用主体，叶青、万世界等学者认为"另案处理"的决定主体是侦查机关，"另案处理"是侦查机关将共同犯罪案件部分犯罪嫌疑人分离出来另行处理的一种诉讼处理方式；易伟军等学者却认为"另案处理"不仅仅局限于侦查阶段，且存在于检察机关的批捕、审查起诉阶段，其决定主体系公安、司法机关。再如"另案处理"的后果，詹奕嘉等学者认为"另案处理"的"案"专指"刑案"，意味着被"另案"的犯罪嫌疑人涉嫌某种共同犯罪，需另行立案追究刑事责任；但更多的学者认为"另案处理"的后续结果不仅仅限于追究刑事责任，也可另作行政处罚、撤案或其他处理。

学者们对"另案处理"的理解见仁见智，正是由于《刑事诉讼法》及"两高"的司法解释未对"另案处理"作出明确规定；反过来，由于"另案处理"在法学理论研究上的"短板"，致使理论界对司法实践领域出现的不当另案处理现象，无法作出及时、有效的回应。要实现另案处理功能的回归，需以理论上的研究推动立法及司法的进程。

（二）"另案处理"定义

"另案处理"本身是一个中性词汇，并不当然包含肯定性或否定性的评价倾向。司法实践中，由于一些特殊情况对部分涉案人员另案处理系正当且确有必要的。但事物的相对性，也决定了不当另案处理必然存在。区分正当另案处理与不当另案处理的关键，就是运用公正、效率、参与等法理因素对"另案处理"内涵与外延进行准确界定。

1. "另案处理"适用于相互关联的同案犯罪案件。无论是从理论层面还是司法实践来看，另案处理案件的范围不应仅限于共同犯罪，还应当扩大到一定程度上相互关联的同案犯罪案件。具体而言，除共同犯罪外，还包括对合犯罪、依附犯罪和牵连犯罪。因为这些案件的侦查工作往往是一并进行且定罪量刑的证据也是相互印证的，故而实践中经常作为一个案件处理。需要明确的是，对于共同故意犯罪案件中另案处理人员的具体适用又有别于其他关联性同案犯罪案件。这是因为共同故意犯罪是基于行为人有共同的犯罪故意且共同实施了犯罪行为，因此有必要让他们的行为同时接受法律评价，即一般情况下应当对共同犯罪的行为人一并处理，只有在符合特定的情形时，才能将其中的部分犯罪嫌疑人另案处理。除共同犯罪外的其他同案犯罪案件，本身并不强求让行为人的行为同时接受法律评价，但毕竟行为人的行为之间具有一定的关联，如果对行为人一并予以处理可能有利于提高诉讼效率和节约司法成本。因此，在司法实践中，对合犯罪、依附犯罪和牵连犯罪案件通常也是一并处理的，但并不排除在特定情况下，有必要对其中的部分行为人另案处理。

2."另案处理"是侦查机关的案件办理方式。"另案处理"的决定主体是侦查机关，包括公安机关、检察机关自侦部门、海关、国家安全机关、监狱等。侦查机关对刑事案件拥有的侦查权包括根据侦查活动结果和案件实际情况进行相应处理的权力，当然涵盖对部分涉案人员另案处理的权力。虽然"另案处理"可存在于侦查、起诉、审判这三个刑事诉讼的主要阶段，但检察机关在起诉阶段和法院在审判阶段的"另案处理"往往是侦查阶段"另案处理"的延续。在司法实践中，《刑事诉讼法》又将绝大多数刑事案件立案权、侦查权赋予了公安机关，故本课题组以刑事侦查手段为视角，以公安机关办理普通刑事案件中的另案处理人员作为重点，以点带面地论证考察。

3."另案处理"的原因是正当且必要的。侦查机关必须基于法律法规和社会基本道德所允许的正当原因，对那些无法与其他同案犯一并提请批准逮捕和移送审查起诉的涉案人员作出另案处理，并且这种原因是客观存在和必要的。如已起诉、已判刑的、已死亡的涉案人员虽然不与其他犯罪嫌疑人一并提请逮捕、移送起诉，但这些人员已没有另行处理的必要，所以直接在相关法律文书上注明"已死亡"或"已判刑"即可，无须再适用"另案处理"。如果对上述已决的情况也列入"另案处理"并重复审查，耗费司法资源和增加侦查机关的诉讼负累，不利于检察机关集中精力有效地开展法律监督。

4."另案处理"的结果表现为至少有一个以上的犯罪嫌疑人从整体的案件中被分离出来另行处理。另行处理在形式上可以分为单独处理或与其他刑事案件共同处理。这里"另案处理"中的"案"不仅限于刑事案件，即对另案处理人员的后续处理可以是追究刑事责任，也可以进行行政处罚、治安拘留等。例如对部分涉案人员的犯罪事实需要继续侦查而作出另案处理决定，在作出决定时不可能百分之百预见到能够查实犯罪且应当追究刑事责任，随着进一步侦查，确有可能发现其不构成犯罪继而转为行政处罚处理。当然，无论哪种处理结果都应以追求司法公正为价值导向，本课题组研究"另案处理"问题的初衷也就是为保证另案处理人员与其他犯罪嫌疑人适用法律和处理结果的公平、公正。

通过比较分析、平衡价值和结合实践等方式对"另案处理"现有理论成果进行梳理、取舍，本课题组对"另案处理"定义如下："另案处理"是侦查机关在对同案犯罪案件侦查过程中，由于正当且必要的原因，将一部分无法与其他同案犯一并提请批准逮捕和移送审查起诉的涉案人员从案件中分离出来，单独处理或与其他案件合并处理的一种案件办理方式。

（三）"另案处理"的类型

由于多方面因素的影响，刑事案件呈现出千差万别、错综复杂的特点，这就要求侦查人员在办理案件过程中，既要遵循案件处理的一般规律，又要注意把握个案的特殊情况，在法律规定的范围内，对具体案情进行具体分析，准确掌握另案处理的适用类型。

1. 犯罪嫌疑人在逃而"另案处理"

在逃人员又分为狭义上的在逃人员和广义上的在逃人员。狭义上的在逃人员指的是在相互关联的同案犯罪案件中，犯罪嫌疑人身份明确且已经进行网上追逃的涉案人员；广义上的在逃人员除包含已上网追逃人员外，还包括身份不明无法进行网上追逃但有证据证明其共同实施了犯罪的涉案人员。

最高人民法院、最高人民检察院、公安部《关于如何处理有同案犯在逃的共同犯罪案件的通知》、最高人民检察院《人民检察院刑事诉讼规则（试行）》规定，如果同案犯在逃，对在押犯的犯罪事实已查清并有确实、充分的证据的，应当要求公安机关在采取必要措施保证在逃的犯罪嫌疑人到案后另案移送审查起诉，对在案犯罪嫌疑人的审查起诉应当照常进行。司法实践中，对于已查明真实身份的在逃人员，侦查机关可以通过网上追逃或发布通缉令等方式将其缉拿归案，但有的犯罪嫌疑人是临时纠合作案，同伙也不知晓真实姓名和住址，这些身份情况不明的涉案人员可能连上网追逃都无法进行，对这类人员后续处理更加难以掌控。很显然，在这种情况下更有必要对其加强监督，将身份不明的在逃人员与已上网追逃人员一并纳入另案处理范围，是程序公正与效率的客观要求。

2. 为防止诉讼过分延迟而"另案处理"

"正义在法律中的第二种含义是指效率"，打击犯罪的无限性与资源投入的有限性之间的矛盾凸显出刑事诉讼中效益问题的重要性，将难以及时侦查终结的犯罪嫌疑人从可以继续诉讼的同案犯罪案件中分离出来另行处理，是节约司法成本实现诉讼经济的客观需要。

有的同案犯罪案件案情复杂、侦查取证工作量大，或是有时证据难以保存或可能灭失，甚至存在故意毁灭、伪造证据、串供诱供的可能性。如果同案犯罪嫌疑人的犯罪事实已基本查清，且拘留、逮捕等强制措施期限已经届满，侦查机关可以对其先行提请批准逮捕或移送审查起诉，对事实尚未完全查清的其他犯罪嫌疑人作出另案处理决定。又如犯罪嫌疑人涉嫌其他犯罪，且他罪为重刑犯罪需要进一步侦查，采取另案处理措施更为合适的，侦查机关也应当将已经查清犯罪事实、证据收集充分的同案犯罪嫌疑人及时移送批捕和审查起诉，对需要继续侦查的犯罪嫌疑人作出另案处理决定。

3. 因移送管辖而"另案处理"

《刑事诉讼法》、《公安机关执法细则》等法律法规对侦查机关职能管辖、地域管辖、级别管辖、专门管辖作出了明确规定，为解决管辖冲突问题而另案处理的合法性提供了法律依据：一是地域管辖的冲突，如果同案犯罪嫌疑人在本地、异地均有犯罪的事实发生，而在异地处理更为合适，则将该犯罪嫌疑人作另案处理。二是职能管辖的冲突，如果同案犯罪嫌疑人的犯罪事实既有由公安机关等立案管辖的，又有由检察机关立案管辖的，根据我国《刑事诉讼法》关于职能管辖方面的规定，依据有利于案件处理的原则区分犯罪事实的主次对其另案处理。三是级别管辖的冲突，同案犯罪嫌疑人需要更高级别侦查机关侦办的，将其作另案处理人员移送上级侦查机关。四是专门管辖的冲突，如果同案犯罪嫌疑人的某一犯罪事实应由专门司法机关管辖，则将该犯罪嫌疑人交由专门司法机关对其进行另案处理。

4. 系特情人员而"另案处理"

鉴于对注册特情与非注册特情人员人身安全的考虑，以及秘密侦查办案的现实需要（如毒品类犯罪特有的"破案留根"的侦查方式），"另案处理"制度的设置上应当给侦查某些特殊案件留有一定的空间，允许对"线人"、特情人员另案处理。

《刑事诉讼法》规定，"依照技术侦查规定采取侦查措施收集的材料在刑事诉讼中可以作为证据使用。如果使用该证据可能危及有关人员的人身安全，或者可能产生其他严重后果的，应当采取不暴露有关人员身份、技术方法等保护措施，必要的时候，可以由审判人员在庭外对证据进行核实"。由于秘密侦查涉及众多机密信息，完全公开化质证可能会危及有关人员生命和泄露侦查秘密，因此允许通过另案处理的手段将秘密侦查的过程、方法等信息相对封闭。当然，这种不公开特情身份而另案处理的办案方式也必须在规范化轨道运行，以避免另案处理成为消化某些特殊案件的渠道。

5. 因犯罪嫌疑人被非刑罚处罚而"另案处理"

我国《刑法》规定："犯罪情节显著轻微,危害不大,不认为是犯罪"、"犯罪情节轻微不需要判处刑罚的,可以免予刑事处罚,但是可以根据案件的不同情况,予以训诫或者责令具结悔过、赔礼道歉、赔偿损失,或者由主管部门予以行政处罚或者行政处分。"按照法律规定,在相互关联的同案犯罪案件中,如果部分涉案人员的行为犯罪情节显著轻微,危害不大,侦查机关在侦查阶段可以对其作撤案处理;如果行为已构成犯罪,但情节轻微不需要判处刑罚,可对其适用行政处罚、行政处分等非刑罚处罚手段,这同时也意味着对刑事诉讼程序的终结,不能与其他同案犯罪嫌疑人一并提请逮捕或移送起诉,侦查机关对这部分涉案人员应当及时作出另案处理决定。

6. 因未成年人而"分案处理"

对于未成年人和成年人共同实施的犯罪,各国基本上采取了分案起诉、分案审理的做法,我国亦是如此。最高人民检察院《办理未成年人刑事案件的规定》明确规定:"人民检察院提起公诉的未成年人与成年人共同犯罪案件,不妨碍案件审理的,应当分开办理。"

对于未成年人与成年人共同实施的犯罪案件,另案起诉是原则、不另案起诉是例外。侦查机关在提请批准逮捕及移送审查起诉时,需要追究其刑事责任的未成年犯罪嫌疑人与成年犯罪嫌疑人如果分案处理更为适宜的,通常都会对未成年犯罪嫌疑人作出另案处理。因为未成年人与成年人存在显著的区别,他们在身心方面还不成熟,缺乏社会经验,可塑性比较大,一并提请逮捕、移送起诉和审判不利于未成年人健康成长,办理未成年人犯罪案件应有别于成年人犯罪案件。对未成年人另案处理也与我国对未成年人犯罪一直坚持"教育为主、惩罚为辅"原则和奉行教育、感化、挽救的方针相符合,是探索践行未成年人犯罪案件的特殊诉讼程序的重要途径。

7. 因犯罪嫌疑人自身原因而"另案处理"

在同案犯罪案件侦查过程中,一旦发现部分犯罪嫌疑人是不具备刑事责任能力的精神病人,或不到刑事责任年龄的未成年人,应当及时对这部分人员作出另案处理决定。对于符合强制医疗条件的精神病人,侦查机关应当写出强制医疗意见书,移送人民检察院;对于不到刑事责任年龄的未成年人,侦查机关也应与家庭、社区联系沟通做好帮教回访工作。

四、对南昌市"另案处理"的实证考察

为掌握更加全面、可靠的论证素材来支撑"另案处理"工作机制改革的课题，本课题组收集整理了 2011 年南昌市另案处理基本数据，在市政法委的牵头下，以点带面地实地调研考察了南昌市两级公安机关一线办案单位，获得了许多宝贵的一手资料，对反映当前侦查机关另案处理的实践状况具有一定代表性。

（一）数据情况

据检察机关公诉部门口径统计，2011 年南昌市、县（区）级公安机关共移送起诉各类刑事案件 3503 件 5249 人，其中涉及"另案处理"案件达 529 件 1208 人，分别占移送起诉总件数、总人数的 15.1% 和 23%。其中：

1. 因管辖冲突而另案处理 12 人，占另案处理总人数的 0.01%；

2. 因犯罪嫌疑人未成年而另案处理 22 人，占另案处理总人数的 0.02%；

3. 因犯罪嫌疑人在逃（已查明身份）而另案处理 532 人，占另案处理总人数的 44%；

4. 因犯罪嫌疑人身份不明而另案处理 213 人，占另案处理总人数的 17.6%；

5. 涉嫌犯罪但需进一步侦查而另案处理的 40 人，占另案处理总人数的 0.03%；

6. 已撤案转为行政处罚、治安拘留等处理的 61 人，占另案处理总人数的 0.05%；

7. 因严重疾病等原因无法参加诉讼的 2 人，占另案处理总人数的 0.002%；

8. 其他情况作另案处理的 326 人，占另案处理总人数的 25.8%。

据公安机关法制部门口径统计，截止到 2013 年 5 月，2011 年作另案处理的人员，已经得到处理比例约占 7 成，未处理的人员约占 3 成。而在未处理的人员中，又以"在逃"和"身份不明"未对另案处理人员采取后续处理所占比例最高，约占未处理人员 98%；因案件仍需要进一步侦查未对另案处理人员采取后续处理，约占未处理人员 2%。因为公安机关对另案处理人员情况没有专门的台账登记制度，此项数据收集由侦查人员主动向相应法制部门提供，再由法制部门汇总得出。这些数据的取得很大程度主要靠侦查人员的自觉性，不排除有漏报、少报的情形。值得一提的是，对后续处理数据收集的困难也恰

恰反映出我们完善另案处理有关机制的必要性和迫切性，因为没有相应的登记、备案和监督机制，后续处理变成"冷处理"、"不处理"的现象根本无从发现，更谈不上如何减少或杜绝了。

（二）工作开展情况

1. 市局法制支队在构建另案处理工作机制方面已开展了一些探索尝试，对另案处理的部分工作机制已初具雏形，在日常审批、考评等工作中对规范另案处理均有所涉及。一是日常审批工作。市局法制支队在对案件的日常审查时，会对案件中涉及另案处理的情况审核把关，如对案件中存在"符合处理条件却未及时处理的"、"依法应当报捕而未报捕的"、"犯罪嫌疑人交代的其他违法犯罪人员未进行调查的"，法制部门一律要求办案部门补充有关法律文书、证据材料或进一步侦查，基本做到案件材料齐全后才予审批。二是日常考评工作。法制部门通过每月一次日常考评对案件进行动态跟踪，包括对身份不明、案件进一步侦查需要等另案处理人员的侦查情况。三是专项检查工作。对执法质量考评、取保候审等定期开展专项检查，发现问题的按照《南昌市公安局执法监督奖惩办法》予以处理。

2. 基层公安机关在对另案处理的审批流程上相对随意。后续处理工作的开展是由民警将另案处理人员记入自己的工作日志，靠民警的责任心来"自觉"地开展。当然，在考察中发现，南昌市基层公安机关在对"另案处理"适用及后续工作的某些方面也有着一些不错的实践经验：在另案处理的适用程序上，青山湖公安分局对一些暂时无法决定是否适用另案处理的涉案人员，采取"先行后刑"的处理方式，即充分利用治安拘留期限调查取证，如果确定为行政案件的作出另案处理决定，但如果在此期间调取到足够证据应追究刑事责任的，则与同案犯罪嫌疑人一并提请逮捕或移送起诉。在对另案处理犯罪的监督上，西湖区检察院侦查监督科每年对所有行政案件（包括因行政处罚而另案处理的案件）开展专项检查，拓展不当另案处理问题的发现渠道；西湖区公安分局针对已作存疑不捕继续侦查的另案处理人员有关情况，每季度检查民警工作记录，对侦办民警是否按照检察机关的《补充侦查提纲》开展后续侦查工作情况进行检查，且对怠于行使侦查职权的民警作出行政处理。

五、国内"另案处理"的实践经验

各地司法实务界对另案处理问题予以高度重视，采取各种措施，以解决和改善侦查机关适用"另案处理"随意化和检察机关法律监督形式化的问题，通过制定具有可操作性的程序性规定和制度，强化监督职能，创新工作方式，取得显著成效，其中不少先进经验可以为我们吸纳借鉴。

（一）创新监督方式

天津市静海县"三个一工程"。"一个长效机制"，即制定了《对提请逮捕案件中另案处理人员的监督办法》；"一个信息网"，即包括检察院侦查监督部门的另案处理人员信息库、检察院与公安机关之间的另案处理人员信息通报网络、检察院的侦查监督部门、公诉部门和监所部门之间的另案处理人员信息通报网络在内的统一网络；"一个监督体系"，即对"另案处理"的立案、侦查、追逃、批捕、起诉、审判等阶段的全方位监督体系，严格把好受理关、审查关和追查关，如发现"另案不理"、模糊处理等情形，及时提出纠正意见。

（二）规范操作流程

河南省南召县检察院"三部曲"，明确了另案处理的操作程序三步走，即审批、备案和考察程序，严把另案处理案件的受理关和审查关，要求公安机关将另案处理的犯罪嫌疑人的相关案卷材料一并移送，以监督公安机关"另案处理"的适用。

（三）实现信息共享

江苏无锡两级院共建"电子档案"，对另案处理犯罪嫌疑人实施建档跟踪监督，是无锡市检察机关推出的一项创新举措。通过全市两级院另案处理人员的信息互通共享，挖掘另案处理人员的犯罪线索，有效地避免了漏捕漏诉。

（四）全方位跟踪监督

江苏建湖跟踪监督"括号现象"，将侦查机关提请逮捕意见书上用括号注明"在逃"、另案处理的涉案人员情况登记在册，由承办人跟踪监督；对一些身份不明的被监督对象，要求公安机关核查被监督对象的侦查情况，掌握案件最新进展；对于犯罪事实不清，证据不充分的被监督对象列出《完善证据意见书》或《补充侦查提纲》移送公诉部门，保持捕、诉环节的衔接；选择部分被监督对象，主动走访调查，及时向公安机关反馈检察建议。

（五）制定规范文件

为更好地规范另案处理的相关工作，各地公安机关和检察机关单独或联合制定了相应的规章制度和意见。有公安机关或检察机关单独出台规范性文件，如连云港市公安局制定《关于规范团伙犯罪案件办理的指导意见》；也有公安机关和检察机关相互协作，共同制定关于另案处理的规定和实施意见，如西安市雁塔区人民检察院与辖区公安分局联合会签《加强另案处理在逃人员追逃工作四机制实施意见》。

（六）开展专项检查

不少地区的公安、司法机关通过联合开展专项检查监督的方式，对检查中发现的普遍性问题和困难，认真分析原因，总结经验教训，取得了较好的反响。湖州市由市政法委牵头，在全市政法机关中开展以另案处理案件检查为重点的专项执法检查，统一抽调法院、检察、公安、司法机关30余人组成工作组，全面摸排另案处理案件，通过督办、评查等措施督促有关部门对突出问题限期整改、抓紧结案，成功地清理了一批另案不理、无法处理的"历史遗留案件"。

六、"另案处理"的现实困境与原因分析

从考察情况看，侦查机关办理多数另案处理案件时均能够做到规范有序，但实践中仍然不乏不当另案处理的现象，尽管其在形式上未呈现出复杂性，但危害性却不容小觑。

（一）不当"另案处理"的表象

1. "另案处理"人为分案现象存在。侦查机关对一些没有必要另案处理或不需要另案处理的案件进行了另案处理。这种人为分案的做法不仅不利于全案事实真相的查明，甚至可能造成法院针对同一指控事实作出畸轻畸重判决的后果，对司法的公正性与权威性造成严重影响。较为常见的是在一些关联性较强的同案犯罪案件中，为迎合考核完成立案数而硬性人为分案。甚至有的案件是因为公、检、法沟通不畅而人为分案，看守所拒绝收监身患疾病的犯罪嫌疑人，在提起公诉阶段法院却拒绝受理非羁押人员的案件，最终不得不对这部分无法羁押的同案犯罪嫌疑人作出"另案处理"，这也从侧面反映出我市公安、检察与法院在沟通衔接机制方面的不足。

2. "另案处理"的后续处理不到位。侦查机关在将共同犯罪案件中的某些犯罪嫌疑人另案处理、其他犯罪嫌疑人移送起诉后，案件即以告破。由于部分侦查人员责任心不强，加上侦查机关本身的经费、警力有限，往往忽视对在逃的另案处理人员的继续侦查取证工作，部分犯罪嫌疑人尤其是身份不明人员

因此逃脱了法律的制裁。

3. "另案处理"人员证明材料不全。侦查机关更加重视对已提请批准逮捕或移送审查起诉的犯罪嫌疑人刑事责任的追究，对其犯罪事实的证据材料和证明材料的移送比较全面，而对其他另案处理人员的材料移送不全。实践中较为常见的是：在逃的人员仅仅在法律文书中括号注明"另案处理"或在逃，缺少上网通缉等相关材料；患有严重疾病的另案处理人员，缺少医院的证明和病历等相关材料；另有重大犯罪事实已被其他侦查机关立案侦查，需要移送管辖的，没有将另案处理人员的相关证据材料移送的，导致另案处理人员在本案中涉嫌的犯罪成为漏罪。

4. "另案处理"风险评估不够。部分侦查人员在作出"另案处理"决定时未考虑存在后续无法处理的诉讼风险。比较突出地表现为侦查机关滥用取保候审强制措施或对非羁押的另案处理人员监管不力。有的侦查机关对已逮捕的犯罪嫌疑人变更强制措施时未评估诉讼风险，检察机关公诉部门对这些另案处理的犯罪嫌疑人提出追诉时，却由于传唤不到案，致使追诉落空。如南昌市某县公安局办理的杨某盗窃一案中的另案处理人员邹某，就是在取保后潜逃，导致未能追诉。

5. "另案处理"成为另案不理、降格处理等特殊案件的消化渠道。有的侦查人员出于诉讼策略的考虑，将"另案处理"作为消化难办案件的"大口袋"，先将其另案处理分离出诉讼程序暂时不予追诉，随着时间的推移，当另案处理的案件渐渐淡出当事人的视野后，最终以另案不理的形式不了了之。正是看到了"另案处理"这一去罪化的功能，少数侦查人员对于一些本应当追诉的犯罪分子却适用"另案处理"，且在缺乏权力制衡、监督真空的环境下，出现办理人情案、金钱案等司法腐败现象。

（二）不当"另案处理"的原因分析

只有透过不当的另案处理的表象深入内部，方能把握不当另案处理问题产生的深层原因。

1. 立法原因。从侦查权运行来看，另案处理程序缺乏有效立法规制。"如果单从国家追究犯罪的效果这个角度来观察中国的刑事程序，侦查毫无疑问地是整个程序的中心。"但无论是《刑事诉讼法》、《公安机关办理刑事案件执法细则》，还是有关侦查程序的专门性规定、司法解释，对另案处理工作程序几乎只字未提。至目前为止，"另案处理"仍然游离于我国法律的规制之外，给少数办案人员暗箱操作、徇私舞弊、权钱交易留下了极大的空间。从检察监督权来看，"另案处理"的法律监督缺乏操作细则。《宪法》、法律均明确检察机关作为我国的法律监督机关，拥有广泛的法律监督权，有权对侦查机关的侦查手段、侦查措施等情况进行监督，但《人民检察院刑事诉讼规则（试行）》规定的 20 余项侦查监督范围中并未提及"另案处理"问题。最高人民检察院颁布的《关于进一步加强对诉讼活动法律监督工作的意见》中，虽然明确了在刑事立案监督和侦查监督中要对另案处理问题进行法律监督，但对于具体如何监督，如依据何种程序监督、有哪些监督措施等仍没有作出具体的规定。

2. 运行机制原因。一是审批不规范。本课题组考察基层公安分局，了解到办案人员是在制作提请批准逮捕书、移送审查起诉书等法律文书的时候，将某些犯罪嫌疑人名字后括号标注一下"另案处理"，未将有关另案处理材料一并附卷，侦查机关负责人对法律文书的批准就算是对另案处理的批准，对于另案处理的依据、原因和相关证据材料一般不会特意进行审查。二是管理不规范。侦查机关对于另案处理的犯罪嫌疑人没有建立相关的档案，对另案处理的具体情况，包括犯罪嫌疑人的基本情况、目前的状态、处理依据、理由、采取的强制措施等未予登记在册。既不利于对犯罪嫌疑人案卷材料的管理，也不利于检察机关和上级侦查机关对另案处理的情况进行检查和监督。三是后续处理不规范。对另案处理人员后续处理的方式、时限和程序均无操作规范，后续处理的侦查取证等工作完全靠侦查人员的自觉性，如果侦查人员责任心不够，对其他犯罪嫌疑人移送审查起诉或判决后，往往对另案处理的涉案人员就不再继续侦查。

3. 监督机制原因。同级法制部门、上级侦查机关无法准确掌握"另案处理"及后续处理的有关情况，对其合法性、正当性的监督也就无从谈起。侦查机关法制部门虽然行使刑事、治安案件审核权且定期开展执法检查，但对"另案处理"的适用却没有进行定期检查或抽查的惯例。对"另案处理"的追逃工作开展、降格处理等没有专门的监督人员或机构来进行督促，也就更谈不上对金钱案、人情案的调查和纠正。

虽然南昌市检察机关近年来多次开展对"另案处理"的专项检查，但仅停留在数据分析、案例剖析和经验总结层面，是一种运动型检查，没有形成行之有效的长效监督机制。且检察机关对侦查活动进行的法律监督是一种书面监督，完全依据侦查机关移送的案卷材料，对于证据是如何取得的、取得手段是否合法、是否有侵犯犯罪嫌疑人合法权益的情况，检察机关无从知晓。更何况，检察机关对"另案处理"的法律监督缺乏刚性，向侦查机关发出的《纠正违法通知书》或《检察建议书》主要靠侦查机关自觉纠正，难以保证监督效果。"法律的作用在于惩罚，而不起作用的惩罚乃是对法律的一种附加的谴责。"

4. 协作机制原因。外部未建立有效的信息共享平台。当前国内大部分地区司法机关尚未构建信息一体化平台，在刑事诉讼的立案、侦查、审查逮捕、审查起诉、审判等各诉讼阶段的另案处理人员信息不能及时共享，对长期负案在逃或久侦不结的案件，检察机关无法知晓案件的具体进展情况，也无法适时催促侦查机关进行抓捕或侦查。

检察机关内部也没有形成有效的联动机制。从整体来看，基本没有建立与另案处理的监督工作相匹配的信息采集、管理机制，侦查监督、公诉和自侦部门等未对"另案处理"形成监督合力，各部门即便发现不当"另案处理"或渎职线索，也往往因为信息反馈不及时而耽误了纠正时机。

5. 考核机制原因。现行考核制度未将"另案处理"作为专项考核指标。另案处理案件在后续处理上出现另案不理、模糊处理的情况，与考核制度的不合理有很大的关系。各司法单位无论是对个人还是对基层的考核评比方案和指标，均未将另案处理程序的合法性、实体的正当性、处理的及时性以及监督的到位性等因素纳入其中。在实践中，侦查人员面临巨大的案件立案率等量化考核的压力。由于立案率、结案率等硬性考核指标，如果在规定的期限内未完成一定的案件侦破数量，侦查人员的工资待遇、职级待遇、职务晋升等将受到影响。为不影响立案率、结案率，不排除有的侦查人员对身份不明或抓捕难度大的犯罪嫌疑人采取"另案处理"了事。

6. 责任机制原因。另案处理的责任划分不明确、责任追究不到位。侦查机关、检察机关和法院对"另案处理"是否由专人办理、办理的程序、责任及权限的划分均没有硬性要求，更无相应的责任追究措施，造成"另案处理"执法不严谨、后续处理工作停滞不前。

七、"另案处理"工作机制的指导思想和改革目标

（一）指导思想

"另案处理"工作机制改革作为司法权运行改革中的一个重要内容，关系到司法机关能否全面、准确地打击犯罪，关系到每一起刑事案件最终是否能够得到公平、公正、公开的处理，每一名犯罪嫌疑人是否能够实现"法律面前人人平等"的基本权利，这就要求司法机关以"以人为本，公平正义"作为"另案处理"工作机制改革的指导思想，从人民群众的司法需求出发，以维护人民利益为根本，以促进社会和谐为主线，以加强权力监督制约为重点，紧紧抓住"另案处理"工作中影响司法公正、制约司法能力的关键环节，进一步

解决制度性、保障性障碍，规范司法行为，加强监督制约，注重释法说理，促使"另案处理"工作机制公开、公平、公正地运行。

（二）改革目标

"另案处理"工作机制改革的目标从根本上说是完善司法权运行体制，不断满足人民群众对公平正义的新期待。在当前的形势下，"另案处理"工作机制改革主要应实现以下几个目标：

1. 使"另案处理"工作回归到规范化的轨道。实践中的"另案处理"工作机制对提高司法效率、提高刑事诉讼精密化、杜绝超期羁押、保障在案犯罪嫌疑人尽快接受审判的权利等方面发挥了重要的作用。但同时由于缺乏法律规范，"另案处理"工作机制在一定程度上也出现了异化的现象，成为隐秘的"案件消化"机制，损害了刑事诉讼法律的严肃性。因此，改革的首要目标就是形成规范的"另案处理"工作机制，使其功能充分发挥，堵塞其被滥用的漏洞。

2. 进一步增强司法机关在司法权运行过程中的权力制衡作用。"相互制约"是我国《刑事诉讼法》对公安机关、检察机关、审判机关三者职能关系的定位。但在实践当中，司法机关相互制约能力较弱，导致权力失衡，部分司法权力膨胀而损害公平正义，甚至滋腐生贪。因此，改革的目标之一就是完善司法机关之间的权力平衡制约功能，使各项司法权力在规范的、有制约的轨道上运行。

3. 使司法程序更加公开透明，为人民群众所认可接受。2012年的全国政法工作会上提出"要让人民群众在每一起案件中感受到公平正义"。人民群众对公平正义的感受关系到社会和谐稳定，"另案处理"工作机制在实践中所为人诟病的问题在于隐蔽性，将部分犯罪嫌疑人剥离出诉讼程序，使得对该部分犯罪嫌疑人的犯罪行为认定和处理脱离了司法机关及人民群众的视野。因此，改革需要实现当事人对司法程序的平等参与性，使"另案处理"工作机制在更加公开、透明的环境下运行，增强司法机关在各个诉讼环节对处理结果的说明和解释，以增强司法程序的公信力。

第二章 路　径

一、"另案处理"的确认路径

（一）职能定位

1. 侦查机关在"另案处理"工作机制中的职能定位

侦查机关对刑事案件拥有侦查权，这种侦查权既包括采取专门调查手段和有关强制措施的权力，也包括根据侦查活动结果和侦查取证情况对犯罪嫌疑人进行相应处理的权力。"另案处理"既是侦查机关履行侦查职能的客观需要和内在要求，也是侦查机关接受监督的一种公开承诺。

2. 检察机关在"另案处理"工作机制中的职能定位

（1）法律监督职能。我国《宪法》第129条和《人民检察院组织法》第1条规定："中华人民共和国人民检察院是国家的法律监督机关。"这表明，检察机关的职责就是进行法律监督，在司法活动中专门行使司法监督权。凡是依法开展的诉讼活动都应列入检察机关司法监督的范围。"另案处理"作为侦查机关对刑事案件的程序性处置措施，应当作为对侦查活动的监督纳入检察机关司法监督范围。立案监督、审查逮捕、审查起诉、提起公诉、发出检察建议、纠正违法通知书等方式是实现对"另案处理"检察监督的实现方式。

（2）公诉职能。刑事诉讼程序的模式开始由纠问主义过渡到现代控诉主义，作为公益代表人和社会秩序的维护者，检察机关更加明确地担负起追诉犯罪、维护社会秩序、实现法律正义的公诉职责。公诉职能要求检察机关在追诉犯罪时对案件进行全面审查，包括全部犯罪事实和全部犯罪嫌疑人的情况，因此对侦查机关"另案处理"情况进行查明，对证据不足的要求补齐，对应当一并移送起诉的要求侦查机关移送审查起诉也是检察机关履行公诉职能的一部分。

（3）职务犯罪案件的侦查职能。职务犯罪侦查权，是指检察机关依法对于国家工作人员实施的与其职权相关的犯罪进行立案侦查的权力。依据我国《刑事诉讼法》的规定，检察机关可以依法对贪污贿赂、渎职侵权等犯罪行使侦查权。实践中的另案处理工作机制由于缺乏规范、缺乏监督，极易滋生腐败。对另案处理活动中的违法行为及其背后隐藏的渎职侵权或贪污贿赂行为进行查处，促进另案处理工作规范化和透明化是检察机关履行职务犯罪侦查权的一部分。

3. 审判机关在"另案处理"工作机制中的职能定位

《刑事诉讼法》赋予法院的调查取证权和建议检察机关补充侦查的权力。如《人民检察院刑事诉讼规则（试行）》第452条规定，"人民法院根据申请收集、调取的证据或者合议庭休庭后自行调查取得的证据，应当经过庭审出示、质证才能决定是否作为判决的依据"。第460条规定，"在法庭审理过程中，人民法院建议人民检察院补充侦查、补充起诉、追加起诉或者变更起诉的，人民检察院应当审查有关理由，并作出是否补充侦查、补充起诉、追加起诉或者变更起诉的决定"。也就是说，在另案处理工作机制中，法院可依申请收集、调取与另案处理人员有关的证据，或建议检察机关对另案处理人员补充侦查、补充起诉、追加起诉等形式实现协助监督职能。

（二）基本原则的确认

1. 强化监督原则

公安机关、人民检察院在开展另案处理工作时，应在分工负责、相互配合的基础上加强相互监督和制约作用。防止出现怠于行使权力导致放纵犯罪的情况，防止出现滥用权力导致影响案件公正处理的情况。

2. 公平正义原则

对犯罪嫌疑人实行另案处理最终是要实现案件的公正处理，侦查活动、检察监督和审判程序的设置应以一切可能影响案件公正处理的程序为切入点，让另案处理程序在合法的基础上具有公开性、中立性和平等性。

3. 注重效率原则

无论是另案处理的程序设计还是对其进行检察监督，都要使另案处理机制本身的诉讼经济作用不受影响，不人为浪费司法资源、不延长审查时间、不增加诉讼负累的监督环节，以发现违法和杜绝不公正为限，充分保障刑事诉讼效率。

4. 严格适用原则

"另案处理"必须在符合某些特定情形下才能适用，且严格依据设置的程序执行，绝不能在法外运行不当的"另案处理"，损害法律权威，在刑事诉讼领域本来就比较严重的信任危机上火上浇油。

二、"另案处理"运行机制改革

深化司法体制改革的重要内容就是构建职能明确、分工合理、制约有效的司法权力运行机制，另案处理工作机制亦是如此。构建另案处理工作机制的第一步即设置侦查机关、检察机关和法院权责明确、高效有序的运行机制，明确侦查机关对"另案处理"的审批制度、登记备案制度和后续处理操作细则，着力解决侦查机关、检察机关、法院内部不同部门之间的职能交叉、混同、重叠问题，从而实现司法职权内部配置的优化。

（一）案卡制

适用单位：侦查机关、检察机关、法院。

1. 具体举措

（1）"另案处理"案件实行"一案一卡"制。经过审批流程得到县级以上公安局分管领导批准的另案处理案件，应由侦办人员制作案卡。案卡内容包括另案处理人员的基本情况、采取的强制措施、同案犯基本情况、简要案情、进行另案处理的理由和依据、负责侦查的人员信息等。

（2）案卡随案卷材料流转。侦查机关向检察机关提请逮捕、移送审查起诉时，需要将案卡随同案卷、有关法律文书、证据材料等一并移送至检察机关。检察机关、法院受理案件后，要在案卡上将另案处理诉讼情况（例如提请逮捕文书号、采取取保候审或监视居住等其他强制措施的文书号等）、监督过程、处理情况等全部登记在册。

（3）检察机关相应部门依据案卡对另案处理案件和人员进行跟踪管理，在各个诉讼环节及时比对，确保每一起另案处理案件、每一个另案处理人员的基本情况、处理过程和处理结果都有案可查。

（4）涉案另案处理人员得到处理后，应将案卡装卷存档。另案处理的案卡可作为侦查机关、检察机关、法院奖励及追责的依据。

2. 论证说明

（1）必要性：公、检、法往往因信息不畅，不能及时对另案处理情况知情，且检察机关各业务部门开展法律监督的相对独立，导致对另案处理进行监督缺乏连贯性，使得另案处理工作出现监管缝隙。对另案处理案件和人员实行一案一卡制可以确保另案处理信息的全面性、稳定性和连贯性，使另案处理人员在每个诉讼环节都有相应的监督者。

（2）可行性：本课题组为另案处理工作设计的案卡模板，分别由侦查人员、检察人员和审判人员在各自阶段分别填写，可以按照"谁承办谁负责"模式对另案处理人员进行登记及统一管理，责任落实到个人。

（3）创新性：国内绝大多数另案处理工作改革立足于强化检察监督职能，但工作机制与程序多为检察人员设计，本课题组设计的一案一卡是基于多样化管理的改革理念，不仅从检察监督环节着手，更从另案处理工作的源头为公安机关建章立制，既是对另案处理案件管理方式的有益探索，也是诉讼监督方式的创新。

（二）审批制

适用单位：侦查机关。

1. 具体举措

（1）增设法律文书《另案处理审批表》。将需要另案处理的人员与其他犯罪嫌疑人进行区分处理，侦查机关认为需要对犯罪嫌疑人进行另案处理的，需在《另案处理审批表》内载明另案处理的理由、法律依据及有关证据种类、后续如何处理等事项，并根据审批结果制作案卡附卷。

（2）适用四级审批流程。本课题组设计四级审批，首先由侦查人员填写另案处理审批表，在办案单位领导签署同意意见后，将另案处理审批表连同作出另案处理的相关证据等材料移送法制科（处）审查；法制科（处）承办人员对报告和证据进行审查后提出同意或不同意意见，然后将材料转交公安局分管领导进行审查；如果局领导同意另案处理，则由办案单位连同案卷材料一并移交检察机关，并通知当事人。如果审批流程中任何一个环节如认为另案处理适用不当的，有权决定中止审批程序，案件承办人必须及时追究犯罪嫌疑人的刑事责任，使另案处理人员与其他犯罪嫌疑人一并提请批准逮捕和移送审查起诉。

（3）采取依附型审批程序。另案处理的提起与审批很大程度上依附于呈请拘留、提请批准逮捕、起诉审查程序，在依附型审批中，法制部门承办人可以在对另案处理理由、依据和证据材料进行细致审查的基础上综合全案证据实施情况提出是否同意另案处理的意见。与独立型审批相比，依附型审批在程序正当性和效率上都有所增强，且审批中法制部门承办人员能够发挥更为明显的作用，从一定程度上抑制侦查权力的不当行使。

（4）实行全案审查。在进行审批时除审查同案犯犯罪事实与证据外，从实体上把握另案处理人员的犯罪事实是否涉及本案的共同犯罪事实、其犯罪事实是否查清、是否构成犯罪，在程序上还要看另案处理的适用条件是否符合相关规定，证明另案处理正当性的证据材料是否真实、齐全，另案处理的背后是否存在执法不公的问题等。

（5）听取当事人意见与风险评估。侦查机关承办人对社会影响较大或被害人反映强烈的案件拟提出另案处理意见的，应当听取犯罪嫌疑人、被害人或其近亲属的意见。侦查机关法制部门在审查过程中还应充分评估风险，是否有后续处理的必要性和可能性，是否存在另案不理、模糊处理的隐患等，分析另案处理可能导致的诉讼风险，做好化解排除风险的预案和准备。

2. 论证说明

（1）必要性：赋予侦查机关法制部门审核权的依据是"权力制约权力"原则。刑事案件审批通过检查、授权、反馈等方式抑制权力滥用，由于我国刑事诉讼中不存在司法审查机制，可以认为通过层级审批方式在一定程度上对侦查权力进行直接、持续的监督，作为侦查机关内部的日常性、全程化的权力控制机制。

四级审批休制是侦查机关内部立案及各种侦查措施（包括拘留、取保候审、提请逮捕等强制措施）通行的一种审批程序。"另案处理"作为一种影响诉讼进程且与犯罪嫌疑人实体权利和诉讼权利密切相关的处理机制，应当也至少适用四级审批制。

依附型审批相较于独立型审批，减少了重复审批手续。尽管在形式上另案处理审批还需要填写专门文书，但它与呈送取保候审、拘留、逮捕、起诉等审批在同一时空内发生，故对效率的影响微乎其微，且在减少人情案、关系案的同时，可以使一些不适宜关押或特殊情况的犯罪嫌疑人能够迅速获得自由，体现出人权保障的法理价值。

（2）可行性：因侦查机关层级较多，权力控制体系相当复杂，根据审批的层级多少可以区分为两级审批、四级审批与六级审批。本课题组选择对另案处理采取四级审批制，相对于两级审批体制而言，虽然审批层级更多，但增加法制部门及分管局领导对案件情况的审查来控制侦查权力的滥用，使得决定的作出更符合法律或政策的要求。

在近年来南昌市侦查机关注重增强法制部门的力量，提高法制部门职级的同时，以引进或选拔的方式，增强法制人员的法律素养的整体水平。法制部门审查人员人数相对较多且职能集中，通过定职定责的形式使法制科承办人员具有较强的专业优势：长时间研读案件材料、详细听取侦查人员的口头意见、集体研究制，具备较强的审批经验与技术，且南昌市公安局已经普及了网络化无纸办公，也消除了诉讼效率和人力、物力消耗方面的顾虑，现阶段完全可以胜任针对另案处理所增设的审核任务。

（3）创新性：国内先进经验对另案处理往往是从检察机关的角度出发，多立足于立案监督和侦查活动监督，而很少为侦查机关设计另案处理的工作机制。本课题组针对侦查机关设计的另案处理四级审批和依附型审批程序走在了改革的前列。

（三）信息数据库

适用单位：侦查机关、检察机关、法院。

1. 具体举措

（1）建立电子数据库。公安机关应建立另案处理人员信息库，由专人（办案单位内勤）每月根据另案处理人员情况负责录入，录入内容包括另案处理涉案人员的基本情况、案件性质、犯罪事实、另案处理理由、审批情况及网上追逃情况等。数据库内容必须与案卡内容真实一致。

（2）定期清理信息。数据库的另案处理后续情况要及时进行更新，如果另案处理人员已被另案提请逮捕、提请起诉或移送法院的，应及时将另案处理的批捕、起诉、判决等诉讼情况录入，清理数据，对已作出处理人员从数据库中销号，且需附相应法律文书存档。

（3）检察机关自动比对数据。借鉴天津市静海县信息自动比对系统，检察机关案管、侦查监督、公诉、控申等部门在各自诉讼阶段对数据库进行多点联合检索对比。

（4）数据库信息定期分析研判。侦查机关、检察机关、法院应结合另案处理实体和程序合法性、后续处理及时性、强制措施适用准确性以及履行监督情况等定期分析研判，准确查找另案处理工作机制存在的薄弱环节和原因，总结经验，推广先进。

2. 论证说明

（1）必要性：当前司法实践中，出现不当另案处理和另案处理后续处理率不高的重要原因之一是另案处理信息管理混乱。侦查机关内部监督部门和检察机关无法及时知晓被另案处理人员的基本情况、另案处理的依据和理由、采取的强制措施、实施抓捕的情况等，造成对另案处理适用是否恰当的审查较为困难，也缺乏调取另案处理人员材料和介入监督的渠道，从而无法对另案处理进行有效的法律监督。因此将另案处理人员信息透明化、公开化正是保证另案处理程序公正的必要前提。

（2）可行性：南昌市公、检、法正逐渐推行网络办案系统，对另案处理人员信息管理可以借办案网络化改革的东风，大胆地开展尝试，且国内不少地区司法机关已建立了另案处理数据信息库并累积了丰富的实践经验。

（3）创新性：避免另案处理档案、文书不易保存、管理移交遗失等弊端，且案卡与数据库双重登记、定期清理、备案和分析研判等措施是对传统纸质办案模式向网络化办案模式改革的有益探索。

（四）全程说理制

适用单位：侦查机关、检察机关、法院。

1. 具体举措

（1）侦查机关向检察机关说明另案处理的原因、依据及处理方案。侦查机关在移送审查逮捕、移送审查起诉时，需对该案中另案处理情况进行说明和必要的说理。在相关法律文书中除了对犯罪嫌疑人构成的罪名及依据进行说明外，还应对作出另案处理人员适用何种情形、作出另案处理的依据、下一步拟采取的措施进行说明。涉案人员被撤案或行政处罚的，需书面说明撤案或进行行政处罚的理由；报捕或移送审查起诉时尚未作出任何处理决定的，应说明原因及处理方案。

（2）检察机关向法院说明另案处理的原因、依据。检察机关公诉部门在起诉书中应增加对另案处理人员审查后认定的犯罪事实、相关证据、构成何种罪名、采取的强制措施及没有一并起诉的理由进行说明。

（3）法院在判决书中说明另案处理情况。法院作出判决时，对依法认定的事实和采纳的证据进行说明，同时也应当对尚无法认定的事实和另案处理人员情况进行说明，即应在判决书中说明另案处理人员的基本情况、涉嫌事实、证据状况以及不能够一并进行审理和判决的法律依据和理由。

2. 论证说明

（1）必要性：另案处理实际上是对案件作出的一种程序性决定，该决定关系到全案能否得到公正处理，在案犯罪嫌疑人能否认罪服判，能否有效维护司法机关公信力。尤其是在刑事诉讼程序完结之时，如果另案处理情况还没有得到解决，就部分犯罪事实和被告人作出的判决是否公正必然让人产生怀疑，不利于同案犯罪嫌疑人、被害人及其家属的息诉服判甚至司法机关之间的怀疑。另案处理作为侦查机关作出决定，检察机关审查和审判机关认可的一项决定，在诉讼全程对另案处理情况进行说明和说理对提高司法机关执法行为透明度具有重要意义。

（2）可行性：侦查机关与检察机关双向说理工作、检察机关对不逮捕、不起诉、不抗诉等开展说理释法工作已有较为丰富的实践经验，对另案处理开展全程说理可以借鉴上述有益经验。

（3）创新性：实现了在刑事诉讼中对另案处理情况进行全程说明，除了要求侦查机关在提请逮捕和移送审查起诉时向检察机关就另案处理情况进行说明，还增加了要求检察机关在起诉时就另案处理情况向法院进行说明、法院在判决书中说明另案处理情况两个"亮点"，通过明确公、检、法对不服另案处理决定的同案犯罪嫌疑人、被害人进行说理的职责，来提高司法机关化解社会矛盾的能力。

（五）网上追逃制

适用单位：侦查机关。

1. 具体举措

（1）在逃人员信息交流常态化。侦查机关应及时将本地新增另案处理在逃人员上网，对外来人员作案的还要立即将在逃人员信息通知其户籍所在地派出所，及时将网上户籍所在地为本地的在逃人员，统一调出并按各派出所辖区打出名单，交相应责任区刑警队和派出所据此开展追逃工作。

（2）加强日常比对工作。对在日常的侦查破案、治安管理、暂住人口管理、巡逻防范等工作中发现的可疑人员、抓获的违法犯罪嫌疑人，要逐个上网查询与"全国在逃人员信息"进行比对，从而使追逃工作经常化、制度化，以防止犯罪嫌疑人避重就轻，隐瞒罪行，也防止其他涉案工作的重复。

（3）尽可能查明在逃人员身份。侦办人员不仅要重视对到案人员犯罪事实的讯问，也要对在逃人员基本情况深入讯问。包括仔细讯问在逃人员的真实姓名、认识经过、租住地和临时落脚点、电话号码、亲朋好友等可以查清身份的线索情况，最大限度地查明另案处理在逃人员身份，落实追逃措施。

（4）实行家属定期约谈制。及时与在逃人员家属沟通，向其宣传法律法规和国家政策，动员其联系在逃人员并规劝在逃人员主动投案自首；与在逃人员所在的村委会或居委会加强协作，由村委会、居委会及时提供在逃人员动态。

（5）与检察机关建立上网追逃人员信息的共享。逐步实现侦查机关与检察机关对另案处理的在逃人员信息联网，检察机关也应及时将在逃人员的相关信息和线索反馈给侦查机关，督促其进行及时抓捕。

2. 论证说明

（1）必要性：从实证调查数据表明，因另案处理人员在逃占另案处理的

60%多，而实践中公安机关追逃力量薄弱，经费和警力有限、追逃信息不公开已经成为遏制追逃率的瓶颈。加强日常比对、加强信息交流和信息共享等一系列有力措施，能够提高网上追逃管理能力和水平，切实解决侦查机关追逃经费和警力不足问题，促进犯罪信息网络建设不断完善。

（2）可行性：案件信息共享是无纸化、网络化办公的必然趋势。建立与检察机关网上追逃人员信息的共享是建立全市另案处理人员信息库的延续，在设计共享平台时应赋予检察机关相应权限，包括逃犯资料共享、条件组合查询、快速检索比对等，能够使追逃工作呈现警令畅通、协调有力的良好局面。

（3）创新性：本课题组设置家属定期约谈制和村民委员会或居民委员会协助机制等新举措，可以最大限度地发挥社会监督的主观能动性，通过争取家属和社会力量的支持来提升在逃人员到案率。

（六）后续处理规范制

适用单位：侦查机关。

1. 具体举措

（1）定期了解因管辖等原因而另案处理的人员情况。移送管辖、未成年人或特情人员而分案处理的，应同时向有关机关移送另案处理人员在本案中涉嫌犯罪的证据材料，主动掌握上述案件另案处理人员的最新处理情况，并定期录入和清理信息库信息。

（2）定期向检察机关通报在逃人员追捕情况。抓捕到案的应当撤销网上在逃人员信息，及时向检察机关提请逮捕、移送审查起诉或作出其他处理。侦查机关对于超过3个月仍未抓捕归案的，还应说明已采取的追捕措施、未能到案原因及继续追捕方案。

（3）对身份不明人员而另案处理的，应尽可能查明其身份。一旦查明身份应及时上网追逃，积极开展追捕。对身份一时难以查清的，需向同级法制部门和检察机关主动说明情况。

（4）强化对侦查需要而另案处理人员后续侦查力度，主动向同级法制部门和检察机关通报后续侦查情况。尤其是对原另案处理人员采取羁押性强制措施期限即将届满到期但仍不能做出处理的，还必须说明在对另案处理人员解除强制措施后，为保障诉讼顺利进行拟采取的下一步侦查措施。对另案处理人员侦查终结后，应及时向检察机关提请逮捕、移送审查起诉或作出其他处理。

（5）对另案处理人员暂时无法确定为刑事处理或行政处理的，可以按照办理行政案件的程序先行办理另案处理手续。在侦查过程中查明涉嫌犯罪的，应当转为刑事诉讼程序，做好另案处理后续工作。

2. 论证说明

（1）必要性：侦查人员对另案处理后续处理工作的懈怠，使得公平正义成为美丽的泡影。另案处理后续不管是降格处理、无法处理还是另案不理，都使案件的处理结果偏离了正确的轨道，对社会治安和司法公信力造成的危害显而易见，规范另案处理后续工作程序与保障另案处理的实体正当具有同等重要的意义。

（2）可行性：本课题组汲取国内先进实践经验，结合我市司法现状，针对不同类型另案处理而制定的跟踪监督、主动说明、先行后刑等具体措施，既有实践基础亦有法理依据，基于程序公正、权利保障和权力制约等法理价值的至上要求，严格要求另案处理人员后续处理工作在规范化轨道上运行，可以真正实现法律理论与司法现实的无缝对接。

（3）创新性：国内先进单位对另案处理的监督多为实体监督，即对另案处理是否恰当、合理展开监督，但对于后续处理情况却未过多关注。本课题组兼顾实体与程序，从"另案"与"处理"两个方面着手，设计出强化后续处理的全程监督机制。

三、"另案处理"监督机制

侦查机关对另案处理的监督采取内部双重监督体制，检察机关对另案处理的监督则是审查监督与跟踪监督并行，法院也应协助检察机关开展监督。但不论哪种监督方式，监督内容都包括对"另案"和"处理"两个阶段的程序监督和实体监督：

对"另案"的程序性监督即是否依法"另案"进行监督，包括侦查机关作出另案处理决定的审批手续是否齐全，相关材料是否移送。对"另案"的实体性监督即有无必要"另案"进行监督，包括监督另案处理人员是否涉及本案的犯罪事实，"另案"的理由是否符合法律规定，是否有必要进行监督。

对"处理"的程序性监督即是否"处理"进行监督，包括对"另案"人员是否得到处理，作出了何种处理及处理的程序进行监督。对"处理"的实体性监督即"另案"人员是否公正处理进行监督，包括是否对另案处理人员实施了抓捕、继续侦查等相关措施，是否存在另案不理、模糊处理的情形，作出降格处理决定是否符合法律规定进行监督。

（一）上级监督制

适用单位：侦查机关。

1. 具体举措

（1）上级侦查机关领导、法制部门或对应机构可以在指导侦查取证或案件质量检查过程中，一并对下级侦查机关对另案处理决定和后续处理情况进行指导、检查，也可（不）定期开展对另案处理人员的专项检查。

（2）上级侦查机关认为适用另案处理不当的，可以要求作出另案处理决定的侦查机关对另案处理人员的案卷材料进行复查。下级侦查机关应当在 7 日内将处理意见报上级侦查机关。如果上级侦查机关认为复查意见不当的，通知下级侦查机关对另案处理决定进行纠正，上级侦查机关也可以直接改变另案处理决定。

（3）上级侦查机关对于存在另案处理人员长期负案在逃或久侦不结等情况的，可以督促下级侦查机关对在逃人员追逃抓捕，加大侦查力度。对于已经侦查终结符合移送审查起诉条件的另案处理人员，可以限定移送审查起诉的时限。

（4）对于经多次催办无正当理由仍抓捕或侦查不力的，上级侦查机关可以径直决定更换办案人员。

2. 论证说明

（1）正当性：按照公安机关案件侦查管辖分工的有关规定，上级公安机关对下级公安机关侦查活动负有指导职责，上级领导对侦查人员实施的侦查行为具有直接指挥、领导和评价权。内部监督是解决我国刑事诉讼国家专门机关程序违法的关键，理应赋予公安机关上级职能部门对另案处理等重大问题的监督权。

（2）必要性：另案处理常常肇始于侦查阶段，其对后续的分案起诉和分案审判等诉讼活动影响深远，故而必须尽早地在诉讼前期就设置监督手段来遏制这种司法权力滥用，如果任由程序进展到起诉、审判阶段才予以监督的话，那么不仅程序错误难以补救，而且也严重浪费司法资源。从权力的设置来看，侦查机关是行政管理模式，上级侦查机关和上级领导对下级公安机关侦查行为的指导与监督是对另案处理进行内部制约的最有效的监督途径。

（3）创新性：在侦查机关内部先设置多道程序措施来加强对侦查阶段另案处理的监督，以期实现对侦查权滥用的源头性治理，况且实质上这种设置也更有利于侦查机关查清楚犯罪事实。

（二）直接监督制

适用单位：侦查机关。

1. 具体举措

（1）侦查机关同级法制部门可自行对另案处理后续情况台账及数据库进行比对、对案件侦查情况进行询问、听取汇报或检查。如发现另案处理适用的情况消失（如已抓获在逃人员、对另案处理人员补充侦查取证结束等），应督促办案单位对另案处理人员及时提请批准逮捕或移送审查起诉。

（2）同级侦查机关法制部门发现侦查人员对在逃人员追捕不力或久侦不结的，应督促办案单位、办案人员及时对在逃人员实施抓捕，或向办案单位、办案人员提出抓捕、取证等方面的意见和建议。对于消极追捕不力或久侦不结的另案处理案件，可以采取向办案单位书面通报个案（或类案）的方式来进行监督。

（3）对于经多次催办无正当理由仍未抓捕到案或侦查不力的，可以向办案单位领导建议更换办案人员。

2. 论证说明

（1）必要性：根据公安部《公安机关内部执法监督工作规定》、《公安机关追究领导责任暂行规定》、《公安机关人民警察执法过错责任追究规定》、《公安机关督察条例》等法律法规规定，上级侦查机关、同级法制部门、纪检等有权力也有责任对执法过程进行监督，当然也包括对不当另案处理及后续处理不力的责任追究。

（2）可行性：另案处理是侦查机关单方面的依职权启动，这是一种单纯的"权力决定型"侦查权力，鉴于这种程序缺乏的透明性、中立性、参与性，必须配以专业的法律人才来加强内部监督。同级侦查机关的法制部门作为另案处理的审批部门，对另案处理人员信息最为了解，也能够及时掌握侦查情况和另案处理的适用情形是否发生了变化，对作出不当另案处理决定以及后续处理中存在的违法失职情况能及时发现，能够有效避免、预防和警戒许多可能出现的违法问题。

（3）创新性：内部监督与其他外部监督方式相比，具有直接性、迅速性的特点，通过上级监督与内部法制部门的双重监督体制来规制执法行为，使带有另案不理、降格处理等倾向的违法问题解决在萌芽阶段，防患于未然。

（三）审查监督制

适用单位：检察机关。

1. 具体举措

（1）检察机关在审查逮捕、审查起诉过程中对另案处理情况进行一并审查。侦查机关在提请批准逮捕书或起诉意见书中，应当明确另案处理的情形，标注形式为"另案处理——适用的具体情形"。检察机关对公安机关移送审查逮捕和移送审查起诉的案件进行全面审查，是检察机关对立案和侦查活动进行法律监督最直接有效的方式，也是检察机关行使公诉权，准确追诉犯罪的必要前期工作。

（2）明确对另案处理材料的审查范围。要求侦查机关在移送案卷时对涉及另案处理人员的材料附卷一并移送，主要包括：另案处理人员的基本情况及涉案基本事实的证据材料；对另案处理人员的侦查诉讼情况的说明及证明材料。已经到案的要求移送另案处理人员的立案报告表、破案报告表、讯问笔录以及相应的强制措施文书、在侦查阶段的处理结果等；因在逃的人员而另案处理的，要求移送在逃人员网上信息表或其所在辖区派出所、所在单位、村委会（居委会）、家庭主要成员及其邻居的证明材料；犯罪嫌疑人因改变管辖而另案处理的，需附移送管辖函或指定管辖函等证明材料；作行政处罚处理的，要求移送行政处罚的法律文书；系特情人员的，移送相关说明材料；系未成年人而另案处理的，移送户籍证明、出生证明等能够证明涉案人员年龄的证据材料；系无刑事责任能力的精神病涉案人员的，移送司法鉴定意见。没有移送另案处理人员相关材料的，原则上不予受理，移送材料欠缺的，建议侦查机关补齐后再移送。

（3）检察机关对侦查机关不当另案处理可以进行质询、纠正。一是检察机关在审查逮捕和审查起诉时，认为侦查机关对某个或几个犯罪嫌疑人适用另案处理不当，可以要求侦查机关书面说明另案处理的理由。理由不充分的，应当以制发法律文书的形式，要求公安机关报捕或移送起诉。二是检察机关侦查监督部门认为另案处理人员不符合适用条件，该立案而未立案的，应当启动立案监督程序，要求侦查机关说明理由，理由不充分的，要求侦查机关立案。三是对应当提请逮捕或移送审查起诉，侦查机关作出行政处罚决定的，应当依照追捕、追诉程序办理，通知公安机关报捕或移送审查起诉。四是侦查机关在适用另案处理中，办案程序存在瑕疵或变相超期羁押的，以制发《纠正违法通知书》或《检察建议》的形式，要求公安机关限期纠正并在规定期限内反馈处理结果。五是对长期负案在逃的另案处理人员，侦查机关怠于侦查，不依法及时取证或者采取抓捕行动，造成案件难以办结或久拖不决的，以制发《催办函》的形式，督促侦查机关及时抓捕，交付诉讼程序。六是在审查起诉过程中发现另案处理人员情况和犯罪事实应当查明而未能查明的，依法退回侦查机关补充侦查，经过两次补充侦查之后，发现另案处理情况影响全案事实认定的，将全案退回侦查机关作撤案处理。七是发现侦查人员在作出另案处理决定中有失职、渎职行为的且造成严重后果的，应当将犯罪线索移送反渎职侵权部门。

2. 论证说明

（1）必要性：检察机关全面规范地审查案件是开展另案处理检察监督机制的基石。《刑事诉讼法》对检察机关对侦查机关立案活动和侦查活动进行法律监督的权力进行了明确规定，《人民检察院刑事诉讼规则（试行）》专节对检察机关立案监督和侦查监督活动进行了规范。对另案处理检察监督机制，必须综合运用立案监督程序、侦查监督多种手段，充分发挥检察机关对另案处理不当的质询和纠正作用，才能保证对另案处理的监督效果真正落到实处。

根据《刑事诉讼法》第113条之规定：公安机关对已经立案的刑事案件，应当进行侦查、收集、调取犯罪嫌疑人有罪或者无罪、罪轻或者罪重的证据材料。根据该条文，侦查机关有义务调取另案处理人员的基本情况、涉案基本事实和证据材料、诉讼材料。明确侦查机关移送材料的范围，能够有效督促公安机关依法办案、规范办案，使另案处理人员情况得以在相对公开的环境下得到监督，也是检察机关审查侦查机关另案处理是否恰当的依据，并为检察机关追诉犯罪，法院全面掌握案情提供了更为充分的证据材料。

（2）可行性：侦查机关作出另案处理决定本应具有相关依据，将相关资料附卷移送，只是扩大了侦查机关的装卷内容，不会增加侦查机关工作量。对可能影响侦查的涉密材料可向检察机关作出情况说明，暂不移送。立案监督、检察建议书、纠正违法通知书、退回补充侦查等原本就是检察机关的监督手段，通过上述方式对另案处理开展监督可谓得心应手，能够最大限度地发挥其监督作用。

（3）创新性：对侦查机关移送案卷行为进一步规范，以及对检察机关的监督手段完善，在提高对案件承办人的工作要求的同时，赋予了检察机关对侦查活动监督的"硬手段"，使对另案处理的监督更加透明、有力。

（四）动态监督制

适用单位：检察机关、法院。

1. 具体举措

（1）开展追捕、追诉。检察机关承办人在审查案件时要加强对另案处理人员犯罪事实和证据的审查。通过提审讯问犯罪嫌疑人、询问被害人及其近亲属、询问犯罪嫌疑人亲属等途径多方面核实另案处理人员的基本情况和犯罪事实，对不符合另案处理条件和适用情形的，及时纠正漏捕、漏诉。检察机关应督促侦查机关加大侦查和追捕力度，尤其是对重大、复杂、社会影响较大案件，要加大监督力度，全程跟踪，积极督促侦查机关采取措施。必要情况下应采取提前介入措施，及时了解全案基本情况、另案处理人员基本情况及侦查机关内部意见，做好审查逮捕、审查起诉的准备工作。对证据的补充和完善、未到案另案处理人员的追捕、到案另案处理人员的处理，提出建议来引导侦查方向。

（2）协助追查。检察机关、人民法院一旦通过审查案件、群众举报等途径发现新的线索，立即反馈给侦查机关为其补充侦查提供帮助。

（3）专人跟踪监督。在批捕或不捕决定作出后，侦查监督部门对登记在册的另案处理人员的跟踪监督上，应由原经办人作为"跟踪监督责任人"，全程跟踪监督该另案处理案件及人员的处理情况。实行定期回头看，检查进展情况；与公诉、控申、监所等部门及法院联络，搜集该案人员相关信息；督促侦查机关及时采取措施；及时向部门负责人汇报该另案处理案件及人员的处理情况，直至该另案处理人员得到公正处理。对该另案处理案件及人员处理过程中出现不当行为或违法违规行为的，第一时间追究专办人员责任。

（4）定期开展监督检查。检察机关每月应对侦查机关办案单位进行一次走访，按照信息资料，了解另案处理人员的查证和追捕情况，实地调查是否存在侦查措施不落实、不到位，是否存在侦查人员失职、渎职行为，并为具体案件提出改进意见或建议。

2. 论证说明

（1）必要性：侦查机关在将案件移送给检察机关时，检察机关一般只关心在案人员能否顺利起诉而忽视对另案处理人员的审查，势必造成更多的另案处理人员脱离法网。追诉制度要求检察机关在审查逮捕和审查起诉全程对在逃或未侦查终结的另案处理人员的犯罪事实进行追诉，督促公安机关尽快对在逃或侦查未终结的另案处理人员作出处理，确保另案处理案件尽快办结。另案处理人员由于暂时脱离诉讼程序，对其处理程序不能与同案犯同步进行，导致在各单位、各部门、各环节的传递过程中易出现信息丢失，处理中断的现象。且由于经手人员过多，一旦出现问题，往往难以追责。确立对另案处理检察监督的专人办理、专人负责制度，对该项工作的考核和追责十分必要。侦查监督部门作为立案监督和侦查监督的职能部门，应当成为负责另案处理检察监督的主要部门，因此应确定由侦监部门承办人作为另案处理案件及人员的专办人员，由公诉部门承办人进行配合开展此项工作。

对侦查机关另案处理工作进行专项执法检查是对日常监督体制的有效补充。对解决另案处理工作中的多发性、关键性问题，纠正另案处理工作中的不当行为，及时发现另案处理工作机制运行中的缺陷并予以完善和改进具有重要意义。

（2）可行性：最高人民检察院《关于进一步加强对诉讼活动法律监督工作的意见》进一步明确规定了人民检察院对侦查过程中出现的另案处理应加强法律监督，立案监督和侦查监督是检察机关法律监督的重要内容。追诉漏罪、漏犯是《刑事诉讼法》赋予检察机关的权利和义务，也是审查案件的基本要求。侦查监督部门上与侦查机关衔接，下与公诉部门衔接，在对另案处理检察监督过程中具有承上启下的重要作用，方便与侦查机关沟通联络。且侦监部门作为检察机关受理案件的"第一道门槛"，掌握了该案最基础的信息，由侦监部门负责人作为第一责任人对另案处理进行全程跟踪切实可行。全国各地检察机关在最高人民检察院的指导下，近年来已经开展了不少另案处理专项执法检查活动，并取得了显著成效，总结了不少有益的经验和做法，并形成了不少有效的工作机制，将这种监督形式长效化是可行的。

（3）创新性：把检察职能从审查案件、督促侦查机关依法、及时开展侦查活动延伸到积极协助公安机关的侦查和追逃行动，是检察机关强化法律监督的有益尝试。专人跟踪监督是吸收借鉴了未成年人案件专人办理制度经验，对另案处理这种责任重大，需要信息全面，且责任分散的监督活动采取专人专办专监督，是一种全新的尝试。将临时性的执法检查活动纳入长效机制，突出对另案处理的监督重点，对运行中的另案处理工作机制进行及时的检查和有效的反馈。

（五）配合监督制

适用单位：法院。

1. 具体举措

虽然监督另案处理主要是检察机关的职责，但整体上司法机关对另案处理案件还是要加强协调、互相配合、互相制约。法院可以建议检察机关对另案处理人员移送起诉或补充侦查。审判机关在审查过程中发现另案处理适用不当或情况发生变化的，例如另案处理人员的犯罪事实已查清、已有在逃人员线索等，应当建议检察机关补充侦查或将另案处理人员移送起诉。

2. 论证说明

（1）必要性：针对检察机关认定的事实和提出的控诉，依据控辩双方提供的证据，查明事实真相，作出公正裁决，是法院在刑事审判活动中的职权。法院要实现对刑事案件的全面审查，切实查明事实真相，尽量减少无罪判决等浪费司法资源的情况发生，就有必要在审理过程中，对应当查明的事实建议检察机关补充侦查，对应当一并起诉的人员建议检察机关移送起诉。另案处理人员的存在，很有可能影响法院对案件全部事实的认定，也不利于法院对每一名犯罪嫌疑人作出罪当其罚的判决，因此完善法院对另案处理人员的建议补充侦查和建议移送起诉权确有必要。而并案审理实际上是法院对另案处理案件在审判阶段的一种纠正方式。从节约司法资源和有利于公正判决的角度出发，对可以并案处理的案件进行并案审理，是同案被告人依法享有的权利，也符合司法解释精神。

（2）可行性：建议补充侦查权和建议移送起诉权是法院的法定职权，完善对另案处理人员的建议补充侦查和移送起诉只是对该项权能的规范和完善。《人民检察院刑事诉讼规则（试行）》也明确规定，有利于查明事实真相和诉讼进行的，可以并案处理。

（3）创新性：增加了对另案处理的审查关口，充分利用法院建议补充侦查和移送起诉权，进一步强化了对另案处理工作的监督力度，也使得法院对另案处理案件的分案起诉情况具有了直接纠正权。

（六）公众监督制

适用单位：侦查机关、检察机关。

1. 具体措施

公民或单位如果发现另案处理适用不当的，有权及时向办案部门提出，办案部门经核实后确实适用不当的，应当及时纠正；适用正当的，应向反映情况的公民或单位说明情况。

2. 论证说明

（1）必要性：对另案处理的监督，最大的难点即信息不全面。由于各种原因被作另案处理的人员是否确实具有不适宜并案处理的情形？该情形持续至何时已经结束？由于另案处理人员处于脱离诉讼程序的状态，与另案处理人员相关的公民或单位，或被害人及其家属有时能够比办案单位更加及时、准确地掌握相关信息。开放公众对另案处理工作的监督权利，畅通公众反映情况的渠道，对增强另案处理工作实效具有重大意义，也符合人民群众对公平正义的要求。

（2）可行性：修改后的《刑事诉讼法》增加了审查批捕环节听取律师意见的要求，对审查起诉环节听取律师、被害人等相关人员意见和建议也作了强化要求。在办案过程中畅通公众反映情况的途径，多听取相关人员的意见和建议，有助于提高办案效率，减少因信息不全造成的错案发生。同时又不会占用过多的诉讼资源，在实践中是可行的。

（3）创新性：首次把社会公众引入对另案处理的监督，增强了另案处理工作的透明度，提高了监督效率，属于全国首创。

四、"另案处理"协作机制

刑事诉讼中的侦查权、检察权、审查权是国家权力的重要组成部分，而依法正确行使司法权有赖于充分正确发挥各司法单位的相关职能权力。对另案处理工作机制的正常运作同样有赖于侦查机关、检察机关、法院及其各内设部门全能的整合和配置。只有遵循《刑事诉讼法》所规定的"分工负责、互相配合、互相监督"的原则，依照刑事诉讼规律，在分工负责的前提下，让各机关、各部门在诉讼程序上发挥各自的职能效应，在监督中配合，在配合中监督，才能更有力地保障法律监督权的正确行使。

（一）信息通报制

适用单位：侦查机关、检察机关、法院。

1. 具体举措

（1）侦查机关定期向检察机关通报另案处理后续情况。由作出另案处理决定的侦查机关每月向检察机关通报另案处理案件线索是否发生了变化、在逃人员的抓捕归案情况，检察机关每月对通报信息进行整理、分析。

（2）检察机关在实现动态掌握另案处理案件工作情况的基础上，应当与侦查机关、法院建立另案处理信息互通平台，定期核对信息，并向侦查机关、法院通报对另案处理案件的跟踪监督情况。

2. 论证说明

（1）必要性：信息不完全是影响另案处理监督效果的关键因素。在我国，由于侦查机关享有独立的侦查启动权（立案）、侦查施行权和侦查终结权，整个侦查进程是一种封闭的单方作业，检察机关作为一种外在式的监督主体，并不能直接参与到具体案件的侦查中，被另案处理的案件后续处于什么阶段，取得何种进展，检察机关往往无法及时跟进和全面知晓。检察机关侦查监督部门、公诉部门对另案处理人员的强制措施情况、追捕到案情况、侦查情况等信息的掌握没有有效的工作机制予以保障，对侦查机关另案处理过程缺乏知情权，造成监督不力。建立公、检、法定期信息通报机制，是解决信息不畅问题的重要途径，也可减少侦查机关因工作失误造成新的另案处理情况，促使另案处理在一个合理有效的期限内从速从快没有拖延的处理。

（2）可行性：侦查机关、检察机关、法院具有大量业务上的联络，利用业务上的联络通道，开展对另案处理情况的定期通报乃至信息共享切实可行。侦查权、检察权、审批权由专门机关依法行使，应当相互配合、相互制约。建立侦查机关、检察机关、审判机关的长效信息通报机制，可有效打破这一局面，进一步加强三机关的联络沟通，更好地实现三机关相互配合、相互制约的目的。

（3）创新性：在公、检、法的支持配合下建立内容全面、协调顺畅的信息通报机制既是对南昌市现有公、检、法三家联络沟通机制的创新，也是改革必然之举。

（二）联动协调制

适用单位：侦查机关、检察机关、法院。

1. 具体举措

（1）定期专项检查。侦查机关、人民检察院、人民法院联合对另案处理工作定期开展专项检查清理活动。制定专项执法检查方案，确定检查的目标、范围、方法和工作要求。针对另案处理工作阶段性的重点难点问题通过调查问卷、查阅案卷、查阅台账、对办案机关实地检查、走访、问询犯罪嫌疑人家属等方式开展执法检查活动。对执法检查活动中搜集的信息、数据进行分析、总结，并形成报告，及时梳理另案处理工作中存在的问题，并形成对策，不断完善工作机制。

（2）定期联席会议。侦查机关、检察机关、法院可以通过联席会议，定期总结南昌市另案处理情况，尤其是对另案处理有关操作细则的实施情况及改革中遇到的困难与瓶颈重点分析研判，对上述规范性文件的进一步完善与修正提出意见与建议。

（3）联合开展调研。侦查机关、人民检察院、人民法院定期联合对另案处理工作机制运行过程中的重点、难点问题开展调研，交换另案处理工作数据、收集典型案例，相互通报情况，交流经验。

（4）设立协作保障机构。侦查机关、人民检察院、人民法院分别由一名分管领导担任协作保障机构负责人，协作保障机构主要由侦查机关刑事侦查部门，人民检察院侦查监督和公诉部门，人民法院刑事审判部门的人员组成。协作保障机构设联络员，负责交流协作日常事宜，协调落实具体事项。

2．论证说明

（1）必要性：各司法单位之间信息不畅和承办人对案件理解的差异性导致对另案处理的监督工作缺乏连贯性。定期召开联席会议、专项调研对另案处理的监督情况进行信息通报和研讨分析，对强化监督效果十分必要，且设立协作保障机构使得公、检、法之间的联系协作更加常态化、制度化。

（2）可行性：联席会议是单位与单位之间常用的工作联系形式，对沟通信息，分析和解决问题，达成共识具有重要作用。而在另案处理监督工作定期召开联席会议的基础上，增加定期检查清理与专项调研，从人力、物力上更有助于集中高效解决该项工作中的协调配合问题，切实可行。

（3）创新性：把以往的外部联系由单纯联席会议扩大到由公、检、法共同参与的各种协作沟通模式，既是对另案处理工作机制配套的保障创新，亦为今后南昌市司法机关形成协作配合、相互制约的协作监督体系奠定了基石。

（三）配合协作制

适用机关：法院、监管场所。

1．具体举措

加强对法院案件受理、监管场所收监行为的规范。加强侦查机关与法院立案部门和监管场所的协调对接。防止出现由于法院不接受非羁押犯罪嫌疑人或监管场所拒收犯罪嫌疑人而造成侦查机关被迫分案的情况出现。

2．论证说明

（1）必要性：课题组在调研过程中发现在司法实践中存在由于法院立案部门拒绝接收非羁押犯罪嫌疑人，监管场所拒绝接收患有疾病的犯罪嫌疑人，而导致侦查机关不得不被迫将无法羁押的犯罪嫌疑人与其他犯罪嫌疑人分案处理的情况。严重影响了司法效率，损害了司法公正，有必要通过机制改革，理顺侦查机关与法院立案部门、监管场所的关系，规范案件受理和犯罪嫌疑人收押工作，避免因为制度衔接和工作协调问题导致另案处理现象出现。

（2）可行性：法院立案部门拒绝接收非羁押犯罪嫌疑人，主要原因是担心非羁押犯罪嫌疑人脱逃，影响案件审理。可由非羁押犯罪嫌疑人的强制措施决定机关保证该犯罪嫌疑人到案以消除法院的担忧。监管场所拒绝接收部分犯罪嫌疑人，主要原因是部分犯罪嫌疑人患有疾病或自身有其他原因，可能给监管带来困难。这些困难可以通过个案或类案由侦查机关加强与监管场所的协调沟通，检察机关监所部门督促监管场所严格按照法律规定办理收押手续等方式予以克服，在条件成熟时可以通过联席会议签订有关规范性文件等方式确立相应的规章制度。

（3）创新性：将司法实践中法院、监管场所拒收部分犯罪嫌疑人的情形纳入对另案处理工作机制的改革，使另案处理工作机制改革不单纯是对制度和工作机制本身的改革，也触及了司法工作的实际操作层面，对增强该工作机制的实践性具有创新价值。

五、"另案处理"救济机制

公平公正的司法程序是诉讼参与人行使权利的重要保障，对不公正甚至损害当事人正当利益的司法程序如果不赋予其救济的权利，则使得其他一切权利都毫无意义。侦查机关、检察机关与法院都应积极保障另案处理的共同犯罪或有关联的案件当事人的诉讼参与权，赋予其对另案处理决定的知情权、救济权和特殊被害人的被救助权。

（一）当事人申诉制

适用单位：检察机关。

1. 具体措施

（1）另案处理人员、同案犯罪嫌疑人和被害人等发现侦查机关在对另案处理案件的侦查活动中存在违法行为，或侦查人员怠于行使职权对另案处理人员后续处理不力的，可以向人民检察院提出控告申诉。

（2）控告检察部门可根据相应诉讼阶段，将控告材料转给侦查监督部门、公诉部门办理。有关办案部门接到控告申诉材料后，应当依法对当事人控告事由及有关证据材料进行审查，包括理由依据的正当性和后续处理的合法性、及时性，案件证据事实变化情况以及刑事诉讼进展情况等，并将处理结果及时回复控告检察部门。

（3）检察机关应当及时答复控告人。根据实际情况向当事人释法说理，耐心听取当事人的倾诉和意见，针对他们提出的疑问和异议，透彻讲述文书难以涵盖的法理、情理、事理，重点向其阐明另案处理的理由和依据。如果被害人及其近亲属、法定代理人或委托了律师代为诉讼的，可以先向律师说明另案处理的有关情况，取得律师认同之后，邀请律师共同向被害人或其法定代理人、近亲属开展释法说理工作。

（4）检察机关经审查发现侦查机关的另案处理程序确有违法，需及时将纠正意见和理由告知有关办案单位和法制部门；对符合逮捕或起诉条件的，可以要求其向检察机关提请逮捕或移送审查起诉，以便检察机关并案处理；检察机关也可直接对有关另案处理人员追捕、追诉。

2. 论证说明

（1）正当性："没有救济就没有权利"。从诉讼权利保障、实现程序正义的角度而言，应赋予当事人相应的多种表达异议的救济性权利，当然也包括向第三方——法律监督部门检察机关提出控告的权利。更何况，受理与答复对侦查违法行为的控告原本就是检察机关控告申诉部门的法定职责之一。

（2）必要性：从诉讼的时间维度、资源、人员配置上看，增设当事人控告程序表面上增加了刑事司法的成本，但如果一味追求效率而忽视公正，那么不可避免地会出现不当另案处理。如此一来，刑事诉讼反而失去其公正效率价值，甚至出现上访等非正常诉讼途径追求自身利益的实现，刑事司法的成本反而更高，效益更为低下。从另案处理的单向性结构来看，侦查机关具有完全的主导性。虽然在对部分社会影响重大、被害人反映强烈的案件作出另案处理决定前有一道听取当事人意见的程序，但并不要求意见一定为公安机关所接受，所以对于侦查程序中存在违法问题的根本解决还是需要当事人私力救济与外部公权力监督的合力，以真正实现对侦查权监督。

（3）创新性：增加当事人向检察机关控告申诉这一项监督不当另案处理的启动模式，建立检察机关对另案处理的监督可以依职权启动，也可以依申请启动的双重模式，且增加检察机关对当事人说理释法职责，促进检察机关参与社会管理创新。

（二）被害人救助制

适用单位：侦查机关、检察机关、法院。

1. 具体举措

（1）因案件存疑或犯罪嫌疑人在逃等原因作出另案处理决定，短期内无法对另案处理人员提请起诉而致使刑事附带民事被害人无法及时得到赔偿，且被害人及其法定代理人、近亲属在生活和经济方面存在实际困难的，侦查机关、检察机关和法院应根据本地经济水平和对被害人救助的实践情况，与民政、劳动、社保等部门互相配合，做好对被害人的安抚、救助工作。

（2）救助对象为因严重暴力犯罪造成重伤，无法通过诉讼及时获得赔偿的或已判决的同案犯无民事赔偿能力的被害人；或刑事被害人因遭受严重暴力犯罪侵害已经死亡，与其共同生活或者依靠其收入作为重要生活来源，无法通过诉讼及时获得赔偿或已判决的同案犯无民事赔偿能力的，且生活困难的近亲属。

（3）侦查机关、人民检察院、人民法院办理刑事被害人重伤或死亡的刑事案件，办案部门拟作另案处理决定的，应当主动了解被害人家庭经济情况，对符合救助条件的，应当告知被害人或其近亲属可以提出救助申请，连同有关材料移送刑事申诉检察部门。对受理的救助申请，刑事申诉部门应当及时审查是否符合救助条件，对符合救助条件的应当在听取被害人或其近亲属意见后，作出是否救助的意见。

（4）确定救助金额时，应综合考虑被另案处理人员刑事不法行为给申请人造成的实际损失、被害人对案件发生的过错程度、另案处理人员及其他赔偿义务人实际民事赔偿情况、申请人丧失劳动能力程度、维持当地基本生活水平所必需的开支以及其生活实际困难等因素。

2. 论证说明

（1）必要性：虽然我国现行《刑事诉讼法》已明确了被害人在刑事诉讼中的当事人地位，且赋予其较为广泛的诉讼权利，但不可否认的是，立法上对被害人的保护仍存在着不足，刑事诉讼过程中的被害人仍时常处于孤立、被动的境地，其正当诉求往往得不到支持和保障。"另案处理"作为一种司法实践中常见的诉讼办案方式，其结果最终可能导致诉讼的迟延，从而对被害人权益造成一定程度的影响。尤其是在已判决的共同犯罪案件同案犯没有赔偿能力，其余犯罪嫌疑人又被另案处理，致使被害人无法及时得到赔偿的情形下，对这部分经济陷入困境的被害人展开救助也是人权保障的应有之义。

（2）可行性：虽然我国还没有建立起刑事被害人救助体系及配套制度，但在最高人民法院正式提出建立刑事被害人救助制度之前，不少地方司法机关已经开始实践对刑事被害人进行救助的尝试。南昌市东湖、青山湖、经开区等基层检察院均出台了《关于开展刑事被害人救助工作的实施办法》，具有被害人救助的丰富实践经验。因此，南昌市司法机关开展对因另案处理而求偿不能、求助无路的被害人的经济救济工作，完全具备现实土壤。

（3）创新性：将另案处理决定导致短期内无法终结刑事程序，无法及时得到刑事赔偿的刑事附带民事被害人纳入被害人救助范围，亦是对刑事被害人救助工作的补充与完善。

六、"另案处理"考核与责任追究机制

我国台湾地区学者陈瑞仁曾指出："真正引导司法机关作为的往往并非立法层面的刑事诉讼法，而是'绩效评比'这部'地下刑事诉讼法'。"将另案处理的工作成绩与个人、单位的考核相挂钩，确立另案处理对应的奖惩机制是该项工作能够履行到位的最终保障。

（一）考核激励制

适用单位：侦查机关、检察机关、法院。

1. 具体举措

（1）完善激励性考核指标。一是将侦查机关另案处理后续情况纳入其考核项目，考核重点内容包括：另案处理人员信息系统管理情况、后续处理的逮捕率与起诉率、在逃人员追逃情况、内部执法监督情况。明确对另案处理在逃人员抓捕中或在内部执法监督过程中有突出成绩的个人予以嘉奖、物质奖励，且与干警的晋升挂钩。二是将检察机关目标管理考评中增加侦查监督部门纠正侦查违法行为数、对侦查部门开展专项执法检查工作情况、督促侦查机关办案的情况；侦查监督部门、公诉部门对侦查违法行为提出检察建议数、追捕、追诉情况。三是明确人民法院考核内容增加：协助追查情况、建议补充侦查情况、依申请调查取证情况、受理对另案处理案件的申诉情况。

（2）建立惩罚性考核指标。对另案处理人员信息系统管理不力导致数据遗漏、丢失的情况，监督不力导致另案处理人员脱逃或影响起诉、审判的情况等应当纳入目标管理考评的减分项目。

（3）增加对过程考核指标。在对侦查机关的立案率、破案率、结案率等量化考核指标的基础上，增加对案件质量、社会效果与法律效果的考察，既包括在后续处理工作积极性与及时性、后续侦查取得的成效，也包括另案处理案件的逮捕率、起诉率。采取平时考核结果与定期考核相结合的考核方式，按每季度统计一次确定季度成绩，并将最终成绩纳入全年绩效考核内容。

2. 论证说明

（1）必要性：考核机制是开展工作的指挥棒和原动力，一套完整的另案处理工作机制要真正落到实处，实现打击犯罪、不枉不纵的功能，除将责任落实到位、强化责任意识外，最终必须以科学、明确的考核作为保障，将另案处理的工作成绩加入考核指标，对于完善司法机关整体的考核机制具有积极的正面效应。

（2）可行性：定量与定性考核相结合更加合理可行，何况检察机关当前考核指标中已经包括监督立案数、纠正漏捕数、漏诉数、纠正监外执行违法或不当数、对举报控告线索、人均初核（初查）数、提出检察建议数、监督纠正诉讼活动中司法人员渎职行为数，一定程度上已经能够强化对另案处理的监督作用，下一步只需要结合另案处理的监督工作细化指标和加重相关内容的得分比例即可。

（3）创新性：将另案处理列入考核且采取平时的考核结果与年终考核结果按比例来确定绩效成果，是本课题组为另案处理专门设计的一种新型考核方案。当然，考核本身不是目的，而是一种手段，注重将考核结果合理应用于管理工作的各个环节，最大限度地调动另案处理工作积极性。

（二）责任追究制

适用单位：侦查机关、检察机关、法院。

1. 具体举措

（1）责任到人。要将每一起另案处理案件的责任，具体落实到作出决定的侦查机关内部的办案人员、办案单位负责人、法制部门审批人和分管局领导、检察机关侦查监督部门、公诉部门承办人、部门负责人和分管领导、法院审判人员等每个人身上，层层把关，责任到人，负责到底。按照"谁审批谁负责、谁审核谁负责、谁办理谁负责、谁监督谁负责、谁审判谁负责"的原则，将执法过错责任追究制度落到实处。具体而言：侦查人员承办人在另案处理执法过程中出现违法行为的，由个人承担责任。承办人员另案处理意见经法制部门人员、主管人员审核批准造成执法过错的，由承办人员、法制部门人员、主管领导分别承担责任。主管领导不采纳或者改变承办人员、法制部门人员的意见造成执法过错的，由主管人员承担责任。承办人员、法制部门人员因执行主管领导的错误决定造成执法过错的，由主管人员承担责任。承办人员有过错的，也应当承担相应责任。

（2）内部问责。公安人员、检察人员或审判人员在办理另案处理案件活动中故意违反法律和有关规定，或者工作严重不负责任，导致另案处理实体错误、程序违法以及其他严重后果或者恶劣影响的行为，如故意不予追究犯罪嫌疑人刑事责任的、以罚代刑的、以劳代刑的和对检察机关提出的纠正意见无正当理由仍不予纠正或检察人员怠于行使监督职责的，均可追究执法过错责任。各单位的纪检督查机构可以对本单位人员在另案处理及对其监督的过程中出现的差错及偏差进行问责和调查，内部问责应根据执法过错责任人的过错事实、情节、后果及态度，作出批评教育、组织处理、纪律处分。

（3）线索移送。侦查监督部门、公诉部门在监督侦查机关另案处理活动中，发现另案处理不当的，除采取相应纠正措施以外，应当对处理不当的原因展开调查；对可能存在徇私枉法、滥用职权或受贿索贿等职务犯罪嫌疑的，应当将犯罪线索形成书面报告，层报至检察长批准，将线索移送至职务犯罪侦查部门处理。上述各单位内部纪检监察部门经调查，认为应当追究有关人员刑事责任的，也应将有关线索移交检察机关进行立案侦查。

2. 论证说明

（1）必要性：只有在法律框架内合理确定制裁规则，才能达到最佳的威慑或激励效果，真正发挥其功能。如果在实际操作过程中相关工作人员的责任心、业务素质不能到位，再健全的制度、机制规定也是一纸空文。必须从落实责任制入手加强侦查机关、检察机关、法院相关人员的素质，激励其更加积极地履行职能，挖掘出不当另案处理行为背后的违纪、违法问题。

（2）可行性：各单位纪检监察和职务犯罪侦查部门以法律赋予的强制权和处置权为后盾，能有效地遏制侦查人员、检察人员和审判人员的违纪行为和职务犯罪，起到对司法行为进行监督规制的作用。对另案处理案件的责任分配、追究程序等以现行责任追究机制为依托。当上述人员涉嫌过错执法时，必须就自己在另案处理案件中执法行为是否合乎职责要求向有关机关作出合理的解释。如果有关机关认为其解释不足以免除或减轻责任，就必须让其承担因其存在过错的执法行为带来的责任后果。

（3）创新性：采取双管齐下的手段，同时赋予各单位纪检督查机构、检察机关自侦部门对另案处理的内部责任追究和外部制约权力，不仅能够及时纠正不当的另案处理中的差错行为，而且对其他承办人也会产生强烈的震慑威慑效果。

第三章　附　件

一、调研方案与总结

（一）侦查机关"另案处理"工作机制改革课题调研方案

为深入开展南昌市司法权力运行机制改革，以优质高效的法律服务和公平正义的法治保障助推南昌打造核心增长极，根据《全市司法权力运行机制改革工作实施意见》的精神和要求，全市司法权力运行机制改革工作小组拟开展对南昌市侦查机关另案处理工作机制的专项调研活动。为确保此次另案处理工作机制改革取得实效，特制定以下调研方案。

1. 调研背景

在司法实践中，由于刑事案件的侦查过程受多方面影响，案情呈现错综复杂的特点，使得侦查机关对部分共同犯罪案件的涉案人员在出现某种特殊客观原因不能或者不应当与其他犯罪嫌疑人一并同时处理、追究时，往往采取分案处理的操作手段和办案方式。这种另案处理方式在带来高效、便利的同时，也引发了实践中一些案件的"另案不理"、"另案轻罚"等有碍司法公正的情形。正是因为法律和司法解释对另案处理的适用范围、条件和程序等操作规范的缺失，导致司法实践中侦查机关对另案处理的适用随意性较大，对另案处理的后续处理不力，侦查机关内部监督机制欠缺以及检察机关的外部监督机制乏力等问题，带来了司法腐败、司法不公、人权保障不力等消极影响。故以，此次司法权力运行机制改革为契机，对南昌市司法机关另案处理现状开展调研，可进一步增加侦查机关另案处理权力运行的透明度，使另案处理机制在阳光下运行，切实提高南昌市司法机关执法办案水平和执法公信力。

2. 调研目的

通过对侦查机关适用另案处理具体数据、类型、条件、程序等情况进行调研座谈，重点考察南昌市侦查机关适用另案处理实体和程序合法性、后续处理及时性、强制措施适用准确性、移交证明材料完整性以及内外监督到位性等方面内容，准确查找侦查机关另案处理工作机制和检察机关法律监督存在的薄弱环节和原因，探索另案处理机制与南昌市司法体制改革的契合点，在此基础上形成制定出可行性和可操作性较强的调研报告和操作细则，促进南昌市司法机关运行另案处理机制的规范化、制度化，以真正实现其权利保障、程序公正、权力制衡的法理价值。

3. 调研内容

（1）调研对象

市公安局：刑侦支队、经侦支队、缉毒支队。

西湖区、南昌县、进贤县、青山湖区公安分局：刑侦大队、经侦大队、缉毒大队。

（2）调研范围

2011 年、2012 年另案处理案件。

（3）调研内容

①具体数据

a. 结构分析：另案处理案件总件数、总人数及所占比例；

b. 类型分析：按侵犯客体分类归纳，并统计所占比例；

c. 适用情形分析：按管辖、在逃、不构成犯罪、已判刑、严重疾病采取其他强制措施等情形分类，并统计各自所占比例；

d. 后续处理分析：撤案、起诉、判决等所占比例、未处理情况及所占比例。

②案例收集

主要包括"降格处理"、"另案不理"、"无法处理"典型案例。

③工作流程

a. 审批情况：包括办案机构和人员、审批机构和人员、案件基本事实、原因、依据以及审批的权限、时限等；

b. 登记或备案机制：包括另案处理信息材料管理、已采取的强制措施和后续处理措施等；

c. 救济措施：包括监督对象、监督机构和具体监督措施等；

d. 与检、法衔接机制：如移交另案处理材料情况，检、法追捕、追诉或建议并案、撤案的后续处理情况等；

e. 其他机制：追逃率、破案率对另案处理机制的影响等。

④考核及追责机制

⑤警力及经费保障

4. 调研任务

（1）对司法实践中侦查机关适用另案处理范围、条件进行分类整理，结合现有理论成果分析论证适用另案处理范围、条件的合法性、创新性、必要性和可行性；

（2）对南昌市侦查机关另案处理运行情况和操作模式进行调研，查找出内部监督的薄弱环节，有针对性地考察并论证建立侦查机关内部审批、登记备案、救济监督、上网追逃等一系列配套机制的可行性和必要性；

（3）结合南昌市实践，考察论证建立全市统一的另案处理信息库的必要性和可行性，且在此基础上授予检察机关对该信息库不定期查询和督促侦查机关及时处理的权限，推动公、检、法信息共享平台的建立健全；

（4）通过对侦查人员违法违规适用另案处理的责任追究制、考核制度及相关人力物力的考察，提出能够促进侦查机关另案处理机制高效运行的责任追究和考核激励方案。

5. 调研方式与步骤

（1）整理收集资料。学习修改后《刑事诉讼法》等法律法规，收集国内先进经验和做法，对另案处理基本原理、理论成果认真梳理，总结归纳当前我国司法实践中另案处理普遍存在的"共性"问题，确保能够带着问题深入基层考察调研（3月11日至4月14日）。

（2）深入调查研究。深入市局、基层两级一线办案单位（科所大队），采取查询台账、抽查案卷、座谈交流等形式开展调研，尽可能摸清摸透实情，增强调查数据和案例的代表性和广泛性（4月15日至4月19日）。

（3）撰写调研报告。紧扣侦查机关另案处理机制改革主题，结合调研过程中征集到的数据、案例、先进经验，提出切实可行、便于操作的对策与建议，形成有情况、有分析、有对策的调研报告（4月22日至4月23日）。

（4）交流调研成果。调研报告完成后，市检察院调研小组拟进行集中交流讨论，尽快将调研成果消化吸收，作为下一步撰写侦查机关另案处理机制改革的整体课题报告的素材和依据（4月24日至4月25日）。

6. 调研要求

（1）提高认识，精心组织。各单位要立足于全市司法体制改革大局，认真组织，统筹安排，由市政法委领导带队，市公安局、市检察院和市法院抽调人员组成调研小组，参加调研的人员要充分认识开展调研对于进一步规范执法行为，提高司法公信力的重要意义，确保圆满完成工作任务。

（2）深入一线，认真履责。此次调研围绕南昌市另案处理现状，深入一线办案单位广泛搜集相关数据、案例素材，掌握真实、全面、丰富的第一手资料。由于时间紧，任务重，要求高，因此调研人员要认真履行职责，落实工作要求，发挥工作主动性，深层次、多角度分析问题、查找原因。

（3）转化成果，增强实效。在严谨细致调研考察的基础上形成系统性调研报告，所列数据准确无误，所举案例真实典型，所作分析透彻到位，所提观点新颖可行。同时，检察机关与侦查机关、法院也要加强沟通协作，确保构建的另案处理工作机制具有可行性和实效性，且尽快将调研成果转化成规范性文件，促进侦查机关另案处理工作机制的常态化、制度化和规范化。

（二）侦查机关"另案处理"工作机制改革课题调研总结

为深入开展南昌市司法权力运行机制改革，切实掌握侦查机关一线办案单位对另案处理权限内部控制机制构建和运行情况，本课题组根据《全市司法权力运行机制改革工作实施意见》的精神和要求，收集并整理了 2011 年、2012 年全市侦查机关另案处理数据，在市政法委的组织下实地调研考察了南昌市公安机关市级和部分县（区）级的刑侦、经侦和缉毒等一线办案单位。通过此次调研，我们基本掌握了第一手材料，一定程度上能反映出目前南昌市侦查机关另案处理的现状和相关机制运行情况。

1. 调研准备工作

（1）收集整理资料。本课题组积极汲取国内理论成果，下载和学习相关论文、著作百余篇，对另案处理基本原理、理论成果进行了认真梳理，对另案处理的概念、特征、理论依据与现实意义等从宏观上准确定位。且收集国内部分先进地区公、检、法关于对另案处理的相关经验和做法，确立了以机制来规范另案处理的程序，以信息数据化来完善另案处理人员基本资料，以内部双重监督来健全对另案处理监督的改革目标。

（2）制定调研方案。鉴于当前司法实践中的另案处理呈现普遍化、复杂化与隐蔽化的现状，为使得本课题组对另案处理工作机制的调研能真正落到实处、取得实效，在政法委的要求下，本课题组于 4 月中旬完成了《对侦查机关另案处理工作机制改革的调研方案》，明确了此次调研的背景、目的、内容、任务、方式、步骤与要求 6 个方面，为调研的顺利开展奠定了基础。

（3）拟定调研提纲。为掌握南昌市侦查机关另案处理运行情况和操作模式，尽可能地摸清摸透南昌市公安机关另案处理工作实情，掌握 2012 年南昌市另案处理的数据，本课题组重点围绕公安机关对另案处理的工作机制拟定了调研提纲，包括南昌市公安机关对另案处理的审批手续、审批机构、审批权限与责任划分；登记与备案情况、后续处理有无专门监督措施、网上追逃情况；

另案处理的公安机关内部专门监督机制；公安机关与检察机关、法院有无专门衔接机制；对另案处理的考核机制和责任追究机制等方面的 12 个问题，有利于准确查找出现行另案处理工作机制中的薄弱环节。

（4）归纳共性问题。本课题组除按照调研提纲内容展开调研外，还归纳总结出当前我国司法实践中"另案处理"普遍存在的一些"共性"问题，来深入基层公安机关一线办案单位考察。主要包括部分另案处理案件程序与实体处理不当；另案处理的后续处理不到位，存在冷处理、不处理现象；另案处理人员案卷材料移送不全；另案处理风险评估不够，比较突出地表现为侦查机关滥用取保候审等强制措施，导致另案处理人员逃跑不能参加诉讼；公安人员另案处理的思想认识不足，有的认为主要犯罪嫌疑人已起诉、已判决即结案，怠于对另案处理人员后续处理。

2. 调研开展情况

结合调研提纲所列举的问题与归纳的某些"共性"问题，课题组成员与公安机关经侦、缉毒、刑侦、法制部门的负责人以汇报与问答的形式进行沟通交流，现阶段已基本掌握了公安机关在另案处理方面的具体操作流程以及工作情况。

（1）考察了另案处理的工作方法。从操作流程上看，如果公安机关侦办民警要对同案犯罪嫌疑人另案处理（含在逃、身份不明等），只需在制作立案决定书、提请批准逮捕书和移送审查起诉书等法律文书时一并标注对其进行了另案处理（含在逃、身份不明等），侦查机关负责人对法律文书的批准就算是对"另案处理"予以批准，大部分另案处理案件由侦查人员将另案处理人员记入自己的工作日志，靠民警的责任心来"自觉"地后续处理。

（2）掌握了另案处理的"个性"问题。通过走访座谈，掌握各基层公安机关之间因办案方式不同、各警种之间因案件类型的不同在对另案处理问题的处理方式上所呈现出来的差异性。如南昌县公安局长期以来存在的批捕后上网追逃的办案方式，故该局未将在逃列入另案处理的范围，而是直接标注"批捕在逃"；又如缉毒工作长期都是通过"破案留根"的办案方式来打击毒品犯罪，通过对下线的监控（非特情）来抓毒品上线，在这种情况下对部分下线"暂缓"处理（另案处理）以达到抓住更多上线的侦查目的，以及对于特情人员（尤其是非注册特情）如何健全监督等，这些问题为课题组设计相应制度时既要考虑"共性"，又要考虑"个性"提出了更高的要求。

（3）收集了另案处理的典型案例。以抽查台账、听取汇报的形式，从"另案"和"处理"两个方面重点收集"降格处理"、"另案不理"等方面的案例。一方面，从有无必要"另案"入手收集有关案例，包括因何种理由

"另案"，是否确有必要，是否符合法律规定；另一方面，从另案人员是否"处理"入手收集有关案例，包括作出了何种处理（是否对另案处理人员实施了抓捕、继续侦查等相关措施）、处理的程序、是否存在"另案不理"、"模糊处理"的情形，作出行政处罚或劳动教养的决定是否符合相关法律规定，"另案处理"人员最终是否被依法、公正处理。

（4）学习了经验与做法。一是南昌市两级公安机关在对因在逃而另案处理人员进行上网追逃方面有一些先进经验，如南昌县公安局对批捕在逃人员要求将在逃人员信息于捕后一周内上网，单独或配合省、市、县局定期开展网上追逃行动，大队每周召开例会，对有条件抓捕的人员列举出逃犯名单，责任落实到每一位办案民警要求及时抓捕；青山湖区公安分局也由情报中队定期研判，并采取与家属约谈、不定期去逃犯家中、网吧等地蹲守等方式追捕在逃人员，该局清网行动中在逃犯的到案率达80%以上。二是在规范因治安拘留等行政处罚而另案处理人员方面，西湖区检察院与西湖区公安分局采用了定期检查的方式，走在了全市的前列，西湖区检察院侦查监督科每年对西湖公安分局办理的行政案件进行一次专项检查，这种做法既拓展了有案不立、降格处理的不当另案处理案件的发现渠道，也是检察机关依法履行检察监督权的有效途径。三是对因事实不清而另案处理（已作存疑不捕）人员的后续处理方面，西湖区公安分局法制部门每三个月定期检查工作记录，对侦办民警是否按照检察机关的《补充侦查提纲》开展了后续侦查工作情况进行检查，且对怠于行使侦查职权的将作出行政处理。

（5）聆听了困境与瓶颈。在调研过程中，公安机关向本课题组畅所欲言，反映了不少司法实践中另案处理的适用困境，其中一些问题具有一定的普遍性。如对于因病或其他原因采取取保候审措施的同案犯（能够传唤到案），检察机关就全案向法院提请公诉时，法院一般不受理非在押人员，检察机关也只能将该取保候审人员退回公安机关，这样该（名）犯罪嫌疑人就只能被"另案处理"了，造成公安机关对这部分既无法关押又无法起诉的同案犯不得不另案处理的无奈。又如由于公安机关与检察机关司法理念的分歧，公安机关认为符合逮捕条件向检察机关提请逮捕，检察机关侦查监督部门贯彻最高人民检察院"少捕、慎捕"的精神，严格把握逮捕必要性，作出了不捕决定后犯罪嫌疑人逃跑，一时难以捉拿到案而不得不作出另案处理。

（6）采纳了意见与建议。通过沟通，公安人员对本课题组拟改革的另案处理工作机制均持肯定支持态度，并积极向课题组建言献策。如青山湖区公安分局建议设置案件流转卡与另案处理信息库，由公安机关在移送检察机关时对另案处理情况具体说明，已做了哪些工作，为什么另案处理、证据与依据等，并将相关信息登入另案处理人员信息库，检察机关、法院在各自阶段收到案件流转卡后填入自己的工作情况与侦查建议等，且对信息库数据根据诉讼情况及时更新，这样既避免了另案不理的司法腐败问题，也避免了因人员变动遗失、书面材料不宜长久保存造成的另案处理材料保管不力问题。本课题组充分采纳了这一建议，将在调研报告与实施细则中具体论证与明确。

可以说，本课题组较为圆满完成了此次调研任务（相关数据由公安机关法制支队尚在收集过程中，近期也将完成），全面掌握了对调研提纲所列举的12项内容，也为本课题组所设计的一系列另案处理工作机制之可行性与必要性提供了可靠的论证素材。

3. 调研结果分析与论证

"另案处理"的决定权和实施权均在侦查机关，但是由于相应配套制度的缺失，侦查机关在实践中运用另案处理这一侦查权力较为随意，本课题组对侦查机关另案处理工作情况进行全面细致的实地考察后，对南昌市公安另案处理现状分析论证如下：

（1）另案处理范围要统一。明确另案处理适用范围是建立另案处理工作机制的前提。课题组在公安机关进行调研时，发现检察机关所掌握的"另案处理"案件数与公安机关自行统计的案件数有较大出入。主要原因在于两机关对"另案处理"案件理解的差异，如公安机关提出"在逃"人员不属于"另案处理"，而课题组在调研过程中，是将"在逃"情况纳入了"另案处理"适用范围之内的。因为共同犯罪的部分犯罪嫌疑人未能及时归案，必然造成其不能与其他同案犯一并提请审查逮捕和移送审查起诉，客观上造成了分案处理，而且涉及后续处理脱离诉讼监督视野之外的问题。如果对"另案处理"案件的理解不能得到有效统一，在实践中可能出现公安机关用标注"在逃"、"未达刑事责任年龄"等其他方式回避"另案处理"这个词汇，规避"另案处理"工作程序的问题，使"另案处理"工作机制被实际上架空。更何况，江西省检察院、江西省公安厅已于2011年出台了《关于规范办理"另案处理"案件的指导意见》的规范性文件，其中已明确规定了另案处理包括在逃、管辖、严重疾病、因案件侦查需要等6种情形，基本与本课题组所调研的另案处理范围一致。

（2）另案处理操作程序要规范。南昌市公安机关目前没有专门的另案处理操作程序和规章制度，往往由侦查人员按经验办案。一是审批制度缺失。由于侦查人员在拟作出另案处理时一般仅是口头汇报，不会将另案处理的犯罪嫌疑人的材料一并附在案卷材料中，侦查机关负责人在批准相关手续时对于另案处理的依据、原因和相关证据材料一般没有审查。正是这种不透明的办案方式，为不当的另案处理提供了司法腐败的空间。二是未有专门登记和管理。本课题组虽然抽查了侦查机关的刑事案件处理台账，但台账中反映不出侦查机关对于另案处理的犯罪嫌疑人的后续处理情况，最多只登记为"取保"，亦没有专门另案处理人员档案（另案处理的具体情况，包括犯罪嫌疑人的基本情况、目前的状态、处理依据、理由、采取的强制措施等未予登记在册）。三是移送相关材料不全。侦查机关在向检察机关、法院移送材料时，对于另案处理的人员的证据材料和相关证明材料的移送往往不够全面，如证明"另案处理"人员在本案中所处地位和作用方面的证据材料，采取另案处理方式的理由、依据及相关证据材料等均未在案件材料中有所反映。四是后续处理程序不规范。据目前掌握的情况，侦查机关仅对"身份查明在逃"原因而另案处理人员后续处理较为规范；对于其他原因而另案处理的由于未明确对另案处理人员后续处理的方式、时限和程序，不排除因主观认识不足、责任心不够以及办案成本因素造成部分侦查人员功利心理，从而放松对被"另案处理"人员涉嫌犯罪的案件事实和证据材料的收集工作，尤其是身份不明在逃的犯罪嫌疑人放纵率相对而言比例最高。

（3）公安机关内部监督要落实。正是由于侦查机关对适用另案处理没有专门的审批程序、登记备案规范，使得法制部门与上级侦查机关无法准确掌握另案处理有关情况，对其合法性、正当性的监督也就无从谈起。一是办案单位负责人或法制部门虽然可以在进行提请批准逮捕和移送审查起诉中的审查过程中听取办案人员对拟另案处理人员情况的汇报，但对于另案处理人员被"另案"的依据与证据往往不会特别关注（至少不是每案必审查），更不用说对于证据是如何取得的、取得手段是否合法、是否有侵犯犯罪嫌疑人合法权益的情况等的掌握。二是侦查机关法制部门对刑事、治安案件（不）定期开展案件质量评查，或对取保候审、网上追逃开展定期检查，上述检查虽与另案处理范围有所交叉，但仍不能涵盖另案处理所有范围，如管辖移送他地的另案处理案件、因事实尚未查清已超过一年取保候审期限（或未采取任何强制措施）的另案处理案件等，且从审查重点来讲，上述检查活动与专门对另案处理的专项检查在对证据的要求和处理的依据上的侧重点就有所不同，因此有必要对另案处理的适用进行定期的专门检查或抽查。三是南昌市司法实践中对另案处理后续处理没有专门的监督人员或机构来进行督促，完全靠办案人员的责任心来自觉处理，如果办案人员提拔或调任，那么对另案处理人员的后续处理也就不了了之了，当然没有专门的监督制度也就更谈不上对金钱、人情等因素产生的另案不理、降格处理的调查和纠正了。

（4）检察机关外部监督要长效。从整体来看，南昌市检察机关基本没有建立与另案处理的监督工作相匹配的信息采集、管理机制，内部没有设立专门监督部门或者确定由哪个部门负责这方面的监督工作，也没有建立专门的另案处理人员信息资料台账和确定专人统一管理，没有形成行之有效的长效监督机制。近年来虽然开展过对另案处理的专项检查，但仅停留在数据分析、案例剖析和经验总结层面，这种检查式的对另案处理的监督仍是一种无力的事后监督。

（5）司法机关沟通协作要到位。从调研过程中收集到的一些普遍性问题如法院不受理取保候审人员、检察机关不批捕外地犯罪嫌疑人、监管部门不关押艾滋病人等来看，南昌市司法机关之间沟通协作还需要进一步加强，并将之制度化、规范化。

目前，南昌市侦查机关、检察机关和法院未建立有效的沟通渠道和信息共享平台，另案处理人员在刑事诉讼的立案、侦查、审查逮捕、审查起诉、审判等各诉讼阶段的信息沟通不畅，对长期负案在逃或久侦不结的案件，检察机关无法知晓案件的具体进展情况，也无法适时催促侦查机关进行抓捕或进一步侦查。当然，需要一提的是建立公、检、法三家联动协作机制需要耗费大量人力、物力、财力。如三家共享的信息平台建设，需要统一的网络和信息支持，设立保障机构，需要解决人力资源问题，这也是下一步外地考察过程中对具体措施可行性的考量内容之一。

（6）考核及责任落实要合理。另案处理案件在后续处理上出现"另案不理"、"模糊处理"的情况，与办案人员思想上不重视、考核上不合理、责任追究不到位有很大的关系。

从考核上看，南昌市两级公安机关现有考核机制以立案率、结案率等考核指标进行考评，使得侦查人员面临巨大的案件结案率、破案率、办案率等量化考核的压力，在规定的期限内必须完成一定的案件侦破数量，否则侦查人员的工资待遇、职级待遇、职务晋升等将受到严重影响。更有甚者，某单位还将刑拘数列为考核指标，每月对刑拘数排名，能关押就尽量关押，对于刑拘数排在后面的领导还要"交账"。种种不合理的考核指标致使一些侦查人员在执法中一味追求破案率、刑拘率，加上未将另案处理作为专项考核指标，对一些旧案难以另案后续处理的人员（如身份不明在逃等情形）也没有过多的精力去处理了。

从责任追究上看，公安机关均表示内部责任制度对另案处理是否由专人办理、办理的程序、责任及权限的划分均没有硬性要求，更无相应的责任追究措施，使得侦查人员、检察人员和审判人员对另案处理的重视程度不够，完全依靠侦查人员的责任心来办案而不是依靠科学的制度来办案，造成实践中可能出现另案处理执法不严谨、后续处理工作停滞不前也就不足为奇了。

值得一提的是，做到加强对"另案处理"工作的监督、协调和配合工作，客观上是增加了检察机关、审判机关的工作量，检察人员、审判人员主动追查案件犯罪嫌疑人以外的人员下落问题，实际上部分履行了侦查机关怠于行使的侦查权力。在司法机关人案矛盾普遍比较突出，靠考核与责任追究双管齐下来提高检察人员、审判人员积极履行该项职责的积极性也是最快途径。

4. 下一步工作思路

如前所述，本课题组将结合以上问题实事求是加强论证，大胆创新开拓思路，积极寻求解决途径。

（1）加强沟通，减少分歧。在市委政法委的组织牵头下，本课题组将进一步与公安机关、法院等沟通，明确另案处理的适用范围、基本原则和适用程序，在相应法律文书上统一采取"另案处理＋具体处理原因"的标注方式，解决实践中存在的规避"另案处理"工作程序的问题。此外，对实践中存在的一些影响另案处理规范化的问题（如法院不受理非羁押人员的案件）本课题组将之列入调研报告的论证范围。如果有条件解决的话将在本课题组研发的《实施细则》中提出解决办法并通过会签使之尽快得到解决，如果因客观原因一时无法解决，本课题组也将提出相关建议并积极推进，尽快在公、检、法联席会议上来解决这些问题。通过以上举措减少公、检、法三家分歧，达成共识，使得本课题组所设计的"另案处理"工作机制能够真正落到实处、发挥实效。

（2）考察先进，学习经验。经过多天以来的调研，本课题组已做到了对南昌市另案处理问题"心中有数"，下一步将带着这些"共性"与"个性"问题赴外地进行学习考察，重点考察他们关于如何解决一些现实性较强且在机制运行过程中迫切需要解决的问题。包括如何解决公、检、法关于另案处理衔接沟通不畅、如何建立另案处理信息共享系统、如何加强办案人员工作积极性、如何克服人案矛盾等。当然，也要考虑到本地司法人力、物力资源现状与江浙沪等地的差异，在结合本地实际对部分处理问题的方式方法加以改进，使之更适宜南昌市司法体制运行与发展。

（3）大胆创新，加强论证。针对在调研中所查找到的公安机关、检察机关在另案处理操作过程中的薄弱环节，着力解决侦查机关、检察机关、法院内部不同部门之间的职能交叉、混同、重叠问题，本课题拟将为侦查机关、检察机关和法院设置权责明确、高效有序的运行机制、监督机制、协作机制、救济机制与考核、责任落实机制五项机制以及 30 余项具体举措，其中不乏本课题组结合本地司法现状和外地先进经验提出的创新性举措，重点对上述举措的可行性、必要性与创新性逐一论证，选择出适合南昌市司法现实土壤且职能明确、分工合理、制约有效的工作机制。

（4）转化成果，建章立制。本课题组完成调研与考察后，拟尽快结合收集到的数据和案例，消化经验和成果，在严谨细致调研考察的基础上形成有情况、有分析、有对策的系统性调研报告，通过内部探讨、专家论证和听取多方意见方式来予以完善，做到所列数据准确无误，所举案例真实典型，所作分析透彻到位，所提观点新颖可行。并尽快将调研成果消化吸收，转化成规范性文件，促进侦查机关另案处理工作机制的常态化、制度化和规范化。

（5）试行跟踪，健全完善。本课题组将继续跟进《另案处理工作实施细则》的试行情况，在政法委的组织牵头下定期或不定期开展继续调研工作，对在试行过程中的另案处理工作数据、遇到的新问题、新瓶颈等予以收集分析，尤其是相关配套机制的落实情况，例如人案矛盾处理、沟通协作衔接效果、办案单位和当事人对这套新型工作机制的反馈与建议等。通过不断健全完善有关制度，对于不适应南昌市司法机制改革方向的部分内容及时变更，适时增加更适宜南昌市司法实践的新工作制度，为下一步在全市范围内正式实施做好准备，使得南昌市侦查机关另案处理权力真正能够在阳光下运行。

二、考察方案与总结

（一）侦查机关"另案处理"工作机制的改革课题考察方案

1. 考察背景

"进一步深化司法体制改革，完善中国特色社会主义司法制度"是党的十八大报告提出的司法体制改革目标。司法权力运行机制改革是全国政法工作会议上提出的四大改革内容之一，是建设"平安中国、法治中国"的必经之路。"另案处理"工作机制改革作为司法权力运行机制改革中的一个重要内容，关系到司法机关能否全面、准确地打击犯罪，关系到每一起刑事案件最终是否能够得到公平、公正、公开的处理。

"另案处理"工作机制是在司法实践中，自发产生、自下而上逐渐被立法者关注和认可的一种司法程序性处理措施。该措施使得侦查机关对部分涉案人员在出现某种特殊客观原因不能或者不应当与其他犯罪嫌疑人一并同时处理时，通过采取分案处理的操作手段提高办案效率、保障在案当事人及时接受刑事处理的权利。但同时，也产生了一些"另案不理"、"降格处理"等有碍司法公正的情形。为防止"另案处理"工作机制异化，规范司法权力运行。南昌市司法权力运行机制改革调研将"侦查机关'另案处理'工作机制改革"列为重大课题,希望在深入调研、广泛吸收全国各地"另案处理"工作经验的基础上。进一步增加公安机关"另案处理"工作的透明度,加强对"另案处理"的司法监督,切实提高司法机关执法办案水平和执法公信力。

2. 外出考察地点

(1)天津静海县检察院

主要经验:

用一个机制来规范另案处理的监督,制定的《对提请逮捕案件中"另案处理"人员的监督办法》。

用一个信息网络共享另案处理人员的详细信息,建立"另案处理人员信息库",出台《"另案处理"自动比对系统使用规范》、《监督"另案处理"案件内部联系配合工作制度》在院内部形成监督工作合力,实现侦查监督与公诉、监所、控申部门信息共享。

用一个监督体系对"另案处理"进行全程监督,《对提请逮捕案件中"另案处理"人员的监督办法》和《监督"另案处理"案件内部联系配合工作制度》二者有机结合,辅以能够信息共享的"另案处理"人员信息平台,形成了一个较为完整的监督体系。2011年静海县检察院与公安局会签了《关于加强对"另案处理"案件监督的实施意见》,与公安机关就解决"另案处理"问题达成合意。

(2)江苏省连云港市检察院

主要经验:

2009年开始,该院开展了对全市"另案处理"刑事案件的专项检查行动,共查找出作"另案处理"的涉案人员2000多人。经审查,存在问题的案件有87件146人,其中88人的错误处理得到纠正。连云港市公安局下发了《关于规范团伙犯罪案件办理的指导意见》,明确规定了公安机关内部办理"另案处理"的条件、具体的操作程序,建立了台账制度和对口管理部门。市检察院与市公安局联合出台了《关于完善另案处理案件办理的规定》建立了对公安机关"另案处理"的常态化机制。

(3)重庆市江北区检察院

主要经验:

重庆江北区检察院与区公安机关达成共识,制定了《关于加强对"在逃"、"另案处理"涉案人员监督的工作联系制度》。在组织机构方面,成立了由江北区检察院和公安分局领导共同组成的领导小组。同时,区检察院侦查监督科和区公安分局预审大队具体负责联系和沟通。在监督范围方面,明确程序监督、实体监督和后续监督处理跟踪 3 个方面的监督。在制度方面,建立信息备案制度,制定《在逃人员跟踪登记表》、《另案处理人员跟踪登记表》,对报捕案件中涉及在逃和另案处理人员进行登记,并定期跟踪检查,定期核对。江北区公安分局还根据该制度制定实施细则,并将监督结果纳入干警的年度考评。

3. 考察任务

(1) 对当地公安机关内部"另案处理"工作制度及考评规则进行考察;

(2) 对当地"另案处理"检察监督工作机制构建情况进行考察。包括调研情况,机制设计情况,与公安机关的配合情况;

(3) 对当地规定"另案处理"全套工作机制运行情况进行考察,包括取得的成效、机制运行过程中出现的问题及对策。

4. 考察目的

参考考察地"另案处理"工作经验,结合南昌本地实际,探索相关工作机制的构建。

5. 考察内容

(1) 对天津静海县检察院以下工作成果进行考察

①《关于加强对"另案处理"案件监督的实施意见》;

②《对提请逮捕案件中"另案处理"人员的监督办法》;

③《监督"另案处理"案件内部联系配合工作制度》"另案处理"说明制;

④"另案处理"信息比对系统;

⑤《另案处理人员信息库》。

重点对"另案处理"说明机制,与公安机关建立信息通报机制情况进行考察。

(2) 对连云港市检察院以下工作成果进行考察

①连云港市公安局《关于规范团伙犯罪案件办理的指导意见》;

②连云港市院与市公安局联合出台的《关于完善另案处理案件办理的规定》。

(3) 对重庆市江北区检察院以下工作成果进行考察

①重庆市江北区检察院、重庆市江北区公安分局《关于加强对"在逃"、"另案处理"涉案人员监督的工作联系制度》;

②信息备案情况和《在逃人员跟踪登记表》、《另案处理人员跟踪登记表》;

③江北区公安分局关于"另案处理"内部工作实施细则。

（4）对考察地"另案处理"工作机制运行保障情况进行考察

主要包括机构设置、职能归属、考核评价和人、财、物保障。

6. 考察方式

（1）收集考察地"另案处理"工作情况资料，包括数据、典型案例等。

（2）收集考察地"另案处理"规范性文件及相关表格样本。

（3）与考察地检察院及公安局有关人员进行座谈，学习"另案处理"工作机制运行过程中的经验。

（4）实地查看当地"另案处理"人员信息库或工作台账、案卷材料、信息系统的操作运行情况等。

7. 考察具体安排

（1）考察人员

政法委带队领导、市检察院检委会专职委员熊红文、市检察院研究室副主任刘彤彤、市检察院侦监处助理检察员曹丹丹、未成年人检察处干警王赫楠。

（2）行程安排

4月24—26日赴天津市考察；

4月27—28日赴连云港市考察；

5月2—4日赴重庆市考察。

（二）侦查机关"另案处理"工作机制改革课题组赴重庆市江北区、天津市静海县政法机关考察报告

2013年7月7日至9日，根据《全市司法权力运行机制改革工作实施意见》的精神及南昌市政法委关于全市司法权力运行机制课题组集中调研的安排，经市委政法委郭安书记同意，市委政法委执法协调监督处处长刘木林带领南昌市人民检察院法律政策研究室副主任刘彤彤、南昌市公安局法制支队案审大队大队长刘春荣等一行7人组成考察组，赴重庆市江北区政法机关考察调研。考察组参观了重庆市江北区公安局及检察院，并在成都市政法委、重庆市江北区政法委的组织下与上述地区政法机关有关人员进行了座谈，获取了相关经验材料。

2013年7月18日至19日，南昌市人民检察院检委会专职委员熊红文带领南昌市人民检察院法律政策研究室副主任刘彤彤、侦查监督处检察员曹丹丹一行3人组成考察组，赴天津市静海县检察院考察调研，实地考察了该院"另案处理"信息平台的运行情况，并与有关人员进行座谈，获取了相关经验材料。

1. 重庆市江北区"另案处理"工作经验

（1）基本情况

司法实践中，公安机关提请批准逮捕书或起诉意见书常常将部分同案人标注为"在逃"或"另案处理"，而现有法律及司法解释对"在逃"、"另案处理"的法律含义及规范适用等问题均未作出明确的规定，这给个别侦查人员打"擦边球"，甚至徇私枉法留下了空间，也有损于司法公正。江北区人民检察院在发现这一问题后，广泛收集社会各界意见，对"在逃"及"另案处理"两类涉案人员如何加强监督进行了深入、充分的专题调研。邀请了陈卫东、龙宗智及西南政法大学刑法和刑诉法方面的专家学者对"在逃"及"另案处理"的案件范围、工作机制建立等问题进行了专门论证，为相关制度的建立做好了充分的理论和实践准备。

2010年，江北区人民检察院与重庆市公安局江北区分局联合制定了《关于加强对"在逃"、"另案处理"涉案人员跟踪的工作联系制度》，对"另案处理"、"在逃"人员的范围、工作平台的建立、工作流程等内容进行了规范。还形成了与制度配套的"在逃"人员跟踪登记表、"另案处理"人员跟踪登记表，全面加强了对两类人员的跟踪监督。

该项工作经过多年的探索和实践，取得了显著成效。2010年以来，重庆市江北区检察院督促公安机关对534名"另案处理"、"在逃"涉案人员及时上网追逃或立案，发出书面建议函90余份，纠正"以罚代刑"降格处理12件18人。该项工作制度的创新与实践，得到了最高人民检察院的充分肯定，《检察日报》等多家媒体也予以了报道。

（2）特色亮点

①公、检两家建立了较为紧密的联系协调机制。一是检察机关与公安机关各自设立"在逃"、"另案处理"人员信息备案台账，对两类涉案人员逐一登记，双方通过电话、书面材料往来等多种方式定期进行信息核对，确保对两类涉案人员的全程动态监督。二是建立了联络员制度。公安机关法制部门每日派员驻检察机关办公，负责与检察机关案件承办人员的接洽、信息反馈及督促公安机关办案人员及时处理检察机关催办工作。实现公安机关和检察机关案件办理的无缝对接，有效提高监督效率。三是建立了公安机关和检察机关的联席会议制度，定期通报各自在"另案处理"、"在逃"人员处理方面的工作情况，对个案处理中遇到的问题进行专门研究，制定解决对策。四是首创了层级递进的侦捕协作长效机制，形成了案件承办人、办案部门、分管领导多层次递进沟通的监督模式。

②采取了丰富多样的监督手段。江北区检察院充分利用多种监督手段实现

对"另案处理"、"在逃"人员的侦查监督。主要包括下发《纠正违法通知书》、《工作建议函》、开展立案监督和撤案监督，全面实现对"另案处理"、"在逃"人员从程序到实体的监督。

③构建了"大监督"的检察机关内部工作格局。江北区检察院不断整合监督力量，以侦查监督部门为主要责任部门，加强与其他内设部门的横向沟通联系，与控申、监所、公诉、职务犯罪侦查等部门建立起立体的监督体系，构建了关于"另案处理"、"在逃"人员事后是否抓捕到案、立案侦查、提捕或直诉等诉讼信息的共享机制，确保对两类涉案人员的全程动态监督。

④明确了工作权责和考核制度。江北区检察院确立了侦查监督部门承办人为检察机关实施监督的具体责任人，专门负责"另案处理"、"在逃"人员报表和与公安机关的信息往来、接洽。并遵照监督范围进行审查，形成审查报告，层报分管检察长。监督结果作为干警年度考核重要指标。公安机关侦查人员作为案件具体责任人，应当对证据收集、适用程序以及侦查卷宗的保管承担责任，侦查过程中存在违法行为或"以罚代刑"、降格处理的，检察机关将依法发出《纠正违法通知书》，公安机关应当立即纠正，工作不力的，将在干警年度个人考核中对其进行负面评价。

2. 天津市静海县"另案处理"工作经验

（1）基本情况

天津市静海县人民检察院干警在审查批捕和审查起诉过程中，发现公安机关对"另案处理"的运用有很大随意性，"另案处理"人员是否及时处理、如何处理等问题，容易影响司法公正，甚至滋腐生贪。从2008年开始，在该院杨克兴检察长的大力推动下，静海县人民检察院开始了对"另案处理"工作的深入调研。

经过近一年的努力探索，静海县人民检察院于2009年3月制定了《对提请逮捕案件中"另案处理"人员的监督办法》，又于2009年7月出台了《监督"另案处理"案件内部联系配合工作制度》。并在《另案处理人员信息台账》改进充实的基础上，在静海县人民检察院局域网上建立了《另案处理人员信息库》，实现了有关科室之间的信息共享。

除了完善检察机关内部监督和联络机制以外，静海县检察院又进一步加强了与公安机关的沟通协调，于2012年与天津市公安局静海分局会签了《关于加强对"另案处理"案件监督的实施意见》，进一步明确了"另案处理"的范围，规范了"另案处理"工作流程，增强了监督效果。

（2）特色亮点

①工作机制完备。关于"另案处理"工作，天津市静海县检察机关制定

了《对提请逮捕案件中"另案处理"人员的监督办法》、《监督"另案处理"案件内部联系配合工作制度》，与公安机关共同制定了《关于加强对"另案处理"案件监督的实施意见》。对"另案处理"案件的范围、需提交的材料、说明的问题、审查程序、检察机关内部协调、检察机关和公安机关的协调配合等内容进行了全面规范。既包括实体规范，又包括程序规范，既包括执法规范，又包括联动协调机制。为"另案处理"工作开展提供了较为全面、明确的依据。

②自主开发了"另案处理"自动对比系统。自 2008 年起，静海县检察院就通过制作表格的形式对"另案处理"人员的信息进行登记备案、实施法律监督。然而，实践中，这种通过手工逐一登记、检索和比对的方式，逐渐暴露出既耗时费力又不够准确的弊端。为使"另案处理"的法律监督工作更加科学、规范、有效，2011 年，该院经自主研发，正式启用了"另案处理"人员信息电子数据库。并增加多点对比功能，以侦监、公诉、监所及控申 4 个信息比对点为支点，"一库四点信息比对系统"实现了从手工比对到电脑自动比对的转变，从侦监部门单兵作战到侦监、公诉、监所、控申等多部门联动监督的转变，确保监督不留死角。目前在库"另案处理"人员 1295 人，已完成对其中 416 人的监督。

③强化检察机关内部协作，多部门各负其责。一是专门成立了以检察长为组长的"另案处理"监督工作领导小组，由侦查监督科牵头，公诉科、监所科、控申科各负其责。二是实现信息共享和及时反馈。侦查监督科、公诉科的内勤人员负责将公安机关移送的"另案处理"人员的基本情况、基本案情、强制措施、"另案处理"理由以及相关证明材料等内容录入数据库。每月末，侦监部门按照数据库提供的信息，走访公安机关和办案单位，逐人、逐案进行跟踪了解，并将"另案处理"人员的处理情况及时录入数据库中。监所部门每周四将在押人员信息与数据库信息进行比对，若发现在押人员中存在"另案处理"人员时，及时通报给侦查监督部门加强监督；控申部门定期对数据库进行查阅，对信访接待中发现"另案处理"人员线索的，及时进行比对，确系"另案处理"人员的，将相关情况通报给侦查监督部门及时跟踪。三是定期会商及展开协作。对监督工作中发现重大、有影响的案件线索，各责任科室要在领导小组的授权和领导下，密切配合、通力协作，进行会商。领导小组每半年组织一次专门工作会议，听取各成员部门的工作汇报，协调解决工作中出现的问题，修改完善相关制度。

④建立"另案处理"说明制。为全面、准确掌握"另案处理"涉案人员的基本情况及处理结果，防止"另案处理"案件成为不处理案件，《监督办

法》中还规定了建立"另案处理"说明制度，要求公安机关在呈捕案件时，对另案处理情况提供详细说明材料。增强另案处理文书材料的说理性和工作的透明度。

3. 考察组的心得体会

（1）监督与配合并重。检察机关与侦查机关既是办理刑事案件的不同司法机关，又存在监督与被监督的关系。"另案处理"工作的顺利开展既有赖于侦查机关的严格规范、加强管理和廉洁自律，也要依靠检察机关充分履职、强化监督。检察机关在加强对"另案处理"的监督活动中，一方面要强化监督理念，规范监督程序，扫清监督死角，加强监督力度；另一方面也要加强与侦查机关的沟通、联系和配合，及时掌握案件处理情况，积极指导和配合公安机关开展侦查活动，防止公安机关由于与其他司法机关衔接不畅而产生被迫分案的情况。

（2）完善机制与措施创新并举。健全的工作机制、科学的执法规范是促进司法公正的保障。"另案处理"工作多年来面临的问题主要是范围不清、职责不明、程序模糊等，要防止"另案处理"工作落入监管失灵的"灰色地带"就需要一套科学完备的执法规范和工作机制作为保障。做到事前有规可查，事中有规可循，事后有规可罚，确保"另案处理"工作在公开透明的环境中进行，避免概念模糊、暗箱操作。索取公正的执法结果，并为人民群众认可和接受。与此同时，要进一步增强"另案处理"工作的监督实效，就必须在规范的基础上不断创新，突破"另案处理"工作中信息不全，责任难以划分等瓶颈性问题，积极探索措施创新，例如通过开发信息软件实现信息互通和多点对比，提高监督效率。创新监督手段，更好地实现监督效果。

（3）加强管理与严格考核并行。加强"另案处理"工作，必须在侦查机关内部和检察机关同时建立科学规范的操作流程，明确责任部门和人员，使得案件有序流转，"另案处理"情况全程受到监控。要有与相关工作制度相匹配的流程管理和表格账簿，实现对"另案处理"工作的全面管理。与此同时，必须将"另案处理"纳入部门和个人的评价体系，对"另案处理"工作的成效和问题进行肯定、否定两方面评价，督促相关责任部门、责任人员积极履职，确保该项工作不流于形式。

4. 下一步工作计划

（1）加强与侦查机关的沟通，建立科学、全面的"另案处理"工作机制。工作机制应由"另案处理"的适用规范和操作规范组成。适用规范应明确"另案处理"的范围、适用的条件等内容。操作规范包括"另案处理"案件的运行审查机制、监督机制、各司法机关的协作配合机制、救济机制和责任考核机制。

（2）制定科学全面的"另案处理"工作流程及表格。在建立完备的"另案处理"工作机制的基础上，结合工作实际，设计科学全面的工作流程及相关的表格样本，以期工作机制改革能够更快、更好地应用到实践当中。

（3）研发"另案处理"案件信息管理系统。建议在公安机关和检察机关建立"另案处理"电子信息库，并逐步实现信息库的共享互通和多点对比等功能。逐步实现"另案处理"工作网上运行、网上监督，信息快速反馈和多点监控等效果。

（4）继续深入研究"另案处理"工作中的其他突出问题。在考察过程中，我们发现，兄弟市司法机关在"另案处理"工作开展过程中，除了先进经验以外，也面临着一定问题。如检察监督手段和实效的问题，责任划分和考核标准的问题等，还需要在实践中进一步摸索和研究，不断完善制度规范。

三、参考文献

（一）专著

陈兴良：《共同犯罪论》，中国人民大学出版社 2006 年版，第 485 ～ 486 页。

（二）杂志

1. 董坤：《论刑事诉讼中"另案处理"规范功能的异化与回归》，载《法学论坛》2013 年第 1 期。

2. 方海明、朱再良：《刑事诉讼中"另案处理"情形的实证分析》，载《法学》2010 年第 10 期。

3. 胡彬：《"另案处理"下的法律漏洞及其规范》，载《法制与社会》2010 年第 35 期。

4. 李长胜：《"另案处理"要有结果》，载《人民检察》2000 年第 6 期。

5. 刘莉芬、熊红文：《规范另案处理强化侦查监督——南昌市检察机关"另案处理"专项检察工作报告》，载《人民检察》2007 年第 24 期。

6. 彭晔：《浅谈检察机关对"另案处理"之法律监督》，载《法制与社会》2011 年第 24 期。

7. 孙景洲：《"另案处理"应纳入检察机关法律监督的范围》，载《检察实践》2005 年第 4 期。

8. 王金宝：《"另案处理"的灰色地带》，载《中国新闻周刊》2012 年第 11 期。

9. 谢军：《另案处理的监督对策》，载《人民检察》2004 年第 8 期。

10. 詹奕嘉：《警惕"另案处理"下的法律漏洞》，载《政府法制》2010 年第 13 期。

11. 中共湖州市委政法委员会课题组：《"另案处理"案件的司法实践与思考》，载《法治论坛》2011 年第 1 期。

12. 朱慧呀：《浅谈检察机关对"另案处理"的监督》，载《法学研究》2010 年第 28 期。

13. 陈克义：《建立"另案处理"监督机制的思考》，载《山西省政法管理干部学院学报》2010 年第 4 期。

（三）报刊

1. 陈东升：《"另案处理"必须要有最终处理结果》，载《法制日报》2008 年 9 月 17 日。

2. 陈嘉、汪曼乔：《论检察机关对"另案处理"案件的法律监督》，载《江苏经济报》2011 年 10 月 24 日。

3. 陈辛江、俞岸成：《"另案处理"人员悉数录入信息库》，载《检察日报》2006 年 7 月 19 日。

4. 丛修胜：《要加强对"另案处理"的监督》，载《检察日报》2006 年 6 月 23 日。

5. 董武：《南召"另案处理"监督"三部曲"》，载《检察日报》2005 年 8 月 24 日。

6. 高克勇：《加强监督，不让"另案处理"变味》，载《检察日报》2012 年 8 月 26 日。

7. 高树之：《山东临沭：建立综合监督机制避免"另案处理"变味》，载《检察日报》2011 年 2 月 1 日。

8. 郭清君：《探索建立"另案处理"适用长效机制》，载《检察日报》2012 年 8 月 23 日。

9. 贾富彬：《细化监督管理防止"另案不理"》，载《检察日报》2012 年 5 月 28 日。

10. 李积国：《"另案处理"不能成监督空白》，载《检察日报》2009 年 12 月 20 日。

11. 林志标:《应加强对报捕案件中"另案处理"人员的跟踪监督》,载《法制日报》2006 年 3 月 16 日。

12. 刘福谦:《应当加强对"另案处理"案件的法律监督》,载《检察日报》2010 年 8 月 2 日。

13. 刘杰:《"另案处理"期待公正透明——高辉委员建议严控"另案处理"保障社会公平》,载《各界导报》2012 年 1 月 14 日。

14. 刘培莹:《强化对"另案处理"检察监督的思考》,载《西部法制报》2012 年 11 月 6 日。

15. 刘效仁:《"另案处理"不能变成"另案不理"》,载《人民公安报》2012 年 3 月 29 日。

16. 刘武俊:《警惕"另案处理"成为司法腐败的保护伞》,载《中国审计报》2012 年 4 月 11 日。

17. 卢金增:《"另案处理"不放过漏网之鱼》,载《检察日报》2011 年 5 月 17 日。

18. 卢金增:《"另案处理"不再"另案不理"》,载《检察日报》2012 年 11 月 6 日。

19. 孟传香:《应对"在逃"与"另案处理"一并审查》,载《检察日报》2009 年 7 月 10 日。

20. 邱春艳、朱建军:《"另案处理"究竟怎么处理》,载《检察日报》2009 年 4 月 24 日。

21. 沙辉:《谈对"另案处理"的法律监督》,载《检察日报》2001 年 5 月 14 日。

22. 宋世明:《江苏检警联手严防另案处理变成不处理》,载《江苏法制报》2010 年 6 月 29 日。

23. 孙继权:《宽甸:以"另案处理"为法律监督切入点》,载《检察日报》2008 年 9 月 7 日。

24. 岳红革:《让"另案处理"案件得到"热"处理》,载《检察日报》2010 年 6 月 14 日。

25. 肖景炎:《监督"另案处理"要抓住两点》,载《检察日报》2005 年 3 月 16 日。

26. 徐日丹:《"另案处理"不能变成"另案不理"》,载《检察日报》2012 年 3 月 23 日。

27. 徐日丹:《坚决纠正违法不当适用"另案处理"》,载《检察日报》2012 年 3 月 23 日。

28. 杨涛：《须将"另案处理"关进笼子里》，载《深圳商报》2012年3月26日。

29. 游伟：《别让"另案处理"成为司法黑洞》，载《法制日报》2012年3月27日。

30. 于阳、牛洪涛：《从两个方面加强"另案处理"监督》，载《检察日报》2012年5月2日。

31. 王世楠：《"另案处理"易成渎职犯罪温床》，载《法制日报》2010年8月27日。

32. 王天翊：《"另案处理"应注意的几个问题》，载《人民法院报》2000年8月8日。

33. 王馨、彭孟臣：《山东莱州：把好四关加强对"另案处理"监督》，载《检察日报》2011年5月29日。

34. 吴培光：《检察机关加强对"另案处理"监督对策》，载《法治快报》2007年9月25日。

35. 瞿玉杰：《遏制"另案处理"需三方发力》，载《徐州日报》2012年3月26日。

36. 陟卡亚、胡传仁：《"经历、前科、绰号、另案处理"都不放过》，载《检察日报》2006年4月25日。

37. 赵征东：《"另案处理"要规范还要加强监督》，载《检察日报》2003年9月18日。

38. 朱建军：《天津静海：建立"另案处理"说明制》，载《检察日报》2011年1月3日。

39. 朱玉栋：《对"另案处理"须加强动态监督》，载《检察日报》2005年3月16日。

（四）论文

1. 易伟军：《同案犯罪中的另案处理研究》，湘潭大学2010年硕士学位论文。

2. 万世界：《共同犯罪案件另案处理程序问题研究》，华东政法大学2011年硕士学位论文。

四、相关依据

（一）宪法、法律、司法解释

《宪法》第一百二十九条 中华人民共和国人民检察院是国家的法律监督机关。

《刑法》第三十七条 对于犯罪情节轻微不需要判处刑罚的，可以免予刑事处罚，但是可以根据案件的不同情况，予以训诫或者责令具结悔过、赔礼道歉、赔偿损失，或者由主管部门予以行政处罚或者行政处分。

《刑事诉讼法》第八十五条 公安机关要求逮捕犯罪嫌疑人的时候，应当写出提请批捕逮捕书，连同案卷材料、证据，一并移送同级人民检察院审查批捕。必要的时候，人民检察院可以派人参加公安机关对于重大案件的讨论。

《刑事诉讼法》第八十七条 人民检察院审查批准逮捕犯罪嫌疑人由检察长决定。重大案件应当提交检察委员会讨论决定。

《刑事诉讼法》第八十八条 人民检察院对于公安机关提请批准逮捕的案件进行审查后，应当根据情况分别作出批准逮捕或者不批准逮捕的决定。对于批准逮捕的决定，公安机关应当立即执行，并且将执行情况及时通知人民检察院。对于不批准逮捕的，人民检察院应当说明理由，需要补充侦查的，应当同时通知公安机关。

《刑事诉讼法》第一百一十三条 公安机关对已经立案的刑事案件，应当进行侦查，收集、调取犯罪嫌疑人有罪或者无罪、罪轻或者罪重的证据材料。对现行犯或者重大嫌疑分子可以依法先行拘留，对符合逮捕条件的犯罪嫌疑人，应当依法逮捕。

《刑事诉讼法》第一百六十八条 人民检察院审查案件的时候，必须查明：（一）犯罪事实、情节是否清楚，证据是否确实、充分，犯罪性质和罪名的认定是否正确；（二）有无遗漏罪行和其他应当追究刑事责任的人；（三）是否属于不应追究刑事责任的；（四）有无附带民事诉讼；（五）侦查活动是否合法。

《人民检察院刑事诉讼规则（试行）》第三百条 人民检察院直接受理立案侦查的共同犯罪案件，如果同案犯罪嫌疑人在逃，但在案犯罪嫌疑人犯罪事实清楚，证据确实、充分的，对在案犯罪嫌疑人应当根据本规则第二百八十六条的规定分别移送审查起诉或者移送审查不起诉。

由于同案犯罪嫌疑人在逃，在案犯罪嫌疑人的犯罪事实无法查清的，对在案犯罪嫌疑人应当根据案件的不同情况分别报请延长侦查羁押期限、变更强制措施或者解除强制措施。

《人民检察院刑事诉讼规则（试行）》第三百九十一条 人民检察院在办理公安机关移送起诉的案件中，发现遗漏罪行或者依法应当移送审查起诉同案犯罪嫌疑人的，应当要求公安机关补充移送审查起诉；对于犯罪事实清楚，证据确实、充分的，人民检察院也可以直接提起公诉。

《人民检察院刑事诉讼规则（试行）》第三百八十条 人民检察院认为犯罪事实不清、证据不足或者遗漏罪行、遗漏同案犯罪嫌疑人等情形需要补充侦查的，应当提出具体的书面意见，连同案卷材料一并退回公安机关补充侦查；人民检察院也可以自行侦查，必要时可以要求公安机关提供协助。

《人民检察院刑事诉讼规则（试行）》第三百九十一条 人民检察院在办理公安机关移送起诉的案件中，发现遗漏罪行或者依法应当移送审查起诉同案犯罪嫌疑人的，应当要求公安机关补充移送审查起诉；对于犯罪事实清楚，证据确实、充分的，人民检察院也可以直接提起公诉。

《人民检察院刑事诉讼规则（试行）》第四百五十二条 人民法院根据申请收集、调取的证据或者合议庭休庭后自行调查取得的证据，应当经过庭审出示、质证才能决定是否作为判决的依据。未经庭审出示、质证直接采纳为判决依据的，人民检察院应当提出纠正意见；作出的判决确有错误的，应当依法提出抗诉。

《人民检察院刑事诉讼规则（试行）》第四百六十条 人民法院建议人民检察院补充侦查、补充起诉、追加起诉或者变更起诉的，人民检察院应当审查有关理由，并作出是否补充侦查、补充起诉、追加起诉或者变更起诉的决定。人民检察院不同意的，可以要求人民法院就起诉指控的犯罪事实依法作出裁判。

《人民检察院刑事诉讼规则（试行）》第五百六十五条 侦查活动监督主要发现和纠正以下违法行为：

（一）采用刑讯逼供以及其他非法方法收集犯罪嫌疑人供述的；

（二）采用暴力、威胁等非法方法收集证人证言、被害人陈述，或者以暴力、威胁等方法阻止证人作证或者指使他人作伪证的；

（三）伪造、隐匿、销毁、调换、私自涂改证据，或者帮助当事人毁灭、伪造证据的；

（四）徇私舞弊，放纵、包庇犯罪分子的；

（五）故意制造冤、假、错案的；

（六）在侦查活动中利用职务之便谋取非法利益的；

（七）非法拘禁他人或者以其他方法非法剥夺他人人身自由的；

（八）非法搜查他人身体、住宅，或者非法侵入他人住宅的；

（九）非法采取技术侦查措施的；

（十）在侦查过程中不应当撤案而撤案的；

（十一）对与案件无关的财物采取查封、扣押、冻结措施，或者应当解除查封、扣押、冻结不解除的；

（十二）贪污、挪用、私分、调换、违反规定使用查封、扣押、冻结的款物及其孳息的；

（十三）应当退还取保候审保证金不退还的；

（十四）违反刑事诉讼法关于决定、执行、变更、撤销强制措施规定的；

（十五）侦查人员应当回避而不回避的；

（十六）应当依法告知犯罪嫌疑人诉讼权利而不告知，影响犯罪嫌疑人行使诉讼权利的；

（十七）阻碍当事人、辩护人、诉讼代理人依法行使诉讼权利的；

（十八）讯问犯罪嫌疑人依法应当录音或者录像而没有录音或者录像的；

（十九）对犯罪嫌疑人拘留、逮捕、指定居所监视居住后依法应当通知家属而未通知的；

（二十）在侦查中有其他违反刑事诉讼法有关规定的行为的。

（二）最高人民检察院、公安部《关于开展"另案处理"案件专项检查活动的工作方案》

近年来，全国检察机关、公安机关密切协作，充分发挥法律监督和刑事侦查职能，依法打击各类刑事犯罪，不断规范执法行为，执法水平和办案质量明显提高。但是，由于法律规定不够明确，缺乏统一标准和规范，司法实践中少数案件适用"另案处理"存在一定随意性，由此也滋生了一些执法不严、执法不公等问题，影响执法公信力。为认真贯彻全国政法工作会议精神，深入推进三项重点工作，加大侦查监督力度，进一步规范执法行为，促进严格公正执法，最高人民检察院、公安部决定联合开展"另案处理"案件专项检查活动（以下简称专项检查）。

一、检查范围和工作重点

本次专项检查的工作范围是 2011 年度各级公安机关提请批准逮捕、移送审查起诉的案件中因故未将相关共同涉案人员一并提请批准逮捕、移送审查起诉，而在提请批准逮捕书、起诉意见书中注明对之"另案处理"或者"在逃"的案件（国家安全保卫部门、反恐怖部门办理的案件以及个别重大敏感案件除外）。通过开展专项检查，发现和纠正违法、不当适用"另案处理"问题，总结经验，把握规律，健全制度，建立规范适用"另案处理"和加强相关工作法律监督的长效机制。

专项检查重点检查以下三方面内容：

（一）适用"另案处理"是否合法适当。要认真检查"另案处理"人员是否属于"在逃"、确需另行侦查取证、依法应当移送管辖、不构成犯罪应当作其他处理等情形，相关证据材料是否移送，决定"另案处理"的程序是否符合相关规定，审批手续是否完备，着重纠正有罪不究、以罚代刑、另案处理程序违法违规等问题。

（二）"另案处理"人员是否得到依法处理。要认真检查对"另案处理"的涉嫌犯罪人员是否及时另案开展了侦查活动，"另案处理"案件底数是否清楚；对应当逮捕、起诉的是否提请逮捕、移送审查起诉；依法应当移送管辖的是否及时移送管辖；对"在逃"人员是否采取了网上追逃、抓捕等措施，到案后是否得到依法处理；对不构成犯罪应当作其他处理的人员是否进行了处理或者及时移送有关机关处理，着重纠正应当另行立案侦查不立案侦查或者拖延侦查，该提请逮捕、移送审查起诉不提请、移送，该移送管辖不移送，不采取追逃措施，降格处理，不构成犯罪应当作其他处理而不处理或者不移送有关机关处理等问题。

（三）对"另案处理"案件的法律监督是否到位。要认真检查检察机关对"另案处理"案件的底数是否清楚，对案件具体情况和"另案处理"后续工作情况是否掌握，对存在的问题是否及时发现并进行了纠正，着重解决案件信息渠道不畅、法律监督缺位和监督不到位、不规范、纠正问题不得力等问题。

二、时间安排和工作内容

本次专项检查活动自 2012 年 3 月启动实施，2012 年 10 月结束，分四个阶段进行：

（一）准备阶段。2012 年 3 月，最高人民检察院与公安部共同成立专项检查活动领导小组，对专项检查进行部署。各省级检察院、公安机关联合成立专项检查活动领导小组，根据本方案，结合工作实际，制定专项检查具体实施办法，并对工作进行安排部署。省级制定的实施办法于 3 月 31 日前分别报最高人民检察院侦查监督厅和公安部法制局。

（二）调查摸底阶段。2012 年 4 月至 5 月，各级检察院会同公安机关对辖区属于专项检查工作范围的案件情况进行收集、核实、统计（逐级填报《2011 年度提请逮捕/移送审查起诉案件中"另案处理"案件情况汇总表》见附件 1、附件 2），共同汇总并加盖检察机关和公安机关公章后，分别逐级上报上级机关。省级检察机关和公安机关填报的情况汇总表应于 5 月 31 日前报最高人民檢察偵查監督廳和公安部法制局。

（三）檢查整改階段。2012 年 6 月至 9 月，各級檢察院和公安機關共同對"另案處理"案件逐案檢查，發現問題，分析原因，制定和落實整改措施。對個案適用"另案處理"存在的具體問題，要邊發現、邊糾正，及時處理解決。公安機關要及時將檢查和整改情況通報同級檢察機關，檢察機關應當根據具體情況提出有針對性的意見和建議，積極配合和監督公安機關認真落實。專項檢查中發現的公安、檢察人員失職、瀆職等嚴重違法違紀問題，應當移送有關部門依法依紀查處。

（四）總結規範階段。2012 年 10 月，各級檢察機關會同公安機關對專項檢查進行認真總結，匯總分析專項檢查發現的違法不當"另案處理"問題及糾正情況（逐級填報《2011 年度"另案處理"違法不當案件情況統計表》，見附件3），就活動開展的基本情況、工作措施、取得的成效和存在的問題、原因、下一步工作打算及建議共同形成書面報告，分別層報上級檢察院和公安機關。各省級檢察院和公安機關的報告（附典型案例2例）應於10月31日前報最高人民檢察院偵查監督廳和公安部法制局。在總結規範階段，對前一階段沒有解決的具體問題，應當繼續抓緊解決，務必完成整改任務；對存在的共性問題，應當認真研究，健全完善相關制度規範，形成長效工作機制；屬於應當由上級機關統一解決的，應當提出對策建議。

三、組織領導和工作要求

（一）提高認識，精心組織。各級檢察院和公安機關要充分認識開展專項檢查對於進一步促進規範執法行為、提高執法公信力的重要意義，把此次活動作為實踐"忠誠、為民、公正、廉潔"政法幹警核心價值觀的具體措施來抓，加強領導，周密部署，精心組織，嚴格要求，切實落實好各階段工作任務。最高人民檢察院與公安部聯合成立專項檢查活動領導小組，辦公室設在最高人民檢察院偵查監督廳。地方各級檢察院和公安機關也要共同成立臨時性工作機構，明確工作人員和責任，負責專項檢查的組織協調和工作落實。上級檢察院和公安機關要加強對專項檢查的指導，採取抽查案件、調研座談、通報情況等形式督促檢查，確保工作取得實效。

（二）加強溝通，密切配合。各級檢察院和公安機關要加強溝通協調，互相配合，互相支持，形成工作合力。公安機關要積極配合檢察機關的監督工作，及時通報情況、說明理由。檢察機關既要從維護法制統一和尊嚴出發，嚴格依法監督，又要注意聽取意見，講究方式方法，支持公安機關依法行使職權。上級檢察院和公安機關要及時掌握工作情況，積極協調解決出現的問題，確保活動順利開展。同時，檢察機關和公安機關也要加強內部溝通，保證專項检查的工作要求在本机关、本系统得到一体落实。

（三）突出重点，把握政策。在普遍检查的基础上，对适用"另案处理"的涉及黑社会性质组织犯罪、恶性暴力犯罪、破坏市场经济秩序犯罪和危害民生、侵害民利犯罪的案件，要进行重点检查监督，坚决纠正违法不当适用"另案处理"的问题，争取良好的法律效果、政治效果和社会效果的同时，要正确把握和运用政策，支持对符合条件的案件依法适用"另案处理"，保证打击犯罪力度和效率的统一。对于有争议的问题，有关方面要深入研究，依法稳妥处理。

（四）认真负责，严谨细致。这次专项检查工作量大、任务重、时间紧、要求高，各级领导干部和工作人员要切实负起责任，认真履行职责，落实工作要求，准确统计数据，及时上报情况，发挥工作主动性，深入研究问题，积极提出建议，体现端正的工作态度和良好的工作作风。活动结束后，最高人民检察院、公安部将根据各地工作情况对成绩突出的单位予以表扬。

最高人民检察院办公厅

2012 年 3 月 20 日

五、各地"另案处理"工作规则

（一）江西省人民检察院、江西省公安厅《关于规范办理"另案处理"案件的指导意见》

为保障刑事侦查权的正确行使，规范执法行为，提高办案质量，根据《中华人民共和国刑事诉讼法》、江西省人大常委会《关于加强检察机关对诉讼活动的法律监督工作的决议》等有关规定，结合我省实际，就规范"另案处理"工作提出以下意见：

一、公安机关"另案处理"案件工作规程

1. "另案处理"通常指在共同犯罪案件中，把其中的部分犯罪嫌疑人、被告人从本案中分离出来与其他案件共同处理或者单独处理的情况。

适用"另案处理"的几种情形：

（1）犯罪嫌疑人在逃，且在同案犯罪嫌疑人刑事拘留期限届满前无法抓获的；

（2）犯罪嫌疑人的涉案事实在法定期限届满前不能侦查终结，而其他共同犯罪嫌疑人的犯罪事实已经查清，侦查终结，在法定期限内必须先行移送审查起诉的；

（3）犯罪嫌疑人因患有严重疾病，不宜与同案其他犯罪嫌疑人一并提请批准逮捕或移送审查起诉的；

（4）犯罪嫌疑人涉嫌其他犯罪，且他罪为重刑犯罪，另案处理更为合适的；

（5）犯罪嫌疑人犯罪情节显著轻微、危害不大，不认为是犯罪，拟作行政处罚的；

（6）犯罪嫌疑人因地域管辖、级别管辖、职能管辖等因素需要另案处理的。

2. 公安机关办理刑事案件时认为需要另案处理的，应由承办人提出，制作并填写《另案处理案件审批表》，说明理由，送法制部门审查后报单位领导批准同意，并附卷备查。

3. 公安机关提请批准逮捕、移送审查起诉案件的同时，应将共同犯罪嫌疑人另案处理情况说明材料报送同级检察机关审查。

说明材料包括：对身份明确的犯罪嫌疑人因在逃而另案处理的，应附刑事拘留法律文书及网上追逃信息表或相关的证明材料；身份不明的犯罪嫌疑人因在逃而另案处理的，应附查证情况的具体说明；已被行政处罚的，应说明理由并附处理结果的法律文书；尚未作出行政处理决定的，应说明原因及拟处理方案；犯罪嫌疑人被取保候审或监视居住的，应有说明材料及拟处理方案；犯罪嫌疑人患有严重疾病被另案处理的，应有相关医院的诊断证明和病历材料及其病愈后的拟处理方案；犯罪嫌疑人因管辖原因需要另案处理的，应提供地域管辖、级别管辖或职能管辖的相关依据。

4. 公安机关应建立"另案处理"人员信息库，详细录入另案处理涉案人的基本情况，所涉案件性质、犯罪事实、采取的强制措施、追逃、批捕、起诉、判决等情况。

"另案处理"人员信息库由专人负责，确保信息及时更新。

5. 公安机关应加强内部监督制约，将"另案处理"案件纳入未结案件管理。

二、检察机关应当加强对"另案处理"案件的法律监督

6. 检察机关对"另案处理"案件进行法律监督，应当坚持监督与配合相统一，检察机关的法律监督与公安机关内部监督相结合，依法监督，规范监督，突出重点，注重实效。

重点监督以下几类案件：

（1）一案多名"另案处理"或"在逃"人员的案件；

（2）涉嫌杀人、抢劫、强奸、故意伤害致人重伤或死亡等严重暴力性犯罪的案件；

（3）可能引起被害人上访的案件；

（4）社会关注、群众反映强烈的案件。

7. 检察机关应当指定专人接收公安机关移送的审查逮捕、审查起诉案件，对法律文书中标明"另案处理"但案卷未附另案处理情况说明材料的，应要求在办案期限届满前补齐。

8. 检察机关对另案处理案件的涉案事实、证据、处理结果及办案程序等进行全面的审查，并根据不同情况分别作出处理：

（1）对另案处理人员不符合适用范围，该立案而不立案、不该立案而立案或降格作非刑事处理的，应依立案监督程序办理，要求公安机关说明理由，经审查理由不成立的，依法通知公安机关立案或撤案。

（2）对另案处理人员应当提请批准逮捕的，应发出《应当逮捕犯罪嫌疑人意见书》，及时追捕；对在逃人员没有组织追逃或不及时追逃的，应提出纠正意见。

（3）对办案程序存在瑕疵的，要及时完善，检察机关可以口头或以发《纠正违法通知书》、《检察建议》等形式予以纠正。

（4）对侦查人员具有严重违纪或失职、渎职行为的，应依法移送有关部门查处。

9. 检察机关应当建立"另案处理"人员信息库，详细录入另案处理人员的基本情况、所涉案件性质、犯罪事实、采取的强制措施、追逃、批捕、起诉、判决等情况及审查意见。

"另案处理"人员信息库应由专人负责，统一管理，确保信息准确、及时、全面。

10. 检察机关要加强对"另案处理"案件的跟踪监督。案件承办人实时跟踪监督了解掌握另案处理人员的具体处理情况。

检察机关每季度定期走访公安机关，按照信息库资料，逐人、逐案核对另案处理人员的后续处理情况，全面掌握案件的动态进展。对另案不及时处理的，应适时向公安机关发出《催办函》，督促公安机关及时依法对另案处理人员作出处理。

根据需要，经检察长批准，检察机关可以凭相关手续向公安机关查阅办案台账，调阅有关案卷材料，了解、核实有关案件情况。公安机关应予配合。

三、加强监督配合，健全"另案处理"案件长效工作机制

11. 检察机关、公安机关应当建立"另案处理"案件季度信息通报制度。

公安机关、检察机关就"另案处理"案件是否发生了变化、在逃人员的归案、案件诉讼进展、处理结果及侦查活动法律监督等相互通报情况。

12. 检察机关、公安机关应当建立联席会议制度，就"另案处理"工作中存在的突出问题及时沟通，共同研究解决。

（二）广东省人民检察院、广东省公安厅、海关总署广东分署《关于在办理刑事案件中适用"另案处理"的规定》

第一条 为进一步规范侦查活动，强化法律监督，提高办案质量和效率，促进严格公正执法和依法规范监督，维护司法公正，根据《中华人民共和国刑事诉讼法》、《人民检察院刑事诉讼规则（试行）》、《公安机关办理刑事案件程序规定》、最高人民检察院《关于进一步加强对诉讼活动法律监督工作的意见》等相关规定，结合工作实际，制定本规定。

第二条 本规定所称"另案处理"是指在刑事诉讼过程中，共同犯罪案件的部分犯罪嫌疑人，因特殊原因需另行处理，侦查机关在提请批准逮捕或移送审查起诉时未同案移送的情况。

第三条 适用"另案处理"，应本着有利于案件侦查、起诉、审判，有利于增强打击犯罪的时效性，有利于维护国家法治权威和法律统一正确实施，坚持侦查机关内部监督与检察机关法律监督相结合的原则，依法、规范适用。

第四条 刑事诉讼中，共同犯罪案件的部分犯罪嫌疑人有下列情形之一的，可以适用"另案处理"：

（一）需要移送管辖的；

（二）认为不构成犯罪，拟作或已作行政处罚或采取强制性教育措施的（已经人民检察院作不起诉决定或人民法院判无罪的除外）；

（三）身份已查清，同案犯罪嫌疑人提请批准逮捕或移送审查起诉前仍未抓获的；

（四）身份尚未查清，但有客观证据证实或2名以上同案犯罪嫌疑人指证，具有犯罪嫌疑，同案犯罪嫌疑人提请批准逮捕或移送审查起诉前仍未抓获的；

（五）系"特情"人员，不宜与同案犯罪嫌疑人一并提请批准逮捕或移送审查起诉的；

（六）系未成年人，与成年同案犯罪嫌疑人分案起诉更为适宜的；

（七）涉嫌其他犯罪，同案犯罪嫌疑人提请批准逮捕或移送审查起诉前难以查清其全部犯罪事实需要继续侦查的；

（八）涉嫌犯罪，但不符合逮捕条件，不需要一并提请批准逮捕的；

（九）因其他原因另案处理更为适宜的。

下列人员不适用"另案处理":

（一）已被人民检察院作不起诉决定的；

（二）已被人民法院作刑事判决的。

第五条 侦查机关应当建立"另案处理"审批机制。在提请批准逮捕或移送审查起诉前，发现犯罪嫌疑人有本规定第四条规定情形之一，拟适用"另案处理"的，应由案件承办人填写《另案处理呈批表》，列明拟作"另案处理"人员的基本情况、立案时间、涉嫌的罪名和案件事实、另案处理的具体事由及依据等，并附相关证明材料，经县级以上公安局侦查部门负责人审核后，呈报分管领导审批。按规定需由法制部门审核的，先送法制部门审核。

第六条 侦查机关在提请批准逮捕或移送审查起诉时，对适用"另案处理"的人员，应当在法律文书中注明，并另外书面说明理由和依据，附相关证明材料及《另案处理呈批表》，连同《提请批准逮捕意见书》或《起诉意见书》一并移送人民检察院。人民检察院受理侦查机关涉及"另案处理"的提请批准逮捕或移送审查起诉案件，发现侦查机关没有一并移送证明"另案处理"理由和依据的相关材料，应当要求侦查机关补充，侦查机关应当在三日内补送。

第七条 人民检察院在审查逮捕和审查起诉时，对涉及"另案处理"的案件，应当一并对适用"另案处理"是否合法适当进行审查。

第八条 人民检察院对"另案处理"进行审查，可以进行相关的调查核实工作，询问办案人员和相关当事人，查阅、复制相关案卷材料，侦查机关应当积极配合。

第九条 人民检察院审查后，认为侦查机关适用"另案处理"违法或不当，应当向侦查机关法制部门通报，并根据不同情形分别做出处理：

（一）对"另案处理"的人员依法应追究刑事责任而作行政处罚或其他处理、移送管辖不合法、依法应追逃未予追逃的，按照侦查活动监督程序予以纠正；符合追诉法定条件的，也可以直接追诉；

（二）对依法应当逮捕而侦查机关未提请逮捕的"另案处理"人员，按照追捕程序予以监督；

（三）对身份不明的在逃人员，未及时对其身份进行查证并追逃的，建议侦查机关及时查证并追逃；

（四）对适用"另案处理"程序上的瑕疵，建议侦查机关予以补正。

第十条 人民检察院应对"另案处理"案件进行跟踪监督，督促侦查机关对"另案处理"的案件及时侦查，抓捕在逃的"另案处理"人员。侦查机关应及时向人民检察院通报侦查进展情况。

第十一条　侦查机关和人民检察院应分别设立"另案处理"案件专门台账和信息库，准确录入"另案处理"案件涉案人员的身份、涉案性质、适用强制措施、追逃、案件办理的进展及处理结果等信息，并及时更新。

第十二条　对于适用"另案处理"的情况消失，案件进入后续诉讼程序；或者经审查，认为移送管辖或作行政处理合法适当的，人民检察院和侦查机关应及时在信息库中予以核销。

第十三条　人民检察院应当建立健全"另案处理"案件办理的内部衔接机制，确保案件信息在侦查监督、公诉等部门之间及时、顺畅流转，加强跟踪监督，增强工作合力。

第十四条　侦查机关和人民检察院应当建立"另案处理"案件信息通报制度，定期通报"另案处理"案件的办理进展、所采取的措施及处理结果等信息，重大案件随时通报。有条件的地方可以建立"另案处理"案件信息共享平台，实现信息共享。

第十五条　人民检察院发现侦查人员在适用"另案处理"过程中涉嫌徇私舞弊、失职、渎职等违法违纪行为的，应及时移交有关部门处理。涉嫌犯罪的，依法追究刑事责任。

（三）辽宁省人民检察院、辽宁省公安厅《关于刑事诉讼中适用"另案处理"有关问题的规定》

为进一步明确刑事案件诉讼过程中"另案处理"的适用条件，加强和规范对"另案处理"适用的管理和监督，根据《刑事诉讼法》等有关法律规定，结合我省工作实际，制定本规定。

第一条　"另案处理"是指公安机关在提请批准逮捕、移送审查起诉等刑事诉讼活动中，对共同犯罪、上下游犯罪、牵连犯罪等案件的部分犯罪嫌疑人，因合理原因无法同步诉讼而另行处理的情形。

第二条　具有下列情形的犯罪嫌疑人，公安机关可以适用"另案处理"：

1. 在本案中的犯罪事实尚未查清，无法与其他犯罪嫌疑人同步侦查终结的；

2. 涉嫌其他刑事犯罪，正在被追究刑事责任的；

3. 在逃的；

4. 不构成犯罪，拟作行政处理的当事人；

5. 身份不明，需要进一步查证的；

6. 患有严重疾病，无法一并处理的；

7. 无管辖权，需要移送其他单位处理的；

8. 其他合理情形。

第三条 具有下列情形的犯罪嫌疑人，公安机关应根据实际情况进行标注，无需标注"另案处理"：

1. 未达到刑事责任年龄，不负刑事责任的未成年人，应标注为"未达刑事责任年龄"；

2. 无刑事责任能力，不负刑事责任的当事人，应标注为"无刑事责任能力"；

3. 已经被追究刑事责任的，应标注为"已作其他刑事处理"；

4. 已经被追究行政责任，无需再追究刑事责任的，应标注为"已作行政处罚"；

5. 已经移送其他单位管辖的，应标注为"已移送管辖"；

6. 其他无需处理或者已经处理完毕的情形。

第四条 公安机关应加强对"另案处理"适用的内部管理和监控，建立内部审批程序，案件承办部门拟对部分犯罪嫌疑人适用"另案处理"时，由办案部门提出意见，经法制部门审核后执行。同时，案件承办部门应建立"另案处理"人员档案，案件处理完毕后及时归档备查。

第五条 公安机关在侦查阶段适用"另案处理"时，应履行以下职责：

1. "另案处理"合法性、适当性的证明责任，向检察机关提供相应的证明材料；

2. 对"另案处理"人员的进一步侦查取证、上网追逃等工作；

3. 建立"另案处理"人员动态信息库和个人档案；

4. 对检察机关相关意见的落实；

5. 其他侦查阶段的相关工作。

第六条 公安机关适用"另案处理"时，应区分情况，向检察机关随卷提供相关材料：

1. 犯罪事实尚未查清，无法与其他犯罪嫌疑人同步侦查终结的，应提供情况说明；

2. 涉嫌其他刑事犯罪，正在被追究刑事责任的，应提供情况说明及相应诉讼阶段的法律文书；

3. 在逃且已经采取通缉、上网追逃等措施的，应提供上网追逃材料；未采取通缉、上网追逃等措施的，应提供情况说明及相关证明材料；

4. 不构成刑事犯罪，拟作行政处罚的，应提供情况说明及相关证明材料；

5. 身份不明的，应提供进行身份调查工作的情况说明及相关证明材料；

6. 患有严重疾病，不宜一并处理的，应提供相应的医学证明材料；

7. 拟移送其他单位管辖的，应提供情况说明及相关证明材料；

8. 有其他合理情形的，应提供情况说明及相关证明材料。

第七条 公安机关根据实际情况进行标注的，应区分情况，向检察机关随卷提供相关材料：

1. 标注"未达刑事责任年龄"的，应提供户籍材料或相关证明材料；

2. 标注"无刑事责任能力"的，应提供相关鉴定材料；

3. 标注"已作刑事处理"的，应提供刑事判决书等相关法律文书；

4. 标注"已作行政处罚"的，应提供行政处罚决定书等相关法律文书；

5. 标注"已移送管辖"的，应提供移送方、接收方的法律文书等相关证明材料；

6. 其他无需处理，或者已经处理完毕的情形，应提供情况说明及相关证明材料。

第八条 检察机关应加强对"另案处理"适用的外部监督。在审查逮捕、审查起诉等诉讼阶段，应由案件承办人对适用"另案处理"的合法适当情况进行审查，提出处理意见，经领导签批后执行。并应建立"另案处理"人员信息库，动态掌握案件进展情况，确保"另案处理"人员依法得到公正处理。

第九条 检察机关对提请批准逮捕、移送审查起诉等案件中适用"另案处理"及根据实际情况标注的，应审查案卷是否具备第六条、第七条所列材料，缺少相关材料或材料不全的，应建议公安机关补充。

第十条 检察机关在审查适用"另案处理"的案件时，应履行以下职责：

1. 建立并及时更新"另案处理"人员信息库；

2. 对公安机关适用"另案处理"的合法性、适当性进行审查；

3. 引导、监督"另案处理"案件的侦查取证、补充侦查；

4. 其他检察阶段的相关工作。

第十一条 检察机关对公安机关适用"另案处理"的案件，应区分情况、区别对待：

1. 应立案而未立案的，将刑事案件作为经济纠纷处理、以罚代刑、以劳动教养或行政拘留代替刑事处罚的，以及不应立案而立案的，应依照立案监督程序办理；

2. 对符合上网追逃条件而未上网追逃的，应依法提出纠正意见；

3. 对身份不明的犯罪嫌疑人未及时查证的，应建议侦查机关及时查证；

4. 在办理审查逮捕、审查起诉等案件中发现应提请批准逮捕而未提请、应移送审查起诉而未移送或采取强制措施不当的，应依照追捕、追诉等程序予以纠正；

5. 其他适用"另案处理"不当的，应采取适当措施依法予以纠正。

第十二条　检察机关要在对"另案处理"案件逐案审查的基础上，将一案中有多人"另案处理"的、可能放纵严重犯罪分子的、可能导致发生新的危害社会行为的、被害人不服的，以及其他严重损害司法公信力的案件作为重点，加强监督。

第十三条　检察机关、公安机关应加强协作配合，共同做好对"另案处理"适用的管理和监督工作。公安机关应当向检察机关定期通报"另案处理"案件进展情况。检察机关可以根据实际情况，向公安机关了解"另案处理"案件的进展情况，调阅公安机关"另案处理"人员档案或者开展专项检查活动。检察机关在审查批捕、审查起诉过程中，发现适用"另案处理"不当情况的，应当及时通知公安机关纠正。

第十四条　检察机关在监督工作中发现检察、公安人员有违纪行为的，应及时移送、通报给检察、公安机关纪检监察部门依纪处理；涉嫌违法犯罪的，应及时移送相关部门立案查处。

第十五条　检察机关侦查部门在刑事诉讼中适用"另案处理"的，遵照本规定执行。

第十六条　本规定由辽宁省人民检察院、辽宁省公安厅负责解释，自公布之日起实行。

（四）宁夏回族自治区人民检察院、公安厅《关于办理"另案处理"案件的规定》

第一条　为进一步加大刑事诉讼活动法律监督工作，增强打击犯罪的力度，规范办案程序，提高办案质量，促进公正执法，依据法律、司法解释和最高人民检察院《关于进一步加强对诉讼活动法律监督工作的意见》、宁夏回族自治区人民代表大会常务委员会《关于加强检察机关法律监督工作的决定》，结合我区实际，制定本规定。

第二条　刑事诉讼活动"另案处理"人员是指公安机关和检察机关查处的刑事犯罪案件在提请、移送审查逮捕、起诉时，对在逃的犯罪嫌疑人以及认定犯罪证据不足确需另行侦查取证、依法应当移送管辖、另涉他案等情形而在提请逮捕或移送起诉意见书中注明"另案处理"的涉案人员，并作为"另行立案追究刑事责任"进行处理。

第三条　"另案处理"人员应当具备一定的适用条件，包括以下情形：

（一）犯罪嫌疑人在逃的，且在同案犯罪嫌疑人刑事拘留期限届满前无法抓获的；

（二）因犯罪嫌疑人患有严重疾病，不宜与同案其他犯罪嫌疑人一并提请逮捕而被取保候审的；

（三）犯罪嫌疑人涉嫌共同犯罪，且在报捕前难以查清其犯罪事实，因侦查需要而被监视居住的；

（四）犯罪嫌疑人涉嫌其他犯罪，且他罪为重刑犯罪，适用"另案处理"更为合适的；

（五）在本地、异地均实施了犯罪，在异地处理更为合适的；

（六）需要移送管辖的。

具有以下情形之一的，不得作为"另案处理"人员，需在案卷中注明"待处理"或"已处理"，并附相关材料信息：

（一）不构成犯罪，拟作行政处理的，应当附案件基本情况和行政处理决定书；

（二）由于年龄、刑事责任能力等方面的原因，不负刑事责任的，应当附相关户籍证明材料；

（三）犯罪嫌疑人涉嫌共同犯罪，已被取保候审或者监视居住的，应当附强制措施申请材料、决定书、拟处理的方案等；

（四）已经法院判处刑罚的人员，应附相关判决结果。

第四条 公安机关针对"另案处理"人员应当严格按照程序办理。办案部门在提请逮捕或移送起诉时，须将"另案处理"人员的身份证明、适用"另案处理"的理由、采取监视居住、取保候审措施及处理决定书、处理程序等随案移送审查。

第五条 公安机关、检察机关应当建立"另案处理"审批机制。侦查机关或者检察机关在办案中认为需要"另案处理"的，应由承办人提出，说明理由，层报单位领导同意后附卷备查。

公安机关在提请逮捕或者提起公诉时，对决定"另案处理"的人员，应当在《提请批准逮捕书》、《起诉意见书》中注明"另案处理"字样，并随案移送以下证明材料，对移送案卷中没有相关说明材料或材料信息欠缺的，应建议补齐后再提请逮捕、移送起诉或通知其在二日内补齐：

（一）对报捕前难以查清其他共同犯罪人的犯罪事实而作"另案处理"的，应说明其难点及提出下一步侦查方案；

（二）共同犯罪中犯罪嫌疑人在逃的，要附有网上追逃信息或其所在辖区派出所、所在单位、村委会（居委会）、家庭主要成员及其邻居的证明材料；

（三）犯罪嫌疑人被取保候审或监视居住的，应附说明材料及其拟处理方案；

（四）犯罪嫌疑人因患严重疾病被另案处理的，应附相关医院的诊断证明和病历材料及其病愈后的处理方案；

（五）犯罪嫌疑人因管辖原因需要"另案处理"的，应提供地域管辖、级别管辖及职能管辖的相关依据。

第六条 检察机关与公安机关应当建立联动机制。通过与公安机关建立联席会议制度，加强沟通、联系，做到与公安机关办案部门经常保持联系、经常督促、经常提醒，确保另案处理工作规范有序，取得实效。

第七条 检察机关对公安机关提请逮捕、移送起诉的"另案处理"人员，应当重点审查以下内容：

（一）着重检查适用"另案处理"是否合法适当，程序是否符合相关规定，是否存在违反法定程序的情况，是否存在不应当"另案处理"而适用的，着重纠正程序违法违规等问题；

（二）着重检查"另案处理"人员是否得到依法处理，实体处理是否合法，事实和证据是否充分，有无降格处理、不构成犯罪的处理情形，着重监督处理的结果；

（三）着重检查对"另案处理"案件的法律监督是否到位，对后续工作进行跟踪监督，对存在的问题是否及时发现并进行了纠正，着重解决案件信息渠道不畅、法律监督缺位和监督不到位、不规范、纠正问题不得力等问题。

针对上述核查出的"另案处理"人员，检察机关应及时建立档案信息，在认真审查的基础上，需要逮捕的或者提起公诉的，该捕则捕，该诉则诉。

第八条 检察机关与公安机关应当建立月（季）信息通报制度，公安机关每月应向检察机关侦查监督部门通报另案处理案件线索是否发生了变化、在逃人员的抓捕归案情况。检察机关每月（季）应向公安机关通报对另案处理案件跟踪监督情况。通过对通报信息的整理、分析，对于长期负案在逃或久侦不结的案件，适时向侦查机关（部门）发出催办函，督促侦查机关（部门）及时抓捕犯罪嫌疑人，及时对另案人员作出恰当处理。

第九条 公安机关应当建立"另案处理"人员工作台账。检察机关应当主动与公安机关加强沟通和联系，定期就"另案处理"人员与公安机关的案件台账逐一仔细核对，查找每一名"另案处理"人员的具体处理情况，及时将处理情况的法律文书进行复印，收集归档，做到处理明确，材料手续齐备，并对所有另案处理人员的后续处理情况，特别是身份不明的涉案人员跟踪监督。

第十条 建立追逃工作主办责任制度。检察机关对提请批捕、移送起诉的案件中涉及的"另案处理"人员，由原承办人负责监督，定期与侦查人员联系，随时掌握追逃工作情况，从根本上解决监督责任不明确、工作不到位的问题。

第十一条 检察机关应当建立内部联动机制。侦查监督部门应当与公诉部门对"另案处理"人员定期进行信息通报，核对"另案处理"人员信息及处理情况。

第十二条 检察机关侦查部门在办案中认为需要"另案处理"的，适用本规定。

刑事诉讼中适用"另案处理"的，应由承办人提出，填写相应的工作文书，说明理由，经部门负责人复核，报分管检察长审批后附卷备查。

第十三条 检察机关应当加强对"另案处理"人员的监督力度。对违反"另案处理"情形的，依法提出纠正意见予以纠正，对发现的公安、检察人员失职、渎职等严重违法违纪问题，应当移送有关部门依法依纪查处。

检察机关应当建立"另案处理"人员信息资料库，并由专人负责管理。应逐一对"另案处理"人员及其同案犯基本情况、涉案事实、案件性质、强制措施、另案处理理由等及"已处理"、"待处理"人员进行登记造册，建立"另案处理"人员工作台账。

检察机关应当制作"另案处理"人员跟踪监督案卡，随时比对，随时跟踪侦查机关（部门）后续处理情况及最终处理结果进行跟踪监督。

第十四条 本规定自下发之日起执行。

第十五条 本规定由宁夏回族自治区人民检察院、自治区公安厅负责解释。

（五）安徽省人民检察院、安徽省公安厅《关于刑事案件适用"另案处理"的规定（试行）》

第一条 为进一步加强刑事诉讼活动法律监督工作，规范执法行为，促进司法公正，根据刑事诉讼法等相关法律和规定，结合本省工作实际，制定本规定。

第二条 "另案处理"是指在刑事诉讼过程中，因案件的客观情况、相关共同涉案犯罪嫌疑人自身状况及法律规定等原因，不能或不宜与其他共同涉案犯罪嫌疑人同案处理，从共同涉案的案件中分离出来单独处理或者与其他案件并案处理的情形。

第三条 适用"另案处理"应遵循严格依法、保障人权、方便诉讼、司法经济的原则。

第四条 共同涉案犯罪嫌疑人有下列情形之一的，可以适用"另案处理"：

（一）犯罪嫌疑人在逃、涉嫌犯罪的事实证据尚未查清或者另有其他犯罪事实需继续侦查，而其他共同涉案犯罪嫌疑人的犯罪事实已查清的；

（二）患有严重疾病、生活不能自理，怀孕或者正在哺乳自己婴儿不宜一并审查逮捕、起诉的；

（三）系未成年人，与共同涉案的成年犯罪嫌疑人分案处理更为适宜的；

（四）需移送管辖的；

（五）其他原因适用"另案处理"的。

第五条 下列情形不适用"另案处理"，但应在法律文书中明确注明已处理或者待处理情况，并附相关材料：

（一）已作出或者拟作出行政处罚、撤案处理的；

（二）因年龄、刑事责任能力等原因不负刑事责任的；

（三）已作出不起诉处理或者刑事判决的。

第六条 公安机关应当建立另案处理审批机制。适用"另案处理"的，案件承办人应当提出意见，并附相关证明材料，经部门负责人和法制部门审核后，呈报单位负责人审批。适用另案处理的审批材料需随案移送。

第七条 公安机关法制部门对办案部门适用"另案处理"提出审查意见。法制部门应当对以下内容进行重点审查：

（一）是否符合本规定第四条规定适用"另案处理"情形；

（二）证明符合另案处理的法律文书及有关材料是否齐全；

（三）对另案处理人员的后续侦查措施、侦查计划是否及时有效等。

第八条 公安机关在提请批准逮捕或移送审查起诉时，对另案处理人员应在法律文书中标明"另案处理"，并随案移送相应证明材料：

（一）系在逃人员的，应当提供网上追逃信息或者具体查证情况等证明材料；

（二）犯罪事实尚未查清需继续侦查的，应当提供相应的说明材料；

（三）另有其他犯罪事实需要继续侦查的，应当提供立案文书或者待查证事实的相关证明材料；

（四）犯罪嫌疑人患有严重疾病、生活不能自理，怀孕或者正在哺乳自己婴儿的，应当提供相关医学证明材料；

（五）系未成年人的，应当提供未成年人户籍资料和分案办理的相关证明材料；

（六）因移送管辖需另案处理的，应当提供移送管辖的有关文书或者办案单位出具的说明等材料；

（七）其他原因适用"另案处理"的，应当提供相应的证明材料。

第九条 公安机关在提请批准逮捕或移送审查起诉时，对已作出刑事处理、行政处罚，和拟作出撤案处理、行政处罚的共同涉案人，应当在法律文书中注明并提供相应法律文书复印件或拟处理方案等情况说明材料，对因年龄、刑事责任能力等原因不负刑事责任的共同涉案人，应当提供相关证明材料。

第十条 检察机关对公安机关提请批准逮捕或移送审查起诉案件中的另案处理人员，应当重点审查以下内容：

（一）适用"另案处理"是否合法适当。另案处理人员是否属于在逃、确需另行侦查取证、依法应当移送管辖等本规定的适用范围，相关证明材料是否移送，审批手续是否完备等。

（二）另案处理人员是否得到依法处理。对另案处理人员是否及时进行侦查、移送管辖、网上追逃、抓捕等，到案后是否及时提请逮捕、移送起诉等依法处理。

检察机关应加强对另案处理案件的跟踪监督，及时了解案件具体情况，监督后续工作，发现问题及时进行纠正。

第十一条 检察机关审查另案处理案件，发现缺少适用另案处理相关证明材料的，应当要求公安机关及时补充提供；发现适用另案处理不当的，应当依法采取纠捕、纠诉、立案监督及纠正违法等法律监督方式及时纠正。

第十二条 检察机关审查发现另案处理案件中已作出或拟作出行政处罚、不追究刑事责任等的共同涉案人应追究刑事责任的，应当依法予以监督纠正。认为共同涉案人的生效刑事处理决定确有错误的，应当依法启动监督程序。

第十三条 检察机关侦查监督、公诉等部门要加强联系，定期通报、核对另案处理案件信息及处理情况。

第十四条 公安机关法制部门和检察机关侦查监督部门应当分别建立另案处理案件信息台账，由专人负责管理。另案处理信息应当包括：另案处理人员基本情况、简要案情、另案处理依据及方式、后续侦办方案、案件承办人信息等。

公安机关、检察机关要及时跟踪、监督另案处理案件进展情况，对信息台账进行动态管理，另案处理原因已消失或处理完毕的另案处理案件要及时核销。

第十五条 公安机关、检察机关要加强对另案处理案件的联系配合，定期通报另案处理案件信息，分析研究存在问题，指导另案处理工作有序开展。

第十六条 不严格执行本规定，造成不良影响或者严重后果的，按有关规定依法依纪处理。

第十七条 本规定由安徽省人民检察院、安徽省公安厅负责解释。

第十八条 本规定自发布之日起实施。

（六）南京市人民检察院、南京市公安局《关于办理"另案处理"刑事案件的指导意见》

为进一步规范侦查活动，维护法律的统一与正确实施，保障司法公正，防止和纠正有案不立、有罪不究、以罚代刑等现象的发生，根据《中华人民共和国刑事诉讼法》等有关规定，结合工作实际，制定本意见。

第一条　公安机关对"另案处理"案件的适用、检察机关对公安机关"另案处理"案件的法律监督，应本着有利于案件侦查、起诉、审判，有利于节约司法成本，有利于保障犯罪嫌疑人合法权利的原则。

第二条　公安机关办理共同犯罪案件，对于其中部分犯罪嫌疑人需要"另案处理"的，需具备以下条件之一：

（一）同案其他犯罪嫌疑人的犯罪事实已经查清，而该犯罪嫌疑人在逃的；

（二）同案其他犯罪嫌疑人的犯罪事实已经查清，而该犯罪嫌疑人还有其他犯罪事实待查的；

（三）同案其他犯罪嫌疑人的犯罪事实已经查清，而该犯罪嫌疑人涉嫌犯罪的证据不足，还需要进一步补充侦查的；

（四）由于地域管辖、级别管辖或侦查管辖等因素，对该犯罪嫌疑人作"另案处理"更为合适的；

（五）犯罪嫌疑人患严重疾病或正在怀孕、哺乳自己婴儿，暂时不能进入诉讼程序的；

（六）未成年犯罪嫌疑人，需要与成年犯罪嫌疑人分案处理的；

（七）案件侦查过程中，被作为特情、耳目使用的，需要作另案处理的；

（八）依法不应或不需追究刑事责任，拟作或已作行政处罚或者其他处理的；

（九）其他确有"另案处理"必要的。

第三条　对于已作不起诉决定的犯罪嫌疑人或已被判处刑罚的罪犯，不适用"另案处理"。

第四条　公安机关办理共同犯罪案件，认为需要对其中部分犯罪嫌疑人适用"另案处理"的，须经业务主管部门负责人审核，报县级以上公安机关负责人批准决定。

第五条　公安机关在提请批准逮捕或移送审查起诉时，对共同犯罪中适用"另案处理"的人员，需在法律文书中注明，并书面说明理由和依据，同时将相关证明材料报送检察机关审查。

（一）犯罪嫌疑人已被上网追逃的，需附在逃人员上网信息表；

（二）犯罪嫌疑人已被取保候审或监视居住的，需附取保候审、监视居住决定书；

（三）犯罪嫌疑人已被行政处罚的，需附相关处理决定；

（四）犯罪嫌疑人患病、怀孕或哺乳自己婴儿的，需附相关医院的证明和病历等相关证明材料；

（五）犯罪嫌疑人因改变管辖而"另案处理"的，需附移送管辖或指定管辖函等证明材料；

（六）犯罪嫌疑人尚未处理的，需附拟处理意见。

第六条 检察机关受理公安机关涉及"另案处理"的提请批准逮捕或移送审查起诉案件，发现公安机关没有一并移送证明"另案处理"理由和依据的相关材料，应要求公安机关在审查逮捕、审查起诉期限届满前补齐。

检察机关监所部门应当对"另案处理"犯罪嫌疑人的羁押情况加强监督。

第七条 检察机关在审查逮捕、审查起诉过程中，对公安机关"另案处理"适当性和合法性进行审查，并在审查逮捕意见书、公诉案件审查意见书中说明处理意见及理由。

第八条 检察机关审查后，认为公安机关适用"另案处理"违法或不当的，根据不同情形分别做出处理：

（一）认为"另案处理"犯罪嫌疑人不符合适用条件，该立案而未立案、不该立案而立案的，应依照立案监督程序办理，要求公安机关说明理由。理由不能成立的，通知公安机关立案或撤案；

（二）对应当提请逮捕或移送起诉，公安机关做出行政拘留等行政处罚或采取其他强制措施的，应依照追捕、追诉程序办理，通知公安机关报捕或移送起诉；

（三）发现公安机关在适用"另案处理"中存在侦查违法或办案瑕疵的，应视情节予以口头纠正或书面纠正违法。

第九条 公安机关和检察机关应建立"另案处理"案件跟踪制度，检察机关应及时向公安机关了解案件进展情况和处理结果，督促公安机关对"另案处理"的案件及时进行侦查，对长期负案在逃的"另案处理"犯罪嫌疑人，以《催办函》的形式，督促公安机关及时抓捕，进入诉讼程序。

第十条 公安机关和检察机关应分别建立"另案处理"案件台账，详细录入犯罪嫌疑人基本情况、案件性质、强制措施、另案处理理由、同案犯罪嫌疑人的处理情况、案件办理的进展及处理结果等信息，并及时更新、定期比对。

第十一条 公安机关和检察机关应当建立"另案处理"案件信息通报制度，定期通报"另案处理"案件的办理进展、所采取的措施及处理结果等信息，并对"另案处理"案件执法状况进行分析研判，及时发现执法问题，共同落实整改措施。

第十二条 公安机关将"另案处理"案件办理纳入执法质量考评。公安机关和检察机关应当建立联动机制，通过建立健全联席会议制度、刑事案件执法监督和侦查监督相衔接机制，加强沟通、联系和相互督促，协调处理"另案处理"案件相关事项，确保"另案处理"工作规范有序，取得实效。

第十三条　检察机关应当建立健全"另案处理"案件办理的内部衔接机制，共享相关信息，增强工作合力。

第十四条　检察机关直接立案侦查的案件适用"另案处理"的，参照本意见办理。

第十五条　本意见自下发之日起施行。

（七）绵阳市人民检察院、绵阳市公安局《关于规范办理"另案处理"案件的实施办法（试行）》

第一章　总　则

第一条　为进一步规范刑事案件执法办案行为，避免"另案处理"的随意性，强化侦查活动监督，促进公正廉洁执法，根据相关法律法规制定本实施办法。

第二条　"另案处理"案件是指刑事案件提请批准逮捕、移送审查起诉时，案件中涉嫌共同犯罪的嫌疑人、被告人因故未被公安机关一并提请批准逮捕或移送审查起诉而在相关文书中注明"另案处理"的情形。

第二章　分　则

第一节　"另案处理"适用范围

第三条　犯罪嫌疑人在逃，且在同案犯罪嫌疑人、被告人刑事拘留或侦查期限届满前仍未抓获的。

第四条　犯罪嫌疑人涉嫌共同犯罪，在提请批准逮捕、移送审查起诉前难以查清其犯罪事实，但需继续侦查的。

第五条　犯罪嫌疑人涉嫌其他犯罪，且他罪较重，并入其他案件处理更为合适的。

第六条　被认定为不构成犯罪，拟作行政处罚的。

第七条　需要移送管辖的。

第二节　审批程序

第八条　公安机关或者检察机关在办案中认为犯罪嫌疑人、被告人需要"另案处理"的，应由承办人提出，填写相应的工作文书，说明理由，层报办案部门、审核部门审签，并报经所在本地局领导审批同意后附卷备查。

第三节　说明制度

第九条　凡被"另案处理"的犯罪嫌疑人，应在《提请批准逮捕书》或

《移送起诉意见书》中注明另案处理的情况和理由并附相关证明材料和审批手续。

第十条 犯罪嫌疑人在逃的，应附有其所在辖区派出所、所在单位、村委会（居委会）、家庭主要成员及其邻居的证明材料和网上追逃、抓捕措施的证明材料。

第十一条 犯罪嫌疑人被劳动教养或作其他行政处罚的，应附有处罚结果的法律文书。提请批准逮捕、移送审查起诉时尚未作出行政处理决定的，应说明原因。

第十二条 犯罪嫌疑人需并入其他案件处理的，应附有相关法律文书及拟处理方案的说明材料。

第十三条 犯罪嫌疑人在提请批准逮捕、移送审查起诉前难以查清其犯罪事实，但需继续侦查的，应作出说明，并附相关强制措施的证明材料。

第十四条 犯罪嫌疑人被移送管辖的，应提供被移送管辖文书和接受方司法机关出具的法律文书。

第四节 监督程序

第十五条 公安机关提请批准逮捕书、移送起诉书意见中注明"另案处理"，但移送案卷中没有相关说明材料或材料信息欠缺的，检察机关应要求补齐相关材料。

第十六条 检察机关认为"另案处理"人员不符合适用范围，该立案而未立案、不该立案而立案或有罪不究、以罚代刑的，应依法纠正，必要时启动立案监督程序。

第十七条 检察机关发现"另案处理"不当，审批程序不符合规定，应当提请逮捕、移送起诉不提请、不移送，应当移送管辖不及时移送，不采取追逃措施等情形的，经逐级审批后，应以《检察建议》或《纠正违法通知书》的形式予以纠正。

第十八条 检察机关发现"另案处理"的案件中隐藏的渎职行为，应加大监督力度，对违法违纪行为，及时提出纠正意见，对情节严重涉嫌犯罪的，依法立案侦查。

第十九条 公安机关、检察机关应建立"另案处理"人员信息资料库和月信息通报制度，由专人负责。对"另案处理"案件应逐一登载其基本情况、案件性质、强制措施、另案处理理由等，跟踪对另案处理人员的后续处理情况，掌握案件的动态进展，并及时进行监督和督促。

第二十条 本办法自下发之日起执行。本办法与国家和上级机关有关新规定不一致的，按新规定执行。

六、南昌市"另案处理"工作规则

**南昌市中级人民法院　南昌市人民检察院　南昌市公安局
关于规范刑事诉讼中"另案处理"工作的意见**

第一章　总　则

第一条　【目标和依据】

为规范刑事诉讼中的另案处理工作，加强司法机关在另案处理工作中的相互协作和监督制约作用，根据《中华人民共和国刑事诉讼法》、《人民检察院刑事诉讼规则（试行）》、《公安机关办理刑事案件程序规定》、最高人民检察院《关于进一步加强对诉讼活动法律监督工作的意见》、江西省人民检察院、江西省公安厅《关于规范办理另案处理案件的指导意见》等相关规定，结合工作实际，制定以下意见。

第二条　【"另案处理"的定义】

本意见所称"另案处理"是指侦查机关在侦查同案犯罪案件时，由于正当且必要的原因，将某些无法与其他同案犯一并提请批准逮捕或移送审查起诉的涉案人员从案件中分离出来，单独处理或与其他刑事案件合并处理的一种案件办理方式。

第三条　【基本原则】

强化监督原则。公安机关、人民检察院、法院在开展另案处理工作时，应当分工负责、相互配合、相互监督。

公平正义原则。公安机关、人民检察院、法院开展另案处理工作应当坚持公开、中立、平等。

注重效率原则。公安机关、人民检察院、法院开展另案处理工作应当节省司法资源，提高诉讼效率。

严格适用原则。公安机关、人民检察院、法院应当严格按照本意见规定适用另案处理条件和开展另案处理工作。

第四条　【"另案处理"的适用条件】

在刑事诉讼中，同案犯罪涉案人员中有下列情形之一的，可以适用"另案处理"：

（一）身份明确且在逃的；

（二）身份尚未查清，但有客观证据证实或同案犯罪嫌疑人指证，具有犯罪嫌疑，同案犯罪嫌疑人提请批准逮捕或移送审查起诉前仍未抓获的；

（三）涉案人员的犯罪事实在法定期限届满前不能侦查终结，而其他犯罪嫌疑人的犯罪事实已经查清且侦查终结，在法定期限内必须先行移送审查起诉的；

（四）涉嫌其他犯罪且他罪为重刑犯罪，另案处理更为合适的；

（五）因地域管辖、级别管辖、职能管辖等因素需要移送其他侦查机关管辖而作另案处理的；

（六）系"特情"人员，不宜与同案犯罪嫌疑人一并提请批准逮捕或移送审查起诉的；

（七）犯罪情节显著轻微，危害不大，不认为是犯罪，作撤案或行政处罚的；

（八）系未成年人且需要追究其刑事责任，与成年同案犯罪嫌疑人分案起诉更为适宜的；

（九）未达到刑事责任年龄的涉案人员；

（十）无刑事责任能力的涉案人员。

第五条　【"另案处理"的表述方式】

公安机关在提请批准逮捕书或起诉意见书中，应当明确另案处理的情形，标注形式为"另案处理——适用的具体情形"，所适用的具体情形应当符合本意见第四条的规定。

第六条　【不作"另案处理"但须移送材料的情形】

同案犯罪的涉案人员具有下列情形的，无须标注"另案处理"，应根据实际情况注明具体情况并附相关材料信息：

（一）已死亡的犯罪嫌疑人，直接标注为"已死亡"，并附死亡证明；

（二）已被检察机关起诉或不起诉，直接标注为"已起诉"或"不起诉"，并附起诉决定书或不起诉决定书；

（三）已被法院判处刑罚，直接标注为"已判刑"，并附判决书。

第二章　运行机制

第七条　【依附性审核】

同案犯罪案件中部分犯罪嫌疑人需提请逮捕或移送审查起诉，部分涉案人员需要另案处理的，由公安机关法制部门在提请批准逮捕或移送审查起诉案件进行审核的同时，对另案处理人员情况一并审核。

第八条　【审批流程】

对符合另案处理条件的，由公安机关办案部门（单位）承办人提出另案处理意见，制作并填写另案处理案件审批表，列明拟作另案处理人员的基本情况、涉嫌的罪名和案件事实、另案处理的具体事由及依据、拟作出何种处理并附相关证明材料，连同提请批准逮捕或移送审查起诉等案卷材料和法律文书，经办案部门（单位）领导、法制部门审核后报县级以上公安局分管领导批准。

第九条　【听取当事人意见】

公安机关办案部门（单位）承办人对社会影响较大或被害人反映强烈的案件拟提出另案处理意见的，应当听取犯罪嫌疑人、被害人或其近亲属的意见。

第十条　【风险评估】

县级以上公安机关法制部门对另案处理理由、依据和证据材料进行审查，应综合全案证据情况，分析是否有后续处理的可能性，研判另案处理可能导致的风险，提出是否同意另案处理的意见。

第十一条　【一案一卡】

县级以上公安机关分管领导批准对涉案人员另案处理的，由办案部门登记相关信息，制作另案处理人员案卡。案卡随案卷材料流转，人民检察院、法院按各自诉讼阶段的办理情况填录。

第十二条　【"另案处理"人员信息库】

公安机关应建立另案处理人员信息库，由专人负责录入。包括另案处理涉案人的基本情况、案件性质、犯罪事实、另案处理理由、审批情况及网上追逃情况等。人民检察院、法院及时将另案处理批捕、起诉、判决等诉讼情况反馈至公安机关，由公安机关补充录入数据信息库。

另案处理人员信息库每季度定期清理，已作出处理人员需附相应法律文书存档备查。

信息平台由公安机关、人民检察院、法院共享。

第十三条　【网上追逃】

公安机关定期将网上户籍所在地为本地的另案处理在逃人员名单，交相应责任区刑警队和派出所开展追逃工作。

公安机关可以主动约谈在逃人员家属，动员家属联系在逃人员并规劝其主动投案自首；公安机关应主动与在逃人员所在的村（居）委会加强协作，由村（居）委会及时提供在逃人员动态。

检察机关、法院应当配合和监督公安机关做好追逃工作，将办案过程中发现的在逃人员线索和信息及时反馈给公安机关。

第十四条　【公安机关后续处理程序】

公安机关应当依法及时对另案处理人员做出以下处理：

（一）因在逃而另案处理人员，公安机关应当定期向检察机关通报在逃人员追捕情况。已抓捕到案的应当撤销网上在逃人员信息，及时向检察机关提请逮捕、移送审查起诉或作出其他处理。对于超过三个月仍未抓捕归案的，应当向检察机关和同级法制部门说明已采取的追捕措施、未能到案原因及继续追捕方案。

（二）对身份不明而另案处理人员，应当尽快查明其身份。经侦查查明身份的，应当及时上网追逃；对身份一时难以查清的，应当向检察机关和同级法制部门主动说明情况。

（三）对因管辖、未成年人或特情身份而另案处理人员，应主动向有权管辖机关、未成年人或特情案件办理机关移送另案处理人员在本案中涉嫌犯罪的证据材料，并定期向上述单位了解案件后续处理状况。

（四）对犯罪事实存疑需继续侦查或涉嫌其他更重的犯罪事实而另案处理人员，应当继续侦查取证，待侦查终结后及时向检察机关提请逮捕、移送审查起诉或作出其他处理。

（五）对另案处理人员暂时无法确定为刑事处理或行政处理的，可以按照办理行政案件的程序先行办理另案处理手续。在侦查过程中，认为涉嫌构成犯罪的，应当转为刑事诉讼程序，做好另案处理后续工作。

第十五条　【"另案处理"案件应当移送的材料】

公安机关、人民检察院在移送案卷时应对涉及另案处理人员的材料附卷一并移送，包括：

（一）另案处理人员的基本情况及涉案基本事实的证据材料；

（二）对另案处理人员的侦查、审查起诉情况的说明及证明材料；

（三）对已经到案的另案处理人员，应移送该人员的立案决定书、终止侦查决定书、讯问笔录以及相应的强制措施文书、在侦查阶段或审查起诉阶段的处理结果；

（四）对在逃的另案处理人员，应移送在逃人员网上信息表或其所在辖区派出所、所在单位、村委会（居委会）、家庭主要成员及其邻居的证明材料；

（五）因改变管辖而另案处理的，应附移送管辖或指定管辖函等证明材料；

（六）作行政处罚处理的，应移送行政处罚的法律文书；

（七）另案处理人员系特情人员的，应移送相关说明材料；

（八）另案处理人员系未成年人的，应移送户籍证明、出生证明等能够证明该人员年龄的证据材料；

（九）另案处理人员系无刑事责任能力的精神病人的，应移送司法鉴定意见；

（十）另案处理人员尚未处理的，应附拟处理意见。

第十六条　【公安机关向检察机关说明】

公安机关在移送审查逮捕、移送审查起诉时，应当对该案中另案处理情况进行说明。说明内容包括：

（一）作出另案处理人员符合的适用条件；

（二）已采取的措施；

（三）拟采取的措施。

第十七条　【人民检察院全面审查】

人民检察院应对公安机关移送审查逮捕和审查起诉的案件进行全面审查。对另案处理人员的基本情况、涉嫌的犯罪事实及证据、另案处理的理由和依据、采取或拟采取的措施一并进行审查。

第十八条　【人民检察院退回补充侦查】

人民检察院在审查逮捕、审查起诉过程中发现另案处理人员情况和犯罪事实应当查明而未能查明的，依法退回侦查机关补充侦查，经过补充侦查之后，发现另案处理情况影响全案事实认定的，依法作出不予逮捕或不起诉决定，或将全案退回公安机关作撤案处理。

第十九条　【人民检察院向人民法院说明】

人民检察院在提起公诉时，应对另案处理人员审查后认定的犯罪事实、相关证据、构成何种罪名、现采取的强制措施及为何没有一并起诉的理由作出说明。

第三章　监督机制

第二十条　【公安机关上级部门复查、纠正】

上级公安机关应当对下级公安机关对另案处理决定和后续处理情况进行指导、检查，如果认为适用另案处理不当的，可以要求作出另案处理决定的公安机关对另案处理人员的案卷材料进行复查，下级公安机关应当在七日内将处理意见报上级公安机关。

上级公安机关认为复查意见不当的，可以通知下级公安机关对另案处理决定进行纠正，上级公安机关也可以直接改变另案处理决定。

第二十一条　【公安机关上级部门催办】

上级公安机关发现对在逃人员追捕不力或久侦不结的，应当督促下级公安机关及时处理。对于经多次催办无正当理由仍抓捕或侦查不力的，可以径直决定更换办案人员。

第二十二条　【公安机关法制部门监督催办】

同级公安机关的法制部门应当定期检查另案处理后续处理情况，听取办案单位对案件后续侦查情况的汇报。发现对在逃人员追捕不力或久侦不结的，应当督促相关人员及时抓捕或继续侦查。对于经多次催办无正当理由仍未抓捕到案或侦查不力的，可以建议办案单位更换办案人员。

第二十三条　【人民检察院提出质询】

人民检察院在审查逮捕和审查起诉过程中，应当加强对另案处理人员犯罪事实和证据的审查。通过提审讯问犯罪嫌疑人、询问被害人及其近亲属、询问犯罪嫌疑人近亲属等途径核实另案处理人员的基本情况和犯罪事实。认为公安机关"另案处理"不当的应当进行质询，向公安机关发出要求说明"另案处理"理由通知书，公安机关应在七日内向人民检察院作出书面答复。

第二十四条　【人民检察院立案监督】

人民检察院认为公安机关对另案处理人员作出行政处罚决定不当，应当刑事立案而未立案的，侦查监督部门可以启动立案监督程序，要求公安机关说明不立案理由。公安机关逾期未说明不立案理由或不立案理由不当的，检察机关可以发出《立案通知书》，公安机关也可以主动立案。

第二十五条　【人民检察院追捕、追诉】

公安机关另案处理不当，没有将应当提请审查逮捕和移送审查起诉的犯罪嫌疑人报捕或移送的，人民检察院侦查监督部门或公诉部门应当依照追捕、追诉程序办理，通知公安机关报捕或移送审查起诉。

第二十六条　【人民检察院催办】

对长期负案在逃的另案处理人员，公安机关怠于侦查，不依法及时取证或者采取抓捕行动，造成案件难以办结或久拖不决的，人民检察院侦查监督部门或公诉部门应制发催办函，督促公安机关及时抓捕，交付诉讼程序。公安机关在收到催办函应积极采取措施，七日内将侦查活动情况书面反馈给人民检察院，对暂时不能取证或采取抓捕行动的理由进行说明。

第二十七条　【人民检察院移送渎职侵权线索】

人民检察院发现侦查人员在作出另案处理决定中有失职、渎职行为的且造成严重后果的，侦查监督部门或公诉部门应当将犯罪线索移送反渎职侵权部门。

第二十八条　【人民检察院对重大复杂案件提前介入】

人民检察院对重大、复杂、社会影响较大案件具有另案处理情形的，应当采取提前介入措施。及时了解全案基本情况、另案处理人员基本情况及公安机关内部的意见，做好审查批捕、审查起诉的准备工作。对证据的补充和完善、未到案另案处理人员的追捕、到案另案处理人员的处理，提出建议来引导侦查方向。

第二十九条　【人民检察院专人跟踪监督】

人民检察院在做出批捕或不批捕决定后，侦查监督部门对登记在册的另案处理人员应确定原经办人为跟踪监督责任人，全程跟踪监督该另案处理案件及人员的处理情况。负责检查另案处理案件的进展情况，并定期向部门负责人汇报负责；负责与人民检察院公诉、控申、监所等部门及公安机关、人民法院的联络工作，搜集该案信息，及时反馈和通报信息。

第三十条 【人民检察院定期走访】

人民检察院侦查监督部门每月应对侦查机关办案单位进行一次走访，按照信息资料，了解另案处理人员的查证和追捕情况，实地调查是否存在侦查措施不落实、不到位、是否存在侦查人员失职、渎职行为。

第三十一条 【人民法院司法建议】

人民法院在审查过程中如发现另案处理适用不当的，可以发出司法建议，建议人民检察院将另案处理人员提起公诉。

第三十二条 【公众监督制】

公民或单位如果发现另案处理适用不当的，有权及时向办案部门提出，办案部门经核实后确实适用不当的，应当及时纠正；适用正当的，应向反映情况的公民或单位说明情况。

第四章　协作机制

第三十三条 【信息通报】

公安机关每季度应向人民检察院侦查监督部门通报另案处理案件线索是否发生了变化、在逃人员的抓捕归案情况。未有后续处理的，应说明原因。同时人民检察院每季度应向公安机关通报对另案处理案件的跟踪监督情况。

第三十四条 【联合执法检查】

公安机关、人民检察院每年联合对另案处理工作开展专项检查清理活动。针对另案处理工作阶段性的重点难点问题通过调查问卷、查阅案卷、查阅台账、对办案机关实地检查、走访、问询嫌疑人家属等方式开展执法检查活动。对执法检查活动中搜集的信息、数据进行分析、总结，并形成报告，及时梳理另案处理工作中存在的问题，并形成对策，不断完善工作机制。

第三十五条 【联席会议】

公安机关、人民检察院每半年召开一次联席会议，通报该季度以来各部门掌握的关于另案处理案件及人员的信息，对另案处理工作中发现的问题进行分析和研讨，研究制定对策。

第三十六条 【联合开展专项调研】

公安机关、人民检察院每年交换另案处理工作中形成的文件，工作规则，相互通报情况，交流经验，联合对另案处理工作机制运行过程中的重点、难点问题开展调研。

第五章 救济机制

第三十七条 【当事人提出控告】

另案处理人员、同案犯罪嫌疑人、被害人或其近亲属发现公安机关在另案处理案件的侦查活动中存在违法行为的或对另案处理后续处理不力的，可以向人民检察院提出控告。由人民检察院控告申诉部门接受并依法办理，相关办案部门应当予以配合。

第三十八条 【检察机关释法说理】

检察机关应当及时将办理结果答复控告人。根据实际情况向当事人释法说理，如果当事人委托了律师代为诉讼的，可以先向律师说明另案处理的有关情况，取得律师认同之后，邀请律师共同向当事人及其法定代理人、近亲属开展释法说理。

第三十九条 【被害人救助制】

因短期内无法对另案处理人员提请诉讼，致使刑事附带民事被害人无法及时得到应有赔偿，且被害人或其法定代理人、近亲属在生活和经济方面存在实际困难的，公安机关、人民检察院应做好对被害人的安抚救助工作。

第六章 责任机制和保障机制

第四十条【专人办理制】

公安机关、人民检察院的另案处理案件承办人作为跟踪监督责任人，专人办理专人负责，全程跟踪监督该另案处理案件及人员的处理情况。对该另案处理案件及人员处理过程中出现不当行为或违法违规行为的，第一时间追究专办人员责任。

第四十一条 【责任追查制】

公安人员、检察人员个人造成执法过错的，由个人承担责任。承办人员另案处理意见经法制部门人员、主管人员审核批准造成执法过错的，由承办人员、法制部门人员、主管人员分别承担责任。

主管人员不采纳或者改变承办人员、法制部门人员的意见造成执法过错的，由主管人员承担责任。

承办人员、公安机关法制部门人员因执行主管人员的错误决定造成执法过错的，由主管人员承担责任。承办人员、公安机关法制部门人员有过错的，也应当承担相应责任。

第四十二条 【考核制】

另案处理案件办理情况作为公安机关、人民检察院的考核指标。另案处理考核分为平时考核和定期考核。定期考核采取年度考核的方式，定期考核以平时考核为基础。

公安机关考核重点内容包括：另案处理人员信息系统管理情况、后续处理的逮捕率与起诉率、在逃人员追逃情况、内部执法监督情况。

人民检察院考核重点内容包括：纠正侦查违法行为数、对侦查部门定期走访检查情况、督促侦查机关积极采取侦查措施情况、对侦查违法行为提出检察建议数、追捕、追诉情况、移送另案处理人员线索情况、受理对另案处理案件的控告情况。

人民法院考核重点内容包括：协助追查情况、建议补充侦查情况、依申请调查取证情况、受理对另案处理案件的申诉情况。

第四十三条 【惩处措施】

公安人员、检察人员在办理另案处理案件活动中故意违反法律和有关规定，或者工作严重不负责任，导致另案处理实体错误、程序违法以及其他严重后果或者产生恶劣影响的行为，应当追究执法过错责任。

第四十四条 【执法过错责任】

追究执法过错责任应当根据执法过错责任人的过错事实、情节、后果及态度，作出批评教育、组织处理、纪律处分和刑事处理。以上方式可以单独适用，也可以同时适用。

第四十五条 【协作保障制】

公安机关、人民检察院各自设立协作保障机构，分别由一名分管领导担任协作保障机构负责人，协作保障机构主要由公安机关刑事侦查部门和法制部门、人民检察院侦查监督和公诉部门人员组成。协作保障机构设联络员，负责交流协作日常事宜，协调落实具体事项。

第七章 附 则

第四十六条 【规则适用】

检察机关自侦部门、监狱、海关、国家安全部门等侦查机关在刑事诉讼中适用另案处理的，可参照本规定执行。

第四十七条 【适用冲突解决】

本意见自下发之日起施行。在执行过程中，如与国家新颁布的法律法规、司法解释相冲突的，以新颁布的法律法规、司法解释为准。

第四十八条 【规则解释】

本意见由南昌市人民检察院、南昌市公安局、南昌市中级人民法院负责解释。

七、"另案处理"工作机制流程图

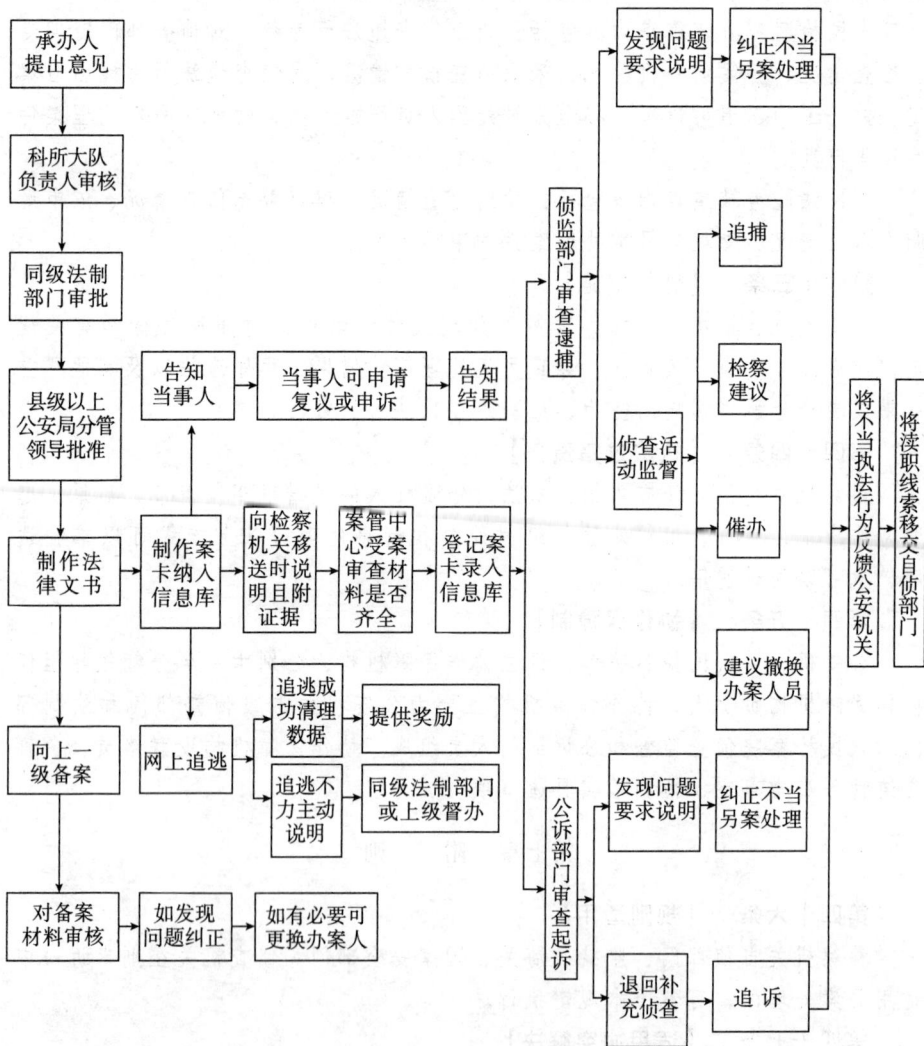

"另案处理"工作机制流程图

```
承办人            发现问题 → 纠正不当
提出意见          要求说明    另案处理
   ↓
科所大队                    侦监部门        追捕
负责人审核                  审查逮捕
   ↓                                      检察
同级法制                                  建议
部门审批
   ↓                        侦查活动        催办
县级以上   告知   当事人可申请  告知  监督
公安局分管 当事人  复议或申诉   结果
领导批准
   ↓                                      建议撤换
制作法   制作案  向检察  案管中 登记案      办案人员
律文书   卡纳入  机关移  心受案 卡录入
         信息库  送时说  审查材 信息库
                 明且附  料是否
                 证据    齐全
   ↓
向上一   网上追逃  追逃成  提供奖励
级备案            功清理
                  数据                    将  将
                          公诉部门 发现问题 纠正不当 不  渎
                  追逃不  同级法制 审查起诉 要求说明 另案处理 当  职
                  力主动  部门或            执  线
                  说明    上级督办          法  索
                                          行  移
对备案   如发现   如有必要可               为  交
材料审核 问题纠正 更换办案人  退回补  追诉  反  自
                          充侦查        馈  侦
                                        公  部
                                        安  门
                                        机
                                        关
```

八、文书格式样本

（一）"另案处理"人员案卡

"另案处理"人员案卡

（填写主犯、案由）＿＿＿＿＿＿＿　　　数据库号：

公安机关填写				承办人	
另案处理人员姓名		曾用名		绰号	年龄
身份证号		籍贯		住址	
另案处理理由及依据			拟处理情况		
检察机关填写	承办人			承办人	
侦监部门受理时间		诉讼文书号	公诉部门受理时间		诉讼文书号
审查意见			审查意见		
监督纠正情况（无则不填）			监督纠正情况（无则不填）		
法院填写				承办人	
受理时间		诉讼文书号	处理情况（无则不填）		

（二）公安机关"另案处理"人员审批表

_____公安局

"另案处理"人员审批表

另案处理人员	姓名	案由	拟作何种处理	其他涉案人员处理情况	
主要案情					
另案处理理由及证据情况说明					
侦办人员审查意见				侦办人：　　年　月　日	
科、所、队负责人意见				单位负责人：　　年　月　日	
法制部门意见				法制部门承办人：　　年　月　日	
分管局领导意见				分管局领导：　　年　月　日	

（三）人民检察院对公安机关"另案处理"人员催办函

_____人民检察院

对"另案处理"人员催办函

_____公安局：

你局办理的_____涉嫌_____一案中，对涉案人员_____因____（填写"另案处理"适用条件）_____适用"另案处理"。现因____（填写催办理由）____，请及时采取_____措施，并于七日内将侦查活动情况反馈我院。

此致

_____公安局

_____人民检察院

年 月 日

（四）人民检察院要求说明"另案处理"理由通知书

_____人民检察院

要求说明"另案处理"理由通知书

_____公安局：

你局办理的_____涉嫌_____一案中，对涉案人员_____因____（填写"另案处理"适用条件）_____适用"另案处理"。本院认为依据不足，请对适用理由予以说明，并于五日内答复我院。

此致

_____公安局

_____人民检察院

年 月 日

第四编

检察文化建设工作品牌研发报告

课题负责人：熊红文

研发人员：羊忠民　杨小宁　刘彤彤
　　　　　洪　放

第一章 总 论

一、引言

"十二五"时期是江西省建设富裕和谐秀美江西,南昌市全面打造核心增长极的重要战略期。面对新形势和新任务,新一届市院党组专门制定和下发了《"十二五"时期南昌检察工作发展规划》,提出了南昌检察工作实现争创全省一流,在中部省会城市检察院位居前列,在全国检察机关有影响、有地位的奋斗目标。为实现这一宏伟目标,2013 年 3 月,市院党组决定开展打造南昌检察机关优秀工作品牌活动,并制定和下发了《南昌检察机关优秀检察工作品牌研发工作实施方案》,确立了在 2013 年年底前,完成二至三个在全国有影响的优秀品牌、三至四个在全省有影响的优秀品牌的研发工作任务。

检察文化是社会主义先进文化的重要组成部分。检察机关担负着"强化法律监督,维护公平正义"的职责,要把全体检察干警的思想和精神统一起来,打造成为优秀的检察团队,就必须大力加强检察文化建设。团队不是随便一群人的简单组合,管理大师德鲁克曾说过:"组织团队的目的,在于促使平凡的人,可以做出不平凡的事。"优秀检察团队不仅令这个团队成员备感自豪,更是给予他们一份压力。优秀团队彰显的是优秀的检察文化,传承的是先进理念精神。小团队看领导,中团队看制度,大团队看文化。文化作为一种无形力量,已是时势所趋,大形所成。只有打造优秀的检察文化,团队精神才有永恒的载体,也才能恒久流传。作为省会城市的南昌市检察机关,要全面实现争创一流的奋斗目标,就必须充分认识到检察事业的发展就是检察文化的发展,检察事业的竞争就是检察文化的竞争,要通过大力实施检察文化品牌战略,不断提高检察队伍建设的"软实力",不断推动检察业务的"硬发展",从而有力促进南昌各项检察事业的科学发展。

9 月 5 日,市院下发了《关于开展南昌检察机关优秀检察工作品牌研发工作的通知》,确定了检察文化建设工作品牌为 7 项研发工作品牌之一。研发小组结合工作实践,对检察文化建设工作品牌进行深入的调查研究。通过收集资料、研究论证、征集建议等多种方式，研发小组深入了解了全国检察文化建设取得的成就及存在的问题，确定了南昌市检察机关检察文化建设工作品牌的指导思想、基本原则、总体思路，并研发设计了7条具体路径。

二、研发步骤方法

为保障研发工作的顺利开展，此次研发工作确立了以下研发步骤和研发方式。

（一）研发步骤

1. 资料收集与初步构思阶段（2012年9月）。本阶段制定研发工作推进计划，确立篇章结构、时间安排、成员分工，广泛收集信息资料，制作专题报告，为撰写研发报告打下了坚实的思想基础、理论基础和资料基础。

2. 调研论证及拟定初稿阶段（2012年10月至11月上旬）。本阶段在对信息资料梳理分析的基础上，充分听取全市基层院政工部门分管院领导、部门负责人在检察文化建设方面的思路及举措，完成对研发报告初稿及检察小品剧的撰写工作。

3. 征求意见与修改完善阶段（2012年11月中下旬）。本阶段在咨询市院政治部领导对研发报告意见建议的基础上，对研发报告进行进一步修改完善。

（二）研发方法

1. 经验借鉴法：广泛收集近几年来全国检察机关开展检察文化建设的先进经验和做法，并认真加以分析，充分吸取能适应南昌经济发展、地域人文特色的成功做法，确立南昌检察文化建设工作品牌的出发点和着力点。

2. 研究论证法：认真查阅公开发表期刊、专著、论文集及相关网站有关检察文化建设的理论成果，并运用这些理论成果，充分论证南昌检察文化建设工作品牌的具体路径的必要性、创新性及预期效果，确保品牌研发取得实效。

3. 征集建议法：在撰写初稿过程中，2012年10月15日，召开"检察文化建设工作品牌研发调研座谈会"，邀请全市基层院政工部门分管院领导、部门负责人座谈，就检察文化建设方面的思路及举措进行深入的探讨，广泛听取意见和建议，确定了打造检察文化建设的总体思路和具体路径。

4. 组织讨论法：为保证研发报告内容详实、论证充分、操作性强，研发小组非常重视相互讨论，互相借鉴，多次组织讨论，对报告的修改完善进行深入细致的讨论，并历经7次修改。

5. 咨询意见法：初稿完成后，咨询市院政治部领导对初稿内容的意见，对初稿进行进一步的修改完善。

6. 制作范例法：为了使检察文化建设切实有效开展，针对个别实施路径，研发人员专门制作了典型范例，如针对创作表演检察小品剧，研发人员专门编写了 3 个体现检察职能特色的检察小品剧本，为下一步检察小品剧的成功表演奠定了坚实的基础。

三、当前全国检察文化建设所取得的成效

近年来，全国各级检察机关大力开展检察文化建设，从检察工作实际出发，把握好检察文化建设中的各种关系，突出检察文化建设特色，准确选择检察文化建设路径，逐步探索形成了一系列富有实践价值并行之有效的工作思路和实践成果。

——从全国范围内来看，检察文化建设的成果主要体现在以下几个方面：

一是进一步强化了检察工作主题。检察机关作为国家的法律监督机关，"强化法律监督，维护公平正义"既是检察工作主题，也是法治社会对检察机关的要求。通过以检察工作主题为本位的检察文化来完成检察制度的价值构造，使得这种法律价值目标不仅能主导整个检察机关的意识形态，同时也被主流意识形态所普遍接纳。

二是逐步形成了文化研究基地。检察机关恢复重建后，检察文化迎来了大发展的历史机遇，突出成果展现在 4 个标志性文化基地的创立上。1989 年，中国高级检察官培训中心创立，后更名为国家检察官学院；1991 年 7 月 4 日，《中国检察报》（即今天的《检察日报》）创刊；2007 年 9 月，人民检察博物馆在井冈山建立；2011 年 6 月成立了全国检察官文学艺术联合会。4 个文化基地与全国检察机关及广大检察官保持着广泛的联系，源源不断地输送着精神食粮。5 个文化基地的创设为检察机关文化建设铺建了坚实的阵地。

三是有力推动了检察队伍建设。通过检察文化建设，使检察官真正完成了从公务员到法律人的转变，建立起了对检察官的身份认同，培养出了一种崇尚法治的精神和追求正义的理想。近年来，全国检察机关涌现出了白云、白洁、王书田、蒋汉生等一个个先进典型，他们身上无不闪耀着职业精神的光辉，他们既是厚重的检察文化的承载者，也是检察精神的"播种机"。同时，近年来，创作的检察题材影视和文学作品，也都生动展示了检察事业发展的面貌。丰富多彩的文化活动为推动中国检察事业创新发展提供了有力的思想保证和精神力量，也为加强检察队伍建设、提升检察工作公信力作出了贡献。

——从各地检察机关来看，近年来，全国各级检察机关在加强检察文化建设过程中，都突出了三个特色，即检察文化建设的职能特色、地域特色和人本特色，具有中国特色检察制度的检察文化雏形已经形成。

一是突出了检察文化建设的职能特色。近年来，全国各级检察机关紧紧围绕文化建设无形的理念元素和有形的物质形态元素，充分凸显检察机关的职能特色，确保检察文化建设为检察履职服务。如2008年江西省检察院党组确定了"执法想到稳定、办案考虑发展、监督促进和谐"的全省检察工作要求，在引领全省检察工作和检察队伍建设方面发挥了重要作用，丰富了检察精神价值体系的内涵。

二是突出了检察文化建设的地域特色。中国地大物博、民族众多，在漫长的发展历程中，各地因地理位置、生活习惯、民族风情等不同而积累了厚重的各具特色的文化传统。近年来，全国各地检察机关文化建设从这些独特的地域文化传统中吸取营养，展示出独特的地域文化魅力，丰富检察文化的内容和形式，增强检察文化的艺术表现力和生动感染力。如素有"瓷城"和"花炮之乡"美誉的湖南省醴陵市检察机关结合地域文化特征和检察工作实际，归纳提炼出了"公正、缜密、精业、进取"八字院训、"利剑、璞玉、蜜蜂、白杨"四种精神、"日清月结、先做最重要的事、未雨绸缪、永远讲团结、持续改进"五种主要工作方法和"忠、恕、衡、智、达、清"六字文化，并将此作为检察文化的价值核心。

三是突出了检察文化建设的人本特色。近年来，全国各级检察机关在检察文化建设中，都十分注重突出"以人为本"的理念，充分发挥广大检察人员在文化建设中的主体作用，尽可能地发动、吸引每位检察人员都成为检察文化建设的参与者和受益者，并充分发挥检察机关"文化人"的示范、引领作用，真正用文化凝聚人心，鼓舞斗志。如吉林省检察机关在开展文化建设当中，始终坚持以人为本的文化实践，努力塑造干警向上进取的内在品质，积极打造和谐的文化环境，塑造干警健康人格；积极打造清正的文化风尚，培育干警良好品行；积极打造特色的文化窗口，展示检察公信形象。

四、当前南昌检察机关检察文化建设存在的问题

近年来，南昌市检察机关在开展文化建设过程中积累了一定的经验，取得了一定的成效，涌现出了一批先进单位，但在实践中，我们也清醒地认识到有的基层检察院尚存在对检察文化重视不够、检察文化内在本质把握不准确以及检察文化建设表层化、庸俗化、功利化的问题。其主要表现在以下三个方面：

（一）对检察文化建设的重要性缺乏正确认识

"无用论"即有的干警认为检察文化是务虚的东西，是摆花架子，检察机关关键是执法办案，不搞检察文化建设案子照样办，甚至认为开展检察文化活动是对正常工作秩序的冲击，是浪费时间，不务正业；"万能论"即无限夸大检察文化的作用，把检察文化看作队伍建设和队伍管理的灵丹妙药，不管单位出现什么问题都可以用检察文化来"治病"，都可以与检察文化相联系，从而忽视检察文化的真正意义和作用；"补强论"即认为检察文化只有在发展顺利的时候才能发挥作用，被描绘成"优秀的"、"强有力的"，但在一个单位发展不顺利时，检察文化就起不到作用，或被说成"无用的"、"软弱无力的"，是助强不助弱。

（二）只注重物质表现形式，忽视检察文化建设的内在本质

"标签论"认为开展检察文化就是给本单位贴上个"文化标签"，热衷于报纸上有"字"、电视里有"影"，让单位出名、挂彩等，认为这样单位就是有文化了，简单地把检察文化虚化；"速成论"认为检察文化可以迅速拥有，无须下工夫，以为检察文化无非就是提到纸上、贴到墙上、编到书上，很快就能搞成，把检察文化表面化、简单化、肤浅化、庸俗化；"娱乐论"，有的干警认为检察文化就是搞好干警的业余文化生活，认为跳跳舞、唱唱歌、组织联欢、搞体育比赛就是检察文化。

（三）完全照搬盲目模仿，检察文化建设重点不突出，特色不明显

有的基层检察院在推进文化建设过程中，不注重体现本地区、本院及检察人员的自身特点、传统和发展趋势，盲目照搬照抄其他检察机关的经验，导致重点不突出，特色不明显。

五、南昌检察机关检察文化建设工作品牌的指导思想和基本原则

南昌检察机关在开展检察文化建设过程中，要针对存在的不足和出现的问题，围绕最高人民检察院制定出台的《关于加强检察文化建设的意见》，按照"市院主导引领、基层有力推进，强化组织领导、部门协同配合，严格督促考评、加大保障力度"的工作思路，明确检察文化建设的指导思想和基本原则，为打造南昌检察文化品牌奠定扎实基础。

（一）指导思想

检察文化是在一个社会中存在的与检察法律相关的价值观念、规范制度、程序规则和行为方式等及其运动结果的总和。它作为法律文化的一部分，应有别于法院文化、公安文化和律师文化。南昌检察文化建设要着力形成土壤（检察文化）——树木（队伍建设）——果实（业务工作）的良性循环，最终达到"以文化人、以人兴检"的根本目的。在检察机关建设中，要着重把握好以下三对关系：一是把握好检察文化建设与检察业务的关系。检察业务发展是检察文化建设的落脚点，检察文化建设必须紧紧围绕检察业务工作这一检察机关的立身之本展开。要将检察文化建设融入到充分发挥检察职能的过程中，具体转化为执法办案理念的提升、执法办案能力的提高以及法律监督机关形象的塑造。二是把握好理论基础与实践创新的关系。社会主义法治理念是检察文化建设的理论基础。南昌检察文化建设既要牢牢把握住检察文化建设的理论基础，又要结合南昌检察工作实际，在实践中不断拓展和深化其内涵，形成独具特色的理念价值体系，进而指导南昌检察工作全面发展。三是把握好价值理念和实现载体的关系。统一的价值理念是检察文化建设的核心，检察文化活动的开展和机制的建立必须紧紧围绕这一核心，避免成为单纯的文明建设和文艺建设，要使完备深厚的价值理念得到体现和升华，就必须不断丰富合适的载体来巩固南昌检察文化建设的成效。

（二）基本原则

一是系统谋划、整体推进原则。要实现南昌检察机关文化建设的繁荣与发展，就必须将南昌检察文化作为一个系统进行谋划，确立思路和框架。南昌检察文化建设具有长期性、复杂性和实践性，要坚持宏观着眼，微观入手，从实际出发，正确选择切入点，有组织、有领导、分阶段、按步骤地组织实施。要突出"上下联动"，既要发挥市院的核心领导和宏观指导作用，又要发挥基层院检察文化建设示范院的标杆作用，同步推进全市两级院的文化建设。

二是虚实结合、服务业务原则。南昌检察文化建设要充分体现业务实践特色，将检察文化建设融入到充分发挥检察职能的过程中，具体转化为执法办案理念的提升、执法办案能力的提高以及法律监督机关形象的塑造，使检察文化建设真正落脚于推动检察业务水平和队伍素质能力的不断提升上，向文化软实力要业务工作硬成果，让检察文化如水一般，融入到、渗透到检察业务工作的方方面面。

三是与时俱进、开拓创新原则。在观念上创新，要从对检察文化建设片面的、狭隘的理解中解放出来，牢固树立与社会主义和谐社会相适应的新的文化发展观；在内容上创新，要体现鲜明的时代精神，做到"合潮流"、"合大局"、"合主题"、"合规律"、"合人心"；在机制上创新，要建立一套科学合理、灵活高效、富有活力的管理机制，研究制定南昌检察机关检察文化建设考核标准，建立通报表彰、动态管理等激励机制，定期从全市基层院择优命名二至三个全市检察文化规范化建设示范院。

六、南昌检察机关检察文化建设工作品牌的总体思路

南昌检察文化建设要通过提炼并构建一套清晰的价值体系和基本路径，立足"精而新"，不求"大而全"，紧密结合南昌的地域特色，抓住南昌检察文化建设的主要矛盾，确定主攻方向，建立文化育检长效机制，以文化的魅力提升南昌检察事业的竞争力。

（一）以价值体系为核心，着力打造南昌检察丰富的精神文化

要以社会主义核心价值体系和社会主义法治理念为指导，以"立检为公、执法为民"的执法观，"强化法律监督、维护公平正义"的检察工作主题，"忠诚、公正、清廉、文明"的检察官职业道德规范，通过定格南昌检察精神，提炼南昌检察院训、院歌，浓缩南昌检察理念，确立南昌检察标志等，建立起统一、完善的南昌检察机关精神文化核心价值体系。

（二）以提高能力为目标，着力打造南昌检察一流的素质文化

要以创建"学习型检察院"、"学习型科室"为载体，以开设《南昌检察论坛》、成立青年检察官沙龙、自编《南昌检察》杂志、建立"每月一课"机制、兴建"检察官书吧"等为平台，采取业务比武、技能竞赛、成果展评等方法，广泛开展丰富多彩的岗位练兵活动，全面历练干警，提升自身素质。

（三）以浓厚氛围为关键，着力打造南昌检察良好的形象文化

要因地制宜，充分利用法律文化和赣都文化的丰富资源，积极营造浓厚的检察文化氛围，增强南昌检察官的归属感和自豪感。根据本院、本地的实际，自编、自导、自演反映本院工作特色和成就的检察电视系列片及检察小品剧，把经常性开展检察官志愿者活动作为内练素质、外树形象的重要途径，充分展现检察官想民、为民、帮民的良好形象。

（四）以凝神聚力为方向，着力打造南昌检察温馨的和谐文化

南昌检察文化建设必须着眼于增强全体检察人员的凝聚力和向心力，要积极倡导理性平和、诚信友爱、团结互助、爱岗敬业、乐于奉献、勤奋廉洁、积极进取的和谐理念，努力培育团队精神。要积极适应检察官求知、求乐、求美的需要，从实际出发，建设"检察文化长廊"，经常性地组织开展以"我的检察院"为主题摄影图片展、"假如我是检察长"为主题的演讲赛和征文活动、"检察官生活秀"为主题的家庭趣味运动会、检察官绝活评选等活动，营造出团结紧张、生动活泼的工作局面，体现检察机关和全体检察人员的精神追求和文化品位，激励检察人员奋发进取、干事创业。

第二章 路 径

在确立南昌检察机关实施检察文化品牌战略基本思路的基础上，必须结合当前南昌检察机关文化建设的实际，积极探索出具有南昌检察机关本地特色、时代特色、实践特色的文化建设具体路径，从而在全市检察机关形成具有很强指导性、可操作性、系统性的检察文化建设工作体系。

一、提炼南昌检察精神

检察文化建设的目的是通过文化的教育、引导、约束、凝聚、激励、辐射等功能，将检察组织所倡导的检察精神和核心价值观转化为广大检察人员个人的价值观，转化为广大检察人员的追求和自觉行动，用检察人员共有的精神和价值观鼓舞斗志，凝聚力量，塑造形象，推动检察工作创新发展和创先争优。大力推进南昌检察文化建设，打造南昌检察文化建设品牌，就要铸造独具特色的南昌检察精神，形成南昌检察人共有的核心价值观，树立起南昌检察的精神大旗。用南昌检察精神教育、引导、凝聚、激励南昌检察人强化法律监督，维护公平正义，服务发展大局，促进社会和谐，勇创一流业绩，用南昌检察精神感染人、影响人，树立南昌检察良好的社会形象。

（一）具体举措

1. 提炼南昌检察精神。检察精神是向全社会展示检察风采，树立检察权威的形象和魅力所在。南昌检察精神必须是清晰的、明确的、先进的、健康的，南昌检察精神是对南昌检察机关先进典型精神内核的高度概括，是南昌检察人员共同创造的精神财富，代表了南昌检察人员的意志品质和精神风貌，具有鲜明的检察特色、浓郁的地方特色和时代特色。

2. 提炼南昌检察院训。南昌检察院训是南昌检察精神的高度概括。对内，它可以统一思想、凝聚人心、鼓舞斗志、激励士气，营造奋发有为的浓厚氛围；对外，可以彰显国家法律监督机关的价值取向，增进社会各界对检察工作的了解、理解和支持；可以识别检察职业群体区别于其他职业群体的个性特征，反映当代检察官的精神风貌。内容上，院训不必面面俱到，要重点突出、寓意深刻；形式上，院训要文字精练，语言通俗，对仗工整，朗朗上口，要听起来悦耳，读起来顺口，品起来有味，要耐人寻味，意义深远。

3. 提炼南昌检察工作生活理念。南昌检察工作生活理念就是南昌市检察院及检察人员对工作和生活理性化的看法和见解，并形成的对工作生活基本的思维活动模式和态度。正确的工作生活理念必须是适时的、适宜的，而且指向特定的目标。它能指导检察人员的职业行为，让检察人员感到工作生活的快乐，并让检察人员在工作生活上不断取得新的进步。

4. 大力开展南昌检察标志体系建设。要集思广益，广泛听取各方面意见，大力开展南昌检察机关院训、院歌、院徽等具有特色的标志体系建设，促进南昌检察精神文化的特色性、标志性发展，使广大干警在日常工作生活中以标志为警醒，以标志为激励，增强社会各界对南昌检察的识别度和文化精神认同感。

（二）论证说明

1. 必要性。一个单位没有精神，就如同一个人没有灵魂。检察文化建设的核心就是要铸造检察精神，培育精神力量，靠着这种精神力量凝聚群体干事创业。南昌市检察机关目前还未形成南昌检察精神体系，没有凝炼出统一的、明确的南昌检察精神，没有提炼出响亮的院训和工作生活理念，各部门尚未形成本部门的工作生活格言，个人也没有亮出自己的座右铭。要大力推进南昌检察文化建设，打造南昌检察文化建设品牌，不能总是停留在检察文化建设的表层，要深入到检察文化建设的核心，塑造独具特色的南昌检察精神体系，铸就南昌检察之魂。

2. 可行性。近年来，南昌市检察机关在检察文化建设上进行了积极的探索，形成了"思想持续进步，制度持续改进，工作持续创新"的良性机制，为检察事业发展提供了生生不息的精神动力。如东湖区院确立了"无私奉献、追求卓越"的东检精神，提炼出"激情高效工作，健康快乐生活"的工作生活理念，开展了谱写一曲东检之歌、筹办一个院史陈列室等"十个一"为主要内容的文化建设，以潜移默化的文化熏陶，带来检察机关的环境美，检察干警的心灵美，检察工作的业绩美。青云谱区院立足于"立检为公、执法为民"的执法观，确立了"知阳而守阴、知刚而守柔"的青检之魂，"构建和谐，追求卓越"的青检精神和"务实、高效、廉洁、创新"的青检院训，用高品位的检察文化，塑造检察干警的核心价值理念。因此，提炼南昌检察精神具有坚实的思想、人才基础和实践经验。

3. 创新性。南昌检察精神既具有检察行业特色，又具有南昌地域特色，还具有时代特色。南昌检察精神就是要创造性地将"敢为人先的首创精神、自强不息的必胜信念、勇往直前的坚强决心、勇于胜利的求真品格"的"八一精神"与"大气开放、诚信图强"的南昌城市精神有机结合起来，同时要与时俱进，体现时代特征，反映先进的发展理念和时代精神，随着时代的变化不断丰富和发展。

（三）预期效果

通过在全市检察机关开展南昌检察精神大讨论，向全市检察干警征集体现南昌地方特色和检察特色的南昌检察精神，组织向全体干警征集院训和工作生活理念，各部门组织干警研究制定本部门工作生活格言，个人总结归纳人生座右铭，在个人工作岗位牌中展示。这一活动既是动员发动的过程，也是发扬民主的过程，还是集思广益、凝聚共识的过程，更是全市检察干警思考如何推动南昌检察事业发展，如何促进部门履行职责、个人如何成长进步的过程，对于增强职业使命感、工作责任感和集体归属感，提高个人修养必将起到很好的促进作用。

二、建设南昌检察文化阵地

实施检察文化品牌建设战略最根本的目的就在于全面提高全体检察人员的综合素质，不断促进各项检察事业科学发展。为了打造一流的南昌检察素质文化，就必须加强检察文化阵地建设，为广大检察人员提供多样的交流沟通、研究探讨、提升发展的有效平台，以提高素质为目标的检察文化阵地建设一定要体现形式的多样性、参与的广泛性和机制的长效性，在长期的交流、学习和展示中不断深化内涵、发展壮大，成为南昌检察素质文化建设独特的标志。

（一）具体举措

1. 加强《南昌检察》平面媒体建设。首先要活化栏目设计，使栏目设计能够更加全面地展现检察工作的各个方面，使各个岗位、各个年龄层次的检察干警都有兴趣阅读杂志，都有意愿参与杂志编辑；其次可参考其他公开刊物的编辑方式，每期确定一个主题，主要采取约稿形式，确保文章质量；最后要加强编读互动，定期组织开展研讨活动，利用刊物反映活动情况和研讨内容，又通过主题研讨活动的开展进一步丰富杂志内容和提升杂志品质。

2. 成立"青年检察官沙龙"。目前南昌检察机关已经成立了不少类似于青年检察官沙龙、小专家组、小检委会的青年干警活动组织，这种组织形式有利于检察官增进交流、切磋技艺、提高水平，也有利于营造热爱学习、刻苦钻研的积极氛围，属于全国领先的有益尝试，应当进一步深入发展下去。今后的工作中，各个基层院都应当成立类似组织，为提高检察官素质提供一个活动平台，尤其是突出青年检察官创新有为的特色。活动范围可以进一步拓宽，从探讨检察业务拓展到参与各项中心工作，开展各项主题活动。各院应当为其提供一定的物质保障。

3. 建设"检察官书吧"。要充分利用各院图书资料室现有的设施和图书资料资源，建立"检察官书吧"。以图书资料室为"检察官书吧"的主要活动场所，由专人负责活动场所的管理及书吧活动的组织开展；要不断完善书吧的硬件设备，为书吧增配可供连接外网并能够登录"知网"等网络数据库的电脑，为广大干警查阅资料、开展调研提供方便；要积极开展"读书会"活动，定期向干警推荐好书、美文，并鼓励干警撰写书评或发表感想，开展交流座谈活动，形成浓厚的学习氛围。

4. 建设"检察文化长廊"。各基层院可以充分利用办公场所作为检察文化长廊的实体展区，也在网络上开辟检察文化长廊，二者形成互补，扩充展示内容，扩大参与性，扩充展示形式。实体展区可以展示书法、绘画、实物，网络展区可以展示照片、视频、文学作品。要定期更换"文化长廊"的主题，通过上级机关组织的文艺作品征集活动和在全市检察机关开展检察文艺作品的征集评选活动，收集干警创作的不同主题的摄影、书法、绘画等文艺作品，使"检察文化长廊"常换常新，充满活力，既作为环境文化建设的一部分，又对干警和社会各界起到宣传教育作用。

5. 坚持开展"每月一课"活动。"每月一课"活动由各个基层院分别承办。每月由一个基层院组织一次讲座活动，包括负责选题和邀请专家、学者。主会场设在市院，各基层院同步视频收看。主题内容不局限于法学或检察业务，讲座也并非单纯的业务学习。要综合考虑干警的兴趣和需求而定，市院每年可提供一个大致的主题范围供各基层院参考。讲座形式尽量生动活泼，增加与干警的互动，提高干警参与学习的兴趣，增强学习效果。

（二）论证说明

1. 必要性。以文化阵地为载体的南昌检察素质文化建设是一项长期的工程。当前全国各地不少检察院都开展了各具特色的检察文化阵地建设，如陈列室建设、开办检察内刊、成立活动小组等，如厦门市思明区检察院的检察官合唱团，曾在上海合作组织总检察长会议上作专门表演，其艺术水平和形象受到了最高人民检察院曹建明检察长的充分肯定。"全国十佳基层检察院"江西省丰城市检察院通过不断丰富的"检察文化长廊"和"检察官夜校"等阵地建设，实现文化育检的战略目标。通过各种检察文化阵地建设，不仅提高全体检察人员的业务素质，而且对提升检察人员的思想境界、个人涵养都起到了有效的促进作用。

2. 创新性。检察文化阵地建设的多层次，要突出全市检察人员全面参与这一特色，使参与检察文化阵地建设本身就成为一种别具特色的检察文化活动。检察文化阵地的不断完善和发展又将为具有南昌特色的检察文化价值体系提供长期的展示平台，为干警的文化生活提供广阔的空间。

3. 可行性。南昌检察机关已有检察文化阵地建设的一定基础。如市院研究室主编的《南昌检察》杂志，通过不断发展，目前已成为南昌市检察干警爱读、爱参与的一本特色内刊，并受到了社会各界的一致好评。不少基层院也陆续推出了反映本院特色的检察内刊，成为指导检察业务、宣传检察工作、展现检察官形象的重要媒介。市院院史陈列室、东湖区院的检察文化长廊等也是目前南昌市检察文化建设的重要阵地。同时，广大检察干警对能够亲身参与的检察文化阵地建设有意愿、有想法。不少检察干警已经在积极参与各种检察文化阵地建设工作，只要明确方向、加强组织，就能取得理想的效果。

（三）预期效果

通过建立和完善以提高综合素质为核心的多层次检察文化阵地，并依托阵地建设开展丰富多彩的检察文化活动，在全市检察干警中形成浓厚的学习氛围，树立积极向上的工作和生活理念，对外形成对检察工作和检察官风采多角度的展示平台，使南昌检察文化建设呈现出欣欣向荣、蓬勃发展的良好态势。

三、开设"南昌检察论坛"

近年来，全国各地各种主题论坛层出不穷，论坛成为一种全新的学习、研讨、交流模式。高水平的南昌检察论坛是一个包括检察干警理论研讨、检察长工作交流和专家学者进行专题讲座的综合平台。它具有检阅理论调研成果，教育培训、知识更新，推动检察工作科学发展等功能。检察论坛集合了检察机关领导、专家学者和普通干警，共同对检察工作中的重要问题进行理论和实践探讨，有利于就具体工作达成共识、形成构想、拿出措施，促进理论成果快速转化，积极推动检察工作科学发展。

（一）具体举措

1. 在论坛内容上，可从年初开始确定主题。主题范围应当广泛，可以紧扣时代主题，反映检察工作与南昌发展的紧密联系；也可以紧扣法律热点问题，传播先进法律理念；还可以紧扣工作实际，提高实战能力。确定主题后，可采取征稿的形式向全市检察人员予以征稿。

2. 在论坛形式上，可采取讨论交流的形式，将征稿中初步筛选出的论文提交到论坛中予以交流；也可以邀请专家就论坛主题开展讲座。每届检察论坛可邀请一至两位知名专家、学者就当届论坛主题进行主题讲座；还可以不定期地开设基层院检察长论坛。每届检察论坛中下设基层院检察长论坛，就论坛主题中涉及基层院检察工作的具体问题进行研讨。基层院检察长论坛设主持人一名，可邀请一至两位嘉宾，每位检察长分别作主题发言。

3. 在论坛组织管理上，市院要成立专门组织机构，明确检察论坛建设的责任部门，在年初制定当年论坛的活动方案，并将方案细化成具体的工作项目列入当年相关部门的工作安排。同时将每届论坛材料集结成册，争取把每年的优秀调研成果和精彩的发言、讲座内容配合活动情况介绍、照片等集结成册，既作为全市检察机关的重要调研成果留存，也作为重要的检察文化宣传材料展示。

（二）论证说明

1. 必要性。目前，全国检察长论坛至今为止已经召开了十届，每届论坛都有一个鲜明的主题供大家探讨，并同步在正义网上播放，成为了全国检察长交流检察工作的重要平台。全国各地检察机关近年来也纷纷推出各种形式的论坛，如由上海市检察院、浙江省检察院、江苏省检察院等单位联合举办的"长三角地区检察论坛"在全国也比较有影响力。2012 年 10 月江西省检察院举办了"坚持'六个并重'全面贯彻修改后《刑事诉讼法》"论坛，就检察机关在适用修改后《刑事诉讼法》中如何自觉坚持"六个并重"，组织交流和研讨。中央及省内主流媒体对本次活动进行了集中宣传、滚动报道，引起了社会各界的广泛关注。"检察论坛"因其具有规模大、参与面广等特点，集合了检察人员和社会各界专家学者的智慧和才华，将对南昌检察工作发展产生较大影响，如形成长效机制后，也必将成为南昌市检察机关一个极具影响力的工作品牌。

2. 创新性。检察论坛是对传统的理论研讨会和工作会议的一种突破，比理论研讨会具有更强的实践性，比工作会议具有更强的思想性。它在主题范围方面有所创新，可以拓展到检察工作的方方面面；它在办会规模方面有所扩大，不局限于法律政策研究部门和调研积极分子，而扩大到两级院的人员。邀请的专家不局限于法学领域的专家，而扩大到任何对论坛主题有认识、有研究的专家学者；它在办会形式方面有所改变，形式上突破了过去征集稿件、评选稿件、点评文章的传统模式，增加了主题发言、专家讲座、交流讨论等环节；它在宣传力度上有所增强，论坛的准备时间进一步延长，对论坛的发动动员和宣传力度进一步加大，使之真正成为南昌检察机关打得响的文化品牌。

3. 可行性。南昌检察机关具有建设检察论坛的工作基础。目前全市检察理论研究年会至 2012 年已经举办了五届，全市各基层院也基本上做到了每年召开一次全院性的理论研讨会。南昌市检察机关已经具备了创办大型检察论坛的经验和组织能力。南昌检察机关具有建设检察论坛的人才基础。近年来不少高学历、高素质的专业人才充实进了南昌检察队伍，这批优秀人才完全有能力为创办高水平的检察论坛奠定坚实基础。同时，南昌检察机关具有建设检察论坛的丰富资源。南昌作为江西的首善之地，辖区内省部级高校众多，享有丰富的学术资源，这种资源和便利为检察论坛的建设提供了强有力的智力支持。

（三）预期效果

通过把"南昌检察论坛"举办成南昌检察机关一年一度的文化盛事，构建起一个高品质、见实效的交流平台，形成南昌检察文化建设的"金字招牌"，进而在全省乃至全国产生极具影响力的检察文化建设特色。

四、拍摄检察宣传电视系列片

电视片既是一种常见的艺术形式，也是一种强大的宣传工具。将南昌检察机关和南昌检察工作相关的思想观念、职业精神、道德规范和行为方式搬上电视屏幕，可以充分发挥电视片的社会宣传和文化展示功能，大力推动南昌检察文化建设的发展。

（一）具体举措

1. 采取系列剧的形式。制作 10 至 20 集的电视片，每集反映一块相对独立的检察工作，比如审查逮捕工作、立案监督工作、审查起诉工作、未成年人帮教工作、自侦工作、预防工作等。这样既保证了每集的内容独立、主题鲜明，又使整个电视片的内容和结构具备了完整性和体系性。

2. 采取以案说法的形式。电视系列片可以每集讲述一个案例或根据案例改编成一个故事，案例不需要太过疑难复杂，关键是要典型，要把检察工作程序全面表现出来，通过案例展示和讲解检察机关各方面职能及各个环节执法办案的法律规定，达到宣传检察工作的目的。

3. 采取自编、自导、自演、自拍的形式。可以在全市检察机关范围内先选拔若干具有比较扎实的文学、戏剧、摄影和艺术欣赏功底同时对各项检察业务工作都比较精通的人员组成摄制团队，然后对团队成员进行编剧和摄影方面的基本技能培训，由该团队承担编剧、导演和拍摄的工作任务。而演员由相关业务部门的干警临时担任，进行本色出演，当然对这些演员也要进行必要的培训，后期制作由于专业性非常强，可以聘请专业人士完成。

4. 精心安排组织。整个摄制工作可分为组建团队、编写剧本、组织拍摄、后期制作等若干环节（其中编写剧本最为关键），预计用 1~2 个月即可完成全部工作。电视系列片制作完成后，可以联系南昌电视台政法频道进行播放，每日一至两集，同时挂在外网上供网民观看。

（二）论证说明

1. 必要性。拍摄制作检察电视系列片，有助于树立检察工作和检察官的良好形象，扩大检察机关执法公信力，同时还会引领社会风气形成良好风尚；有助于引领普通检察人员向标准和规范看齐，对于规范检察执法行为将能够产生非常明显的效果，同时能够全面客观地反映检察机关执法办案的过程，是推行"检务公开"、自觉接受社会监督的一种新形式和新载体；在拍摄制作电视系列片的过程中，还有利于检察机关培养若干既懂业务又懂电视艺术的复合型人才。

2. 创新性。目前有很多检察院内部都拍摄了一些电视宣传片，但这些作品基本上都适合用于向上级领导汇报工作或者向同行介绍经验的场合，缺点是内容不全面，专业性太强。据了解，目前全国检察机关还没有一家单位拍摄制作过一套由检察人员自编、自导、自拍、自演的，并能够真正让老百姓看得懂、喜欢看的，全面反映检察工作的电视系列片，因此该工作具有巨大的创新价值。

3. 可行性。检察机关在人民群众中的印象还存在一定的神秘感和陌生感，广大人民群众希望通过一定的形式和途径深入了解检察机关和检察工作，因此检务公开的观念和实践为通过电视片客观展现检察工作奠定了基础，拍摄制作检察电视系列片具有巨大的社会需求。同时南昌检察机关具备相应的人才和物质储备，为拍摄电视系列片提供了条件。

此外，有的检察机关在这方面取得了一些成绩，为我们提供了宝贵的实践经验。比如北京市海淀区检察院独立制作的电视新闻节目"海检播报"，以"宣传检察职能、传播检察声音、普及法律知识、弘扬法制精神"为宗旨，在群众中获得了很好的口碑。截止到目前，"海检播报"已播出 40 期，许多人大代表和政协委员都对节目给予赞扬，负责这项工作的是一名年青的女检察官——张瑶。再如，江苏省常熟市检察院拍摄的廉政系列短片，以中国民间艺术剪纸为画面，融合当地山歌传唱方式，宣传廉政文化，形式新颖，在电视节目中巡回播放，收到了很好的宣传效果。

（三）预期效果

通过这项举措，必将增进人民群众对南昌检察机关和检察工作的认知、理解、信任和支持，宣传展示检察工作所取得的巨大成就，树立良好的检察官形象，大大提高检察机关和检察工作的公信力，使南昌检察工作更好地为南昌打造核心增长极的宏伟目标服务。

五、创作表演检察小品剧

检察小品是依托小品的艺术表现形式，以检察事业发展中涌现出的真人真事为原型，宣传检察文化的新平台。检察小品研发是检察文化建设的一部分，是体现南昌检察精神的平台和载体。检察小品的研发要立足于检察本身，由检察干警组成研发组，负责研发、表演各个环节，辅之以外界的专业团队、专家，积极搭建各种宣传和表演平台，深入企事业单位、社区等进行表演，力求将检察小品打造成为南昌市检察院有深度、有看点、有意义，起到对内激励升华检察文化精神，对外宣传教育的工作品牌。

（一）具体举措

1. 开展征文活动。向全市检察机关征集发生在检察人员学习、工作、生活中有趣的、感人的故事和先进模范人物，形成书面材料，体裁不限，内容不限，字数不限，只要有思想、有内容、有情节、有趣味都可以，对征文进行评选。

2. 举办小品大赛。对征集来的故事以院为单位组织有文艺特长的检察人员择优进行编排，排演成一个个有思想性、艺术性，可看性的小品剧，择机举行全市检察机关检察小品大赛，选出优秀作品。

3. 对优秀小品进行精加工。在全市检察机关抽调优秀文艺人才对小品大赛中评选出来的优秀作品进行精加工，把它们创作成有思想性、艺术性，有南昌检察风格、可看性强的精品力作，参加全省检察机关和全市政法系统等各类调演活动。

4. 创立检察小品剧品牌。要建立健全编写、排演优秀小品剧的良性工作机制。即建立小品素材征集机制、优秀小品文艺人才培养机制、定期展演机制、奖励机制、与演艺团体合作机制等，力争推出几部立得住、叫得响、有看头、推得开的优秀典型小品剧。

（二）论证说明

1. 必要性。检察小品既是检察文化建设的载体又是宣传平台。检察小品具有可欣赏性强，普及面广，影响力大等特点。检察小品作为检察文化建设的一种表现形式，具有对检察干警的思想教育导向功能和统一执法理念功能，对检察业务具有推动促进功能，对广大群众具有法治教育功能、检察形象宣传功能、预防犯罪教育功能。

2. 创新性。在形式上，目前尚未发现有专门将"检察小品"作为一个检察文化的子系统进行详细研究的范例，常见的资料为各单位组织的小品表演剧本。从公检法系统来看，以公安题材的最多，法院其次，检察机关最少。南昌检察小品不仅要采取小品这种创新的形式，做到宏观上的形式创新，还要从微观的表演手法出发，根据剧本内容尝试采取多幕剧、舞蹈小品、音乐小品等多种表演手法。在内容上，南昌检察小品的内容必须要以南昌检察机关的人和事为蓝本，要选择典型的具有代表性的内容来表现南昌检察精神。要突出特色，做到"行业外有检察特色，行业内有南昌特色"。

3. 可行性。近年来，全市检察机关的一大批先进人物和感人事迹为检察小品剧的研发提供了丰富的素材。同时由检察官编写自己身边熟悉的事，演自己身边熟悉的人，能调动广大检察人员参与的积极性。另外，南昌高校有部分研发专家和编演团队，可为检察小品剧的研发提供必要的技术支持和人才保障。

各地检察机关也在大胆创新检察文化载体，为我们小品剧的研发提供丰富的实践经验。比如北京朝阳区检察院专门成立了话剧社，吸引了一批文艺骨干，几年来作品颇丰，陆续推出了反映检察工作历史沿革的情景剧《闪光的老照片》、刑事和解题材的短剧《和谐的呼唤》、廉政情景剧《重新启航》。广州市荔湾区检察院组成了小剧团，其编写的小品剧《要客来访》，剧中的 3 位演员是 3 位干警，他们利用业余时间进行排练，该片作为代表广州市检察机关参加广东检察机关 2011 年迎春文艺汇演。泉州市洛江区检察院与华侨大学联合摄制，由检察官与高校师生自编自导的一部 20 分钟的微电影《假如》，该片拍摄时间不到 10 天时间，集普法性与故事性于一体，教育与娱乐相结合。辽宁瓦房店市检察院成立了演艺社，并成立了小剧场，将典型案例改编成法制短剧表演出来，成为预防职务犯罪、普法宣传、检察监督的得力助手。黑龙江哈尔滨市检察院成立艺术团，该院检委办创作了表演剧《雷你没商量》，创作的双簧《贪官关大富》还先后被江西景德镇市、广东省江门市等地检察机关搬上舞台。

（三）预期效果

在较短的时间内（半年至一年）产生一至两部比较成熟，能够公开演出的小品剧，经过一段较长时间后，通过定期举办比赛，深入社区、机关组织演出，参加文艺调演等，使每个院都形成一部具有本院特色，突出单位工作特点的小品剧，成为南昌检察机关文化建设的亮点。

六、开展检察官志愿者活动

志愿服务是个体为了增进邻人、社区、社会的福祉而进行的非营利、不支酬、非职业化的行为。志愿者精神概括起来就是"奉献、友爱、互助、进步"。这与检察事业的核心价值理念"忠诚、公正、清廉、文明"具有互通之处，检察官志愿者精神就是以忠诚之心奉献社会，以平等之态服务人民，以一己之长促进和谐，以共同之力推动进步。检察官志愿者工作是由检察官组成志愿者队伍，深入学校、社区、矫正机构或监管场所等地，开展法律服务、社区矫正和未成年人帮教等志愿活动。

（一）具体举措

1. 深入社区开展法律服务活动。检察官志愿者可深入社区提供义务法律咨询和代写法律文书等法律服务，配合社区组织开展普法宣传等基层工作。

2. 配合社区矫正机构开展社区矫正日常工作。包括配合社区矫正组织开展矫正对象社会人格调查工作、档案整理和管理工作、组织社区矫正对象开展公益劳动或其他活动，组织社区矫正对象进行法制学习等。

3. 深入校园义务开展法制教育和心理辅导活动。以"法制副校长"或"法制辅导员"等形式深入校园，义务为青少年上法制课，组织青少年开展模拟法庭等法制教育活动。对单亲家庭或留守青少年进行陪护和心理辅导，有效预防青少年犯罪。

4. 加强对检察官志愿者活动的组织领导。在全市检察机关开展参与志愿者活动意向调查。制作并发放检察官志愿者工作调查表，对全市检察干警业余时间安排、有何特长、愿意参加何种志愿工作进行调查摸底，掌握开展检察官志愿者工作的人力资源基础；建立和完善志愿者工作管理机制；主动与团市委、市司法局会签协议，确定服务内容。在团市委、市司法局的协调下有序地开展志愿服务活动，重点服务领域为法律服务、社区矫正和未成年人帮教等能够充分发挥检察官专业优势的项目。

（二）论证说明

1. 必要性。近年来，我国志愿者工作蓬勃发展，不少地区的检察官也积极投身到志愿者工作当中，如广州市检察院在亚运会期间抽调了数百名干警参与宣传引导和治安防控志愿服务。志愿者工作是检察官密切联系群众的重要途径，提高检察干警尤其是年轻干警的群众工作能力；志愿者工作有利于检察官增强社会责任感，培育积极乐观的人生态度；志愿者工作有助于在群众中树立起人民检察官执法为民、服务民生的全新形象。

2. 创新性。检察官志愿者工作是检察文化建设的创新形式。检察官志愿者活动既是一项具体活动，又是一项工作制度。既有活动的集中性，又有制度的长效性。既突破了检察文化建设的平面感（即依靠平面媒体来体现文化特征），使检察文化建设真正立体起来、生动起来；又突破了传统检察文化活动短期性、影响面窄的局限，使检察文化建设能够通过检察官长期的志愿服务活动延伸和发展起来，同时影响更多人，产生更广泛的社会效果。

3. 可行性。全市检察机关已具有一定的组织志愿者活动的工作经验。市院目前正在积极参与市委组织的"小蜜蜂"志愿者活动，每日安排干警参与交通协管。除此以外，还经常组织干警利用假日进社区劳动，随同社区干部夜访民情，并与社区居民开展联欢活动。全市不少青年检察官具有参与志愿者工作的意愿和热情。志愿者工作的特点是自愿、自费、零报酬，对活动经费要求不大，从时间安排上来看，全市检察干警每人每月抽出一天时间参加活动，不会影响检察官的正常工作和休息。

（三）预期效果

通过开展检察官志愿者活动，让助人为乐、无私奉献的志愿者精神成为检察文化建设的一部分，形成南昌检察文化独具特色的品牌，成为检察文明的一张名片。同时，全市每个检察官每个月保证有一天时间投入志愿服务，使人民群众处处能够看见检察官的身影，使全市600多名检察官持之以恒地以志愿服务塑造良好的检察官形象，进一步密切与人民群众的联系，加深人民群众对检察工作和检察官的了解。

七、开展各种检察主题文化活动

检察文化建设离不开各种形式的文化活动，如各类文艺活动、体育活动和业务练兵活动，为了提升文化活动的品位、扩大文化活动的影响、强化文化活动的效果，应当为文化活动确定相应的主题。如开展以"我的检察院"为主题的摄影图片展和故事会活动、以"假如我是检察长"为主题的演讲赛和征文活动、以"检察官的生活秀"为主题的家庭趣味运动会和检察官绝活评选活动等。

（一）具体举措

1. 开展以"我的检察院"为主题的摄影图片展和故事会。成立组织，在全市两级检察机关成立摄影协会等群众性文体组织，鼓励检察人员积极参加。进行培训，邀请专家进行初步培训，培养兴趣，掌握基本技能。举办活动，经常性地举办一些采风、评比或训练活动。主题展览，可以举办一次以"我的检察院"为主题、以检察工作和检察业务为主要内容的检察摄影图片展，展览地点可以安排在广场或展览馆，利用展览扩大影响。主题演出，与辖区街道社区取得联系，积极参与街道社区经常性举办的文艺演出活动，直接面对社区群众讲述检察故事，拓宽演出渠道，争取广阔的表演舞台和空间。加强互动，在举办主题摄影展和检察故事会的过程中，应当注意与广大市民和社区群众的互动，必要时可以邀请群众参观检察机关或参加故事的创作和表演。

2. 开展以"假如我是检察长"为主题的演讲赛和征文活动。在全市两级检察院成立演讲和写作兴趣小组，鼓励检察人员积极参加；在各种不同的范围之内经常性地开展一些演讲和征文活动，创造更多的培养和锻炼机会；不定期举办以"假如我是检察长"为主题的演讲赛和征文活动，鼓励全院干警以主人翁的精神积极参与检察院的建设，为检察管理提供有价值的意见和建议；对于演讲赛和征文活动中提出的好点子，院党组应当及时予以采纳并给予适当的物质奖励；对于精彩的文章，应当积极向有关刊物推荐刊登。

3. 开展以"检察官的生活秀"为主题的家庭趣味运动会和检察官绝活评选活动。每年举办一次干警家庭趣味运动会，邀请检察干警与其家属一起参加，设置一些趣味性强的运动项目和奖励，在运动和欢笑中促进检察干警的家庭和谐，使检察干警免受家庭矛盾和纠纷所困扰，能够集中精力投身于检察工作。鼓励检察干警在工作之外培养健康的兴趣爱好，鼓励大家展示自己的才艺和绝活，培养干警积极向上的生活态度，陶冶大家健康良好的生活情操。可在全院范围内征集干警的才艺绝活，鼓励大家自荐或推荐，请全院干警投票评选，必要的时候也可以邀请有关专家进行评选，对优秀才艺绝活可通过一定的形式向上级检察机关或新闻媒体推荐，同时给予一定的物质奖励。

（二）论证说明

1. 必要性。部署开展各种主题文化活动有利于宣传检察工作；有利于创建检察文明；有利于增强凝聚力，在干警中逐步塑造、培养"爱检察、爱同事、爱工作"的主人翁精神和"快乐工作、健康生活"的人生态度；有利于提升检察官素质，加强文化素养，陶冶思想情操。

2. 创新性。目前，全国有很多检察机关都开展了各种类型的检察文化活动，从活动形式来讲已经没有多少创新的空间。在这种情况下，南昌检察机关可以从活动的内容出发，为各种文化活动设计富有新意的主题，打造独具特色的主题文化活动，推动南昌检察文化建设。"我的检察院"、"假如我是检察长"和"检察官的生活秀"是三个与检察工作和检察生活密切相关的主题，也是三个非常新颖的主题。

3. 可行性。南昌检察机关开展主题文化活动具备一定的条件和基础。有的检察院已经成立摄影协会，有的检察院已经开展过不同形式规模的主题演讲赛活动，有的检察院邀请干警家属参加文艺联欢活动，为进一步开展主题文化活动积累了经验、储备了人才。另外，近年来，南昌检察机关增加了一大批新鲜血液，这些青年干警普遍接受了正规的高等教育，文化素质好，参与热情高，愿意并已经积极参加了一些检察文化组织及其开展的活动，如能根据不同的爱好特点组织不同的兴趣协会，加以引导，则完全可以将各类主题文化活动开展好。

（三）预期效果

通过举办各种主题文化活动，一方面将扩大检察工作在人民群众中的影响，增进了解和互信，拉近检察工作与人民群众之间的距离，更好地实现服务人民的工作宗旨；另一方面将使摄影、故事、演讲、征文、家庭趣味运动会和才艺绝活秀成为检察干警喜闻乐见的文化活动形式，将各类文体协会打造成检察干警的精神家园，推进南昌检察文化的大发展、大繁荣。

第三章 附 件

一、参考文献

（一）专著

1. 孙光骏：《检察文化概论》，中国法律出版社 2012 年版。

2. 钟勇：《国家软实力与检察文化软实力构建研究》，人民出版社 2011 年版。

（二）杂志

1. 武讲：《刍议检察文化建设的三个重点》，载《法制与社会》2012 年 6 月（下）。

2. 徐海：《从四个层面展开基层检察文化建设》，载《中国检察官》2009 年第 7 期。

3. 《人民检察》编辑部：《大力加强检察文化建设，积极推动检察工作发展》，载《人民检察》2011 年第 17 期。

4. 王宁霞、赵德金：《关于加强检察文化建设的几点思考》，载《甘肃科技》2012 年 4 月。

5. 李玉娇：《关于检察文化建设的几点思考》，载《辽宁公安司法管理干部学院学报》2012 年第 2 期。

6. 崔凯、李军武、徐克波：《和谐社会视野下的检察文化建设思路》，载《武汉交通职业学院学报》2009 年第 2 期。

7. 答作俊：《和谐社会与检察文化建设》，载《中国刑事法杂志》2009 年第 12 期。

8. 任晓刚：《和谐社会中检察文化建设的路径探讨》，载《宜春学院学报》2011 年第 9 期。

9. 韩清：《基层检察院检察文化建设路径探析》，载《山东行政学院山东省经济管理干部学院学报》2010 年第 6 期。

10. 张慧杰：《基层检察院检察文化建设思考》，载《法制与社会》2009 年 12 月（中）。

11. 黄晖丽：《基层检察院检察文化建设问题研究》，载《法制与社会》2011 年 8 月（下）。

12. 陈卫宁：《基层检察院开展检察文化建设的思考》，载《人民检察》2011 年第 7 期。

13. 田保中：《加强检察文化建设，塑造检察机关形象》，载《法制与经济》2012 年第 6 期。

14. 褚仁普：《加强检察文化建设的几点思考》，载《法制与社会》2009 年 8 月（中）。

15. 倪志远：《检察机关如何加强检察文化建设之我见》，载《学理论》2009 年第 18 期。

16. 郁勇、韩笑：《检察人才库与检察文化建设假想》，载《魅力中国》2009 年 11 月（下）。

17. 徐汉明：《检察文化建设：理念更新与实践创新》，载《法学评论》2011 年第 3 期。

18. 洪常森、高霞：《检察文化建设的层级结构》，载《中国检察官》2009 年第 4 期。

19. 董燕萍：《检察文化建设对检察工作和检察队伍专业化建设的作用》，载《党史博采》2012 年 2 月。

20. 魏启敏：《检察文化建设研究》，载《中国刑事法杂志》2010 年第 7 期。

21. 刘春荣：《检察文化建设要处理好四个关系》，载《人民检察》2011 年第 8 期。

22. 冀永生：《检察文化建设有待深入推进》，载《人民检察》2011 年第 4 期。

23. 白建国、陈卓文：《检察文化建设战略目标执行力之思考——以广州市萝岗区人民检察院检察文化建设为视角》，载《法制与社会》2010 年 9 月（上）。

24.《人民检察》特约评论员：《进一步兴起检察文化建设新高潮》，载《人民检察》2011 年第 14 期。

25. 柴国立：《用科学发展观指导检察文化建设》，载《现代交际》2009 年第 6 期。

26. 金波：《论加强检察文化建设》，载《湖北经济学院学报》（人文社会科学版）2010 年 10 月。

27. 刘源、金大伟：《论我国基层人民检察院检察文化建设》，载《郧阳师范高等专科学校学》2009 年 8 月。

28. 潘维志：《浅谈基层检察机关如何加强检察文化建设》，载《中国检察官》2009 年第 8 期。

29. 覃晚萍：《浅谈欠发达地区检察文化建设》，载《广西警官高等专科学校学报告》2011 年 10 月。

30. 胡家耀：《浅议基层检察院之检察文化建设》，载《传承》2011 年第 19 期。

31. 余爱霞：《浅议检察文化建设》，载《法制与经济》2011 年 9 月。

32. 阮晓静：《浅议文化育检在检察文化建设中的作用》，载《法制与经济》2010 年 10 月。

33. 邹国正：《社会主义法治理念在检察工作中的深化与拓展——以检察文化建设为视角》，载《四川理工学院学报》（社会科学版）2012 年 8 月。

34. 区恒欣：《试论检察文化建设》，载《法制与社会》2010 年 11 月（中）。

35. 张国臣：《试论中国检察文化建设的几个基本问题》，载《中国检察官》2011 年第 8 期。

36. 严浩锋：《谈如何加强检察文化建设》，载《法制与社会》2011 年 10（下）。

37. 朱丰慧：《谈如何通过检察文化建设凝神聚力促进检察工作新发展》，载《法制与社会》2011 年 9 月（中）。

38. 汪燕：《探索基层检察文化建设》，载《法制与社会》2012 年 2 月（中）。

39. 陈旭：《推进检察文化建设培养高素质检察队伍》，载《人民检察》2012 年第 2 期。

40. 苏琳伟、邱远典：《新时期中国检察文化建设解析》，载《学理论》2010 年第 8 期。

41. 姜廉、沈利：《新形势下大力加强检察文化建设的途径》，载《大庆社会科学》2012 年 4 月。

42. 夏旖静：《以检察文化建设推进检察工作科学发展》，载《商品与质量》2010 年 10 月。

（三）报刊

1. 钟亚雅、韦磊、刘韬：《检察官志愿者：苦并快乐着》，载《检察日报》2010 年 11 月 12 日。

2. 钟亚雅、韦华生：《"花都检察论坛"搭建理论交流平台》，载《检察日报》2012 年 3 月 31 日。

3. 徐汉明：《检察文化建设的价值功能与发展路径》，载《检察日报》2011 年 11 月 18 日第 3 版。

（四）论文集

1. 刘巧生硕士毕业论文：《论法治视域下的中国检察文化建设》。

2. 陈伦双硕士毕业论文：《我国西部地区检察文化建设研究》。

（五）网络

1. 文化动态——正义网，http：//www. jcrb. com/procuratorate/culture/news/。

2. 检察文化建设网，http：//jcwh. spp. gov. cn/。

3. 检察文化——荆楚公平正义网。

4. 检察文化——正义网江苏频道。

5. 江苏苏州：发挥检察文化软实力——正义网，http：//www. jcrb. com/xztpd/2012zt/201206/2012whjs/2012whjsjy/201206/t20120620_ 887121. html。

6. 检察文化——浙江检察网，http：//www. zjjcy. gov. cn/jcwh/。

7. 吕明：《探索检察文化建设新途径》——法治——人民网，http：//legal. people. com. cn/n/2012/0711/c188502 - 18489125. html。

8. 检察文化——重庆市人民检察院主办，http：//www. cqjcy. gov. cn/jcwh/index. asp。

二、检察小品剧本

（一）提审室里的生日祝福

人物： 市检察院公诉处张处长

助检员小杨

犯罪嫌疑人胡某某

场景： 张处长带领小杨来到看守所提审胡某某

杨：我们是市检察院的，你与你妻子涉嫌共同受贿一案由我院审查起诉，现在我们依法对你进行庭前讯问，这是我们公诉处张处长，我姓杨，你要如实交代犯罪事实。

胡：好的。

杨：你原在侦查部门交代的受贿五百万都属实吗？

胡：大部分都不属实。

杨：不属实？干嘛，怕死啊？告诉你，翻供只能说明你认罪态度恶劣！

【张处长使眼色制止杨】

张：你说你在侦查阶段供述大部分都不属实，哪些不属实？

胡：有些钱我早就退了，有些钱是我妻子收的，我根本不知道，有些钱是我与朋友间的人情往来，不存在为他人谋利的事实，还有些钱是我应得的报酬，认定我受贿没有事实依据！

【张处长的手机响了】

张：你稍等，我接个电话。

【张处长接听手机】

张：小眉啊，我在提审呢，知道了，咱宝贝女儿的生日我能忘嘛！生日蛋糕已经买好了，放在车上呢，提完审我就直接回家。什么？让女儿和我说话？行，悦悦啊，爸爸再忙也不敢把你的生日忘了啊，什么？生日礼物啊，当然准备了，什么礼物呀，暂时保密，到时给你一个惊喜！好了，爸爸正忙呢，挂了啊，拜拜。

【胡某某陷入痛苦的沉思中，慢慢低下头，沉默不语】

张：怎么了，身体不舒服吗？

胡：不是，我……我……我女儿也是今天的生日。

张：噢，是吗，这么巧啊，你女儿多大了？

胡：十三岁了。

张：读初中了吧？

胡：下学期就初三了，明年就中考呢。

张：可惜啊，你不能给你女儿过生日了。对了，你夫妻两个都关进来了，那你女儿谁照顾呢？

胡：我把她托付给她舅舅照顾。

张：行，你接着具体谈谈哪些供述不属实吧。

胡：处长同志，我……我……我有个请求，请你们一定要帮帮我！

张：什么请求？说吧，只要法律允许的，我们会尽量考虑的。

胡：能不能借你的手机给我打个电话？

张：这不行，这是违反规定的。没看到墙上贴着吗：严禁提审人员将通讯工具借给人犯使用。

胡：我不是打电话串供！

张：那你打给谁？

胡：打给我女儿，我就对她说一句话，祝她生日快乐！

张：这……还是算了吧，不管你电话里说什么，对我们来说都是违反规定。

胡：处长同志，求求你了！这可能是我最后一次对我女儿说一声"生日快乐"！

张：她舅舅会给她过生日吗？

胡：不知道，她舅舅这个人很怕老婆，他老婆又是个很势利的小市民，现在我可能判死刑，家里财产也全部上缴了，我担心他们哪会记得路路的生日啊。处长同志，求求您了，我只想来对她说一句"生日快乐"，我现在什么也不能送给她了，只要能送她一句祝福，我也就心满意足了！求求您了，我给您跪下了！

【哀求着，跪下来】

张：别这样，不是我不帮你这个忙，是有明文规定啊！你的心情我理解，但我从事公诉工作十几年，可没有违过规啊！

胡：我知道让您为难了，只要能让我和我女儿说上一句话，我死也无憾了！是我对不起她，是我害了她！

【抽泣】

张：这……（犹豫良久）小杨，把你的手机给我。

杨：干嘛，你真的要违规啊？！这么大的案子，可不能出乱子啊！要么请示一下检察长？

张：请示检察长？怎么说，难道说犯罪嫌疑人要打个电话回家，我们借不借手机给他打？不是找骂嘛！你手机不是有免提功能吗，我们让他用免提讲，如果谈到案子上的事我们就挂了。

【小杨把手机调到免提功能，交给张处长，张处长拨通胡某某女儿舅舅家电话】

张：请问胡路路在家吗？

画外音：不在，你哪位？

张：噢，我她老师，请问她到哪去了？

画外音：她回自己家去了。

【张处长拨通胡某某家里电话】

张：请问是胡路路吗？

画外音：我是，您哪位？

张：我……我是市检察院公诉处的，我姓张，我们现在在提审你爸爸，他要跟你说话。

画外音：（激动地）什么？爸爸！我爸爸呢？我爸爸呢？

【张处长举着电话，朝着胡某某】

胡：（抹了一下眼泪，激动地）路路，我是爸爸！

画外音：（哇的一声痛哭）爸爸！爸爸！真的是我爸爸！爸爸，您知道我有多想您吗！10个月，我每天每夜都在想您！还有妈妈，我想你们！

胡：孩子，是爸爸妈妈不好，害了你！今天是你的生日，我祝你生日快乐！

【背景音乐响起：《生日快乐》"祝你生日快乐，祝你生日快乐，祝你生日快乐，祝你生日快乐……"】

画外音：爸爸，您是今天第一个祝我生日快乐的！以前每个生日都有无数的祝福围绕在我身边，可是今天……我给自己买了个生日蛋糕，可是却没有人祝我生日快乐。

【背景音乐响起：郑智化的《生日快乐歌》他们说今天是你的生日，却没人祝你生日快乐。生日快乐，祝你生日快乐，有生的日子天天快乐，别担心生日怎么过……】

（伴着音乐，伤心地）我以为今天再也不会有人祝我生日快乐了呢！

胡：爸爸不能送你生日礼物了。

画外音：能在今天听到您的祝福我已经很高兴、很满足了！这是我出生以来收到的最珍贵的生日礼物！

胡：对了！你怎么没有在舅舅家呢？

画外音：舅妈对我很冷漠，老是给我白眼，舅舅也不敢和我说话，我吃完饭就躲到房间里去。我实在受不了这种寄人篱下的日子！一放暑假，我就回家了。我现在已经学会自己煮饭、洗衣服了！我把家里打扫得干干净净！

胡：路路，爸爸让你吃苦头了！

画外音：别这么说，爸爸，以前都是我不好，老是和别人比吃比穿，学习又不好，老惹您生气。等你回家，我一定好好听您的话，做一个乖女儿！

胡：好，好，我的路路长大了！

画外音：张叔叔呢？我要和张叔叔说话。

张：路路，我在，你说。

画外音：有人说我是死刑犯的女儿！您会判我爸爸死刑吗？叔叔，我求求您，我不能没有爸爸！

【胡某某无语凝噎，张处长有些动容】

张：路路，你爸爸罪行虽然很严重，但是只要积极认罪、悔罪，还有获得从宽处理的机会。

画外音：是吗?! 太好了，爸爸，您认罪了吗？您向张叔叔悔罪了吗？您答应我，认罪吧，爸爸！

胡：认了，我都认了，我全都坦白交代了。

张：好了，路路，按规定你们不能通电话的，叔叔听说今天是你的生日，就违一次规了！我，还有检察院的杨阿姨，祝你生日快乐！

画外音：谢谢叔叔阿姨！（激动地）

张：路路，你很坚强，你爸爸妈妈犯了错误，司法机关会依法处理，你要好好学习，争取考上重点高中，将来考上北大清华！

画外音：我会的，我一定会的，到时候，我一定要拿着北大的录取通知书去看爸爸妈妈！

张：好了，我挂了啊，再见！

胡：路路，再见！一个人在家记得关好门，做饭小心别烫着，记得关煤气阀门，睡觉记得关窗户……

画外音：爸爸，我都记住了，再见！

【张处长挂断电话】

张：你女儿真懂事啊。行了，你接着说吧，哪些不属实。

胡：张处长，我已经答应了我女儿要认罪服法，我不能再翻供，再狡辩了！我受贿五百万元的事实都属实，其中有部分是我妻子收下的，我在侦查阶段的供述全都属实，都是我自愿说的，我有罪，罪不容赦啊！（忏悔地）

张：小杨，都记下来了吗？

杨：都记下来了。

【胡某某在笔录上签字捺印】

张：好了，今天提审就到这里。不论你判什么刑，希望你记住今天你对你女儿的承诺，开庭的时候要向法庭悔罪。

胡：我会的，我不会让她失望的。今天你们违反规定让我打了这个电话，就是判我死刑，我也死而无憾了！

【警察过来，把胡某某带走，张处长与小杨边收拾东西边交谈】

杨：我们说一百句，不如他女儿说一句。处长，看来我们这次故意违规，值啊！

张：是啊，贪官虽然不是一个好干部，但可能是个好父亲、好儿子、好丈夫。不是铁面才能无私啊，我们公诉人的职责是公诉犯罪，但公诉人首先要是一个有情感的"人"啊！

杨：公诉人要是没有一丝情感，那岂不是执法机器。

张：小杨，我们现在就去胡某某家。

杨：去他家干吗？

张：把路路接到我家，和我女儿一起过生日！

杨：好，走！

【剧终，演员上台谢幕】

（作者：熊红文）

（二）"国外"打来的电话

第一幕

人物： 胡金发——男，46岁，职务犯罪嫌疑人，某国有贸易公司原总经理

胡小明——男，18岁，胡金发的儿子

李虹——女，45岁，胡金发妻子

检察长——男，48岁

侦查员甲——男，三十多岁

侦查员乙——男，二十多岁

时间： 当代

地点： 胡金发家中、胡金发受审讯地点、检察长办公室

【幕在电话铃声中开启，两个场景：一边是胡金发家中，胡小明在黑暗中爬起床接电话；一边是胡金发身着囚服，在两名侦查人员的监督下拨通了家里的电话】

胡小明：爸爸！是您呀！明天就年三十了，您怎么不回家呀？

胡金发：哎呀，儿子，老爸在国外谈一笔大业务呢，今年过年回不去了，你妈跟你说了吧。工作来得急，怕影响你学习，就没来得及跟你告别，你可别怪老爸呀！

胡小明：什么业务这么重要，非得过年谈呀。

胡金发：呵呵，你忘了人家老外不过春节，咱得抓住商机！

胡小明：您总是忙，我一年到头都和您见不上几面。哎，对了，您怎么这么晚打电话呢？

胡金发：哎哟，儿子，你不是学过地理嘛，我这儿和你那儿有时差呀，我这儿现在是早晨呢。

胡小明：哦，您是刚刚起床才有空给家里打电话吧。

胡金发：呃……对对，爸爸刚起床呢，一会儿又要出去工作了。

【一旁的侦查人员给胡金发使了个眼色，提醒他尽快中止通话】

胡金发：儿子呀，你看，这国际长途电话费太贵了，爸就不跟你多说了，明天就是年三十了，替我向你爷爷奶奶拜年。还有，你在家要好好听妈妈话，高考近了，学习上要抓紧点，知道吗？

胡小明：放心吧，爸爸！您在国外也要多保重身体。

胡金发：哎，爸爸会的，爸爸会的。再见啊，儿子……

胡小明：爸爸再见！

第二幕

【幕启，画外音：几个月前。场景：胡金发接受审讯，对面坐侦查员甲、侦查员乙】

侦查员甲：胡金发，你已经因涉嫌受贿罪、挪用公款罪被逮捕了。说说吧，你用假发票冲账是怎么一回事？

胡金发：（头扭向一边）什么假发票冲账？我不知道！

侦查员乙：你公司账目上这80万元到哪去了？

胡金发：不知道！

侦查员甲：你是公司的总经理，你公司的财务情况你不知道吗？！

胡金发：（不语）

【侦查员甲、侦查员乙小声交流，侦查员甲走出审讯室。过一会儿，检察长上】

侦查员乙：（起身）检察长，胡金发负隅顽抗，拒不交代啊！

检察长：胡金发，你当上××公司的总经理确实不容易，党和国家培养你这样一个领导干部也不容易。你这年纪，有事业有家庭，本来可以过着舒心的生活，今天走到这一步，我知道，你思想包袱很重，但犯了法，就要承担法律责任。你这样不配合，对你自己没有任何好处。

胡金发：（白了检察长一眼，继续沉默）

检察长：胡金发，你要端正你的态度。我们已经掌握了你涉嫌贪污、挪用公款犯罪的大量证据，你不说，也救不了你了，如实交代，你的认罪态度还可以作为一个酌情从轻的量刑情节，顽固抵抗，也逃脱不了法律制裁。你想想清楚！

胡金发：（头转向一边，继续沉默）

检察长：胡金发，沉默是你的权利，你可以不说一句话，但我会亲自送你上法庭！

【幕闭，画外音：在检察长的亲自指挥下，胡金发受贿、挪用公款案专案组同志加大侦查力度，通过艰难的外围调查，取得了大量的证据，仅卷宗就有12本，各种票据、书证2000余份】

第三幕

【幕启，不亮灯，黑暗中电话铃响】

检察长：喂，哪一位？

侦查员甲：检察长，向您汇报一个情况。

检察长：你说。

侦查员甲：经我们调查，胡金发的妻子李虹在案发后转移了大量财产，现在证据已经基本掌握，是否以包庇罪拘留她？

检察长：（沉思）他家里情况现在怎么样？

侦查员甲：他家里有一个长年卧病在床的母亲，80多岁。儿子18岁，上高三，明年高考。

检察长：（沉思一会）这样吧，暂不对李虹采取拘留措施。胡金发已被逮捕，如果再拘留他妻子，他家里也没人照料；我们这样做，从人性化的角度来说，还可以感化胡金发，攻破他的心理防线，促使他交代问题。

侦查员甲：好的，检察长。

【场景亮，侦查员甲、侦查员乙再次提审胡金发】

侦查员甲：你的犯罪事实我们已经清楚掌握了，你看看（指案卷），这些都是你的犯罪证据。（胡金发垂头不语）胡金发，我们还发现李虹在你案发后转移了大量财产，想要隐瞒你的犯罪所得，她的行为已经涉嫌包庇罪了。（胡金发抬头惊讶地看着侦查员）我们本要打算拘留李虹，但我们检察长考虑到你家里的情况，老人卧病在床，孩子又要高考，怕拘留了李虹，家里没人照料，所以，决定暂时不对李虹采取措施。（胡金发用双手捂住脸，慢慢哭出声音，最后号啕大哭）

【过了一会儿】

胡金发：（擦脸）检察官，我可以给我老婆打个电话吗？

【侦查员甲、乙小声交流，侦查员乙拨通了李虹的电话】

胡金发：李虹，是我。……我挺好的……你把赃物都交给检察院吧。那些都是我们不该得的东西。……检察院的同志对我挺好的，你放心吧……我会照顾好自己的，你照顾好妈妈和小明，等我回来。

【挂了电话，胡金发再次掩面】

胡金发：（哭着）对不起，我错了，谢谢你们……

【画外音：胡金发的心理防线终于被攻破，彻底地向侦查人员交代了自己的罪行】

第四幕

【幕在电话铃声中启】

检察长：喂，哪一位？

工作人员：检察长，有位女士找您，说是胡金发的爱人。

检察长：（略沉思）请她进来。

【李虹上】

李虹：检察长！（哭）这个忙您一定要帮帮我！

检察长：什么事，慢慢说，别哭。

李虹：我儿子上高三，平时学习紧，他都是住校的，他爸爸出事我们都没敢告诉他，怕他受影响。眼下这不快过年了吗，儿子肯定要回来休息几天，到时候不见他爸爸，我们怎么说呀！（哭）孩子再过几个月就要高考了，知道他爸爸出事了怎么受得了啊！我想先瞒过他这一阵，您能帮帮忙，让我老公给孩子打个电话先撒个谎，骗骗他吗？就说……就说他爸爸在国外谈业务，过年回不来，行吗？……检察长，我求求您了，就让胡金发打个电话吧。

检察长：（沉思了一会儿）李虹，你别哭了，你先回去吧，这件事我会想办法的。

李虹：检察长，这件事您一定要帮我想想办法，只要不影响儿子，我们两夫妻怎么样都没关系。

检察长：你放心吧。

李虹：检察长，谢谢您！（起身鞠躬），那我先走了。

【李虹下】

（检察长拨通侦查员甲的电话）

检察长：小李啊，是这样，刚才胡金发的爱人李虹来找我，说马上过年了，他儿子就要放假回家了，孩子还不知道他爸爸被逮捕了，怕孩子知道以后受不了，想请我们让胡金发给孩子打个电话，就说他在国外谈业务，过年回不去。……哎，对了小李，现在家庭电话都有来电显示，高三的孩子不是那么好糊弄的，要找个能隐去手机号的手机。

第五幕

【胡小明欢快地跑上场】

胡小明：妈妈，你看！（拿出录取通知书）

李虹：哎呀！（惊喜地）同济大学！儿子！你真行！

【母子俩激动地抱在一起，幕合】

（作者：刘彤彤）

（三）仲大姐热线

人物：仲大姐——女，54岁，检察院控申科检察官

高峰——男，20多岁，区检察院青年检察官

井赖——男，中年人，老上访户

姚关爱——男，残疾人，40多岁

秋莲——女，姚关爱的妻子，也是残疾人

姚琪——男，17岁，姚关爱、秋莲之子

李甲——女，22岁，被骗陷入传销窝点的女孩

李乙——女，25岁，李甲的姐姐

时间：当代

地点：区检察院信访接待室

【幕在不断响起的电话铃、手机铃声中开启。背景墙上挂着一块非常醒目的"仲大姐热线"及"热线电话86802000"的牌子，桌上摆着电话和"仲大姐热线"】

【仲大姐在不停地接听】

仲大姐：喂，您好！

【手机内一老年男人声：喂，你是仲大姐吗？】

仲大姐：对！我是。

【男声：请帮我找热线！】

仲大姐：我就是仲大姐热线！

【男声（耳背）：什么？热线同志不在？】

仲大姐：我——就——是啊！

【男声（哭泣地）：你就是？哎呀，热线同志啊，不得了啦，我老太婆跟人家跑了，不管我了……】

仲大姐：您老太婆？多大年纪呀？

【男声：我老太婆今年80岁了，说跑就跟人家跑了……】

仲大姐：老大娘80多岁也跟人家跑了？

【电话里面传来老太婆的说话声：谁说我跟人家跑了？我跟谁跑了？我离开一步，你就到处打电话！】

【男声：哦，你没有跑呀？】

【女声：我跑哪去呀？我天天跑菜市场，为你头好吃的！】

【男声转哭为笑：热线同志，我老太婆没有跑，回来了！】

仲大姐（笑）：回来就好！你们看，热线热线，什么事都往这里窜！

（自笑）：哎呀，我们检察院为了帮助、方便广大群众，专门开设了这条控申举报与法律咨询、民生服务热线。检察长说我长期在检察院控申部门从事信访接待工作，对相关业务熟悉，所以就叫我来担纲，还把我的姓挂上了，叫"仲大姐热线"！其实我知道，这是领导对我这些年工作的肯定！可我已经54岁了，明年就要退休了。

【高峰上。喊："仲大姐！"】

仲大姐：这不，又有人上门来了！（发现高峰）哟，小高呀？你是来？

高峰：上班啊！

仲大姐：交流岗位，不想休息几天？

高峰：仲大姐。

仲大姐：你可不能叫我仲大姐，叫我阿姨吧，我都当外婆了！

高峰（笑）：你虽然当外婆了，可你是我们检察院所有人的大姐，也是所有打"热线"和来访人的大姐了！

仲大姐：好！只要能把我们这条热线办好，办得让老百姓满意，我就做大姐，不做阿姨了！

【电话响起】

高峰：喂，您好！这里是……"仲大姐热线"！

【残疾人姚关爱搀扶着妻子秋莲抱着一小孩上。两人不断地喊"是就好哟，是就好！我就是要找热线"；"找仲大姐热线……仲大姐？……"】

仲大姐：你们好！我就是仲大姐！（迎接他们进门）

姚关爱：仲大姐，我终于见到你了！

秋莲（也跟着）：终于找到仲大姐了！

仲大姐：坐坐坐。你们大热天，还抱着个孩子来，有什么急事？

姚关爱：不抱这个细伢子我就不来了！

秋莲：不是这个细伢子，我们哪会来麻烦你热线同志呢。

高峰：哦，小孩怎么了？

【两人一齐给仲大姐、高峰下跪】

两人：求求热线同志，把我这个孙子收下来吧，我们养不起了！

仲大姐：你们养不起也不能随意把孩子送人呀！

高峰：遗弃小孩是犯法啊！

姚关爱：我们犯法也是没有办法，我屋里的崽出事了！

秋莲：我屋里崽被你们检察院逮捕了！

高峰：你儿子出事，由你儿子承担，也不能遗弃小孩呀！

仲大姐：小孩他妈妈呢？

姚关爱：崽被抓了，儿媳妇也走人了。就剩下了我们两个残疾人，外带一个毛伢子！

秋莲：这叫我们怎样活哟！（两人同时哭泣）

高峰：你儿子犯了什么罪？

姚关爱：短命鬼天天上网，没有钱就去偷东西！

秋莲：他今年还不到18岁呀！

高峰：不到18岁？

秋莲：我儿子到年底才18岁。我儿媳妇还不满17岁！

高峰（觉得不可思议）：17岁就生孩子了？！

姚关爱：他们完全就是不懂事，好玩哟！

秋莲：他们瞎闹不要紧呀，不要玩出个累赘给我们呀！

仲大姐：你们的儿子确实不懂事，不仅是盗窃犯法，而且现在也不到法定婚育年龄啊！

姚关爱：是啊？现在可怎么得了！

秋莲：求求检察官，放过我儿子，放过我儿子……

高峰：你儿子犯了罪，我们也无权放他。

仲大姐：但根据你儿子的实际情况，我们会向有关办案部门建议，在法律允许的范围内对你儿子从轻处理，给他一个改过自新的机会。

姚关爱：好！有你这句话我就知足了，就不打扰你们了，热线大姐，我们走了。

【抱着小孩欲下】

【仲大姐拦住】

仲大姐：等等！小弟、小妹，等你们儿子出来后可要好好管教啊！（边说边从身上掏出300块钱）这点钱给你们孙子买点奶粉吧。

两人：我们不要，我们不要。只要你们对我儿子从轻发落，比什么都好。

仲大姐：我不是给你们的，是给这孩子的。拿着！

两人（鞠躬）谢谢仲大姐！

高峰：仲大姐，看来群众还是支持理解我们的！

仲大姐：是啊，只要我们能够实实在在地帮助他们，就能得到他们的理解、支持。别看我们只是一条控申举报、法律咨询、民生热线，作用很大呀！老百姓心情舒畅了，邻里关系和睦了，社会矛盾化解了，我们的社会就更和谐了。

【音乐升起。画外音：一个月后，东湖区人民检察院作出决定：姚琪（姚关爱之子）涉嫌盗窃罪，但鉴于其属未成年人，系初犯，盗窃金额不大，犯罪情节轻微，故对其作相对不起诉处理】

【电话铃声又响起。井赖手里提着个电脑包，打着手机上】

井赖：喂，你是仲大姐热线吗？

仲大姐：是，（井赖走进来了）你又来了？

井赖：这个名称改得好！

高峰：哦，好在哪里呢？

井赖：检察院控申科，吓人！仲大姐热线，就亲切多了，我想来就来。大姐，你说是吧？

仲大姐：井赖，你也来得太勤了！前几天你为了住房问题来访，今天……

高峰：哦，你就是井赖？

井赖：你认识我？

高峰：岂止我认识？我们检察长都知道你！你举报反映的所有材料我们都

看过了。

井赖：我举报的情况你们都清楚？

高峰：清楚！我们检察委员会都专门开会研究过你举报的问题。

井赖：那为什么迟迟不见结果呢？

仲大姐：企业改革，有分有合。你当初选择了自主择业，领取了改制补贴……

井赖：我是领取了买断工龄的钱。我工作近20年，就那么几万块钱把我给打发了？现在那个万老八厂长变成万董事长了，原来坐"现代"，现在坐"宝马"了。他是怎么发起来的？不是侵吞国家财产，就是行贿受贿！

高峰：可是，你提供的材料不能证明万老八有上述不法行为呀！

井赖：还要用材料吗？我一眼就能看出来，他是个标准的坏人！他说话的声音，走路的样子就不像是个好人！

高峰：我们检察机关不是用眼睛看人办案的，而是要讲事实、重证据！

仲大姐：没有犯罪事实，没有足够证据，我们随便抓人，那还叫人民检察院吗？

井赖：你们不是要证据吗？好，仲大姐，这是我带来的材料，请你们认真审查！（从包里拿出一叠纸和照片）你晓得昨天晚上万老八去了哪里呀？（自己也看不清楚，但猜测）照片有点模糊，但肯定是色情场所！哎呀，这拍照片的人水平也太差了！还有，万老八身边又换了个年轻女人……喏，这是照片！

仲大姐：井赖。

井赖：不要叫我井赖了，叫我老井。井赖叫得好难听！我不是紧赖在你们这里。我是来为你们执法办案提供证据材料的！

仲大姐：老井，咱们再好好谈谈。你说的社保低了，我们已经向万董事长提出了，他已经答应这个事将会按照国家的政策办。要解决的不只是你老井一个人，还有其他下岗职工。你说生活有困难，万董事长也说了，可以参加公司招聘。对于本单位原职工可以在同等条件下优先录用……

井赖：我不相信他。当厂长的时候，厂里就经营不好？当董事长了，他就变聪明变能干了？他是骗人的！

高峰：你可以从另一个角度去想，这说明改制激发了企业活力！

井赖：还活力……

仲大姐：老井，你就不能像井那样有点深度吗？

井赖：我就是再深也咽不下这口气！我看见他坐"宝马"，就巴不得他掉到沟里去！我看到他进酒店，就巴不得他醉死去！我……

高峰：老井呀，你这口井应该冒出清水来才好，怎么不停地冒出火来呢？

井赖：我是天然气井！

仲大姐：那好！小高，他提交的材料我们收下。不过，老井，既然是实名举报，你就更要对所说的话负责！

井赖：我当然负责！

高峰：老井，你可要认真想好，举报是你的权利，但同时也要对其负法律责任。你这些材料都是真实的吗？

仲大姐：我们将对你反映的这些材料进行初查，如果你是有意无中生有，那你的行为就属于诬告，你可要承担相应的法律责任哦！

井赖：这，这，这……这些是我听来的！

仲大姐：听谁说的！

井赖：听老刘，不，是小张说的……

仲大姐：你可以叫小张到我们这来一趟吗？有些情况我们要向他当面了解核实。

井赖：啊！好像也不是听小张说的，是我跟踪、观察加分析推测出来的。那万老八肯定有问题，我看他就不像是个好东西……

高峰：你这就不应该了！

仲大姐：老井啊老井！我就拿你当我亲弟弟，你也拿我当亲姐姐，我们今天推心置腹、敞开心扉，好好谈一谈，行吗？

井赖：可以啊！你仲大姐，我还是相信的。

仲大姐：老井啊！大姐劝你一句：不要再疑神疑鬼、无事生非了！人家万董事长不只是专门负责你一人！公司要发展、要壮大，上千员工要活命，当个董事长也不轻松呀！再说，你的正当权益并没有受到损害，你完全有能力找到适合自己的事做。现在社会天宽地广，你是雄鹰，就会有你高飞的天空！你是骏马，就会有你奋蹄驰骋的大地！哪能没有你展示本领的地方呢？何苦这般折腾自己啊？

【静场】

井赖：仲大姐，你说得也有理！

仲大姐：老井，有没有理，你我心里都应该有把尺子经常量一量。我们大家要经常多想想，国家能有今天，我们能过上这么平安幸福的日子，是改革开放带来的！

高峰：仲大姐说得对！改革开放不仅使国家富强了，也为许多人提供了展示才能的机会。那些当上公司经理、董事长的人，谁不是经过一番努力才成功的呀！

井赖（内心愧疚地）：你们说得对。其实我已经想通了！上次我来上访，要求原单位解决住房问题。你们已经帮我协调好了，原单位已经通知我，我住的那套房可以按房改政策房改了。今天我本来是过来感谢你们的。可是，出门的时候，我看见万老八坐的那辆"宝马"，心里就不平衡，把要办的事也忘了……仲大姐，你看，我都把这个带来了……

【井赖从包里拿出一面锦旗。展示锦旗。上面写着"感谢仲大姐热线　热线连百姓，执法暖民心　井赖"】

仲大姐（意外地）：井赖呀井赖，你呀……其实是很讲道理的，就是有时候脑子一下转不过弯来！

井赖：仲大姐，从今以后我不再来闹访了。

高峰：但欢迎你常来监督我们的工作啊！

仲大姐：对了，井赖，欢迎你常来！为了做好"社会矛盾化解、社会管理创新、公正廉洁执法"这三项重点工作，我们检察院最近决定在各街道设立"检察工作室"，要聘请一批社区检察信息员。你爱打听、爱管事，就当我们检察院的社区信息员，好不好？

井赖：我……能行？

仲大姐：只要你心态调整好，就一定行！

高峰：如果你那个社区有什么违法犯罪的人，侵害群众利益的事，当地百姓有什么诉求，需要什么法律帮助，你都可以直接和我们检察院的对接检察官联系，他们会在第一时间给予解答或帮助。

仲大姐：当然啰，你也可以直接找我们检察长！不过，以后可不能捕风捉影、想当然哦！

井赖：好！只要你们信任我，我就一定会认真做好这个角色！

【井赖出门。姚关爱夫妻二人领着儿子姚琪怯生生地走进来】

姚关爱：仲大姐……

仲大姐：你们……

姚关爱（命令儿子姚琪）：快，给仲大姐跪下！

高峰：这是……

仲大姐：姚关爱，你们这又是为什么？

秋莲：仲大姐，大恩大德呀！

仲大姐（挽扶起姚琪）：快起来，快起来！

姚关爱：仲大姐，你们不仅从轻处理了我的儿子，还为我们一家找到了一个好饭碗：我家的报刊销售亭，今天正式开业了。

仲大姐：这是好事啊！

秋莲：今日我们来，一是因为我屋里崽的事来向你们表示感谢，感谢你们检察院给了他一个改过自新、重新做人的机会！二是因为报刊亭的事，也要感谢你们检察院的协调。以前我们夫妇在街上摆了一个流动的早点摊，常常被城管的人赶得东躲西藏。现在好了，在你们的关心帮助下，给我们办了这个报刊亭，今后我们一家的生计就不用愁了。

姚关爱：儿子，今天当着检察官的面，当着仲大姐的面，你要好好地表个态！

姚琪：仲……仲阿姨，

高峰：我们都叫仲大姐！

姚关爱：对，就叫仲大姐。

儿子：我爸妈叫仲大姐，我也叫仲大姐，这……这不搞得我跟老爸老妈同辈了？

秋莲：人家就叫"仲大姐热线"！她是全国人民的仲大姐。你叫，没有错！

姚琪：仲大姐，今后我听你的，好好做人，好好做事，为爸妈争口气！

仲大姐：好，这才像个样。你争气了，不仅你爸妈高兴，我们大家都高兴！

姚关爱：仲大姐说得对！儿子，你不要辜负了大家对你的期望！

【热线电话又响起】

仲大姐：您好！

【电话里女孩李乙的声音：你是仲大姐热线吗？今天是星期天也要打搅你了】

仲大姐：我是，您是……

【电话里的声音很警觉：我妹妹李甲可能被人骗到南昌搞传销，现在被人控制了自由。请你们救救她！】

仲大姐：我这是检察院服务热线。你打"110"吧！

【电话里：我打过"110"了，他们要我提供妹妹的具体地址，可是我人在山东，哪里摸得到我妹的地址。在网上看到了你们南昌市东湖区人民检察院有"仲大姐热线"，我就来求助你们了。救救我妹妹吧！（哭泣）】

【电话挂断了】

【见仲大姐又忙开了，姚关爱一家人告辞】

姚关爱：仲大姐，你们忙。有时间一定要到我屋里去坐一下子。

仲大姐：好，我一定去！姚琪，今后要听父母的话！

姚琪：我一定会牢记仲大姐的话。再见，仲大姐！

仲大姐：再见，你们慢走！

【仲大姐拨打电话】

仲大姐：喂，检察长吗？刚才我们热线接到山东来电，反映有人被骗陷入传销窝点，向我们求救！传销案又不是我们管辖，怎么办？

【电话里。检察长：非法传销害人害己，这种社会毒瘤一定要铲除！我们协助她到公安机关报警！】

仲大姐：她们打了"110"，"110"说出警必须要有传销窝点的地址。

【电话里。检察长：人家大老远打来电话，就是信任我们，我们的热线就是要解人民群众所需，不是我们管辖的事我们也要当成分内的事来办！这样吧，你把举报人提供的一些信息发给我，我马上找公安部门协调一下，要想方设法解救出那女孩！】

仲大姐：是！

【热线电话铃声响起。转化为音乐扬起】

【画外音：一个月后，经过东湖区人民检察院郭云水检察长的全力协调和公安机关的缜密排查，李姓女孩等20名陷入传销窝点的人员终于被解救。远在山东的李姓女孩的姐姐赶来南昌接妹妹回家。离开南昌前，姐妹俩专程赶到东湖区人民检察院，要亲眼看看仲大姐，感谢救助了她们的东湖区检察院】

【李甲、李乙上】

李甲、李乙：（两姐妹一起）仲阿姨！

高峰：我们都不叫她仲阿姨，而叫仲大姐。

李乙：不合适吧？

仲大姐：孩子啊，只要你妹妹能平安出来，你叫什么，我都高兴。

李甲：谢谢仲大姐，谢谢东湖区人民检察院所有的检察官！我是过年前被朋友骗来南昌的，被传销窝点限制自由71天，在里面生不如死，是你们给了我第二次生命。如果不是你们帮助解救我，也许我就从楼上跳下去了！（哭泣）

仲大姐：孩子啊，要记住这深刻的教训！回去后，一定要告诉你的所有同学、朋友：传销是一种违法犯罪行为，害人害己，也危害社会，千万不要上当受骗！

李甲、李乙：谢谢仲大姐！（向仲大姐他们鞠躬）

仲大姐：不用谢了，这是我们检察官应尽的义务！还没有吃饭吧？我们检察长特意为你们安排好了，小高，带她们先去吃饭吧。

高峰：好嘞！

【歌曲《爱的奉献》响起。李甲、李乙姐妹及高峰在音乐中走下。姐妹俩与仲大姐同时高呼"再见——再见!"】

【剧终】

（作者：熊林葆、胡国洪）

第五编

品牌研发工作文件

关于印发《南昌检察机关优秀
检察工作品牌研发工作实施方案》的通知

洪检发〔2012〕18 号

各县区院、省市派出院、市院各内设机构、事业单位：

近日，《南昌检察机关优秀检察工作品牌研发工作实施方案》已经市院党组会议审议通过，现予以印发。请各基层院、市院各内设机构、事业单位认真遵照执行。

附：《南昌检察机关优秀检察工作品牌研发工作实施方案》

南昌市人民检察院

二〇一二年七月四日

南昌检察机关优秀检察工作品牌研发工作实施方案

为了有力推进南昌检察工作全面高效发展，实现进位赶超，争创一流的工作目标，经市院党组研究，决定研发南昌检察机关优秀工作品牌，特制定如下实施方案：

一、背景和指导思想

"十二五"时期是我省建设富裕和谐秀美江西，我市全面打造核心增长极的重要战略期。面对新形势和新任务，市院专门制定和下发了《"十二五"时期南昌检察工作发展规划》，提出了南昌检察工作要实现争创全省一流，在中部省会城市检察院位居前列，在全国检察机关有影响、有地位的奋斗目标。为此，市院组成了五个考察组分赴部分先进省会城市检察院学习考察。此次考察在收获大量先进经验的同时，也暴露出南昌检察机关优秀检察工作品牌不足的问题。3月15日，省院又印发了《全省检察机关培育"优秀基层检察院、优秀检察官、优秀检察工作品牌"工程方案》，这一方案的出台，促使南昌检察机关更要加大工作品牌的打造力度。

打造检察工作品牌，既要放眼长远谋发展，更要立足实际创品牌。要充分整合人才资源，集中一批有经验、高素养、肯钻研、善思谋的检察人才，利用团队智慧与力量，坚持思维创新、理论创新、实践创新，进一步解放思想，以改革的思路和创新的方法及时解决工作中出现的新情况、新问题，积极探索推进工作新途径、新举措，建立和完善行之有效的新机制、新制度，研发一批在全省乃至全国有影响的先进工作品牌。

二、目标和要求

研发团队立足于南昌检察工作实际，从工作机制、举措、制度等角度，创立、完善南昌检察工作的特色、亮点，在充分论证、研判的基础上，打造出若干个南昌检察工作的优秀品牌。具体工作要求如下：

（一）深刻认识品牌打造的重要意义

品牌工作就像一个企业的"拳头产品"，具有与同类产品相匹敌乃至压倒竞争产品的实力，它是企业在激烈的竞争中立于不败之地的关键。南昌检察工作要实现争创一流的奋斗目标，也必须创造出更多的"拳头产品"，以此促进单项工作乃至带动整体检察工作走在全省、全国的前列。

（二）不断增强品牌打造的创新意识

要坚持"人无我有"、"人有我优"的工作思路，一方面挖掘工作优势，积极将实践中的好经验好做法加以提炼与升华；另一方面突出理论创新，着力将创新理论付诸实践，全方面、多渠道地实施品牌创新。

（三）逐步形成品牌打造的规模效应

要充分发挥品牌打造对其他工作产生的辐射带动作用，使全市检察机关形成学习品牌、争做品牌的竞争氛围，打造多个在全省、全国具有影响力的工作品牌，形成品牌打造的规模效应。

（四）努力实现品牌打造的南昌特色

要将品牌打造立足于南昌实际，积极服务南昌经济社会发展大局，将打造工作与实现南昌绿色崛起，积极服务南昌打造核心增长极紧密联系起来，打造出别具一格的南昌检察工作品牌。

三、工作步骤

（一）课题的选取和确立

课题选取来自四个方面：一是由市院各部门上报课题；二是由各基层院上报课题；三是由市院检察长或其他院领导、党组成员、检委会专职委员拟定的课题；四是由研发团队建议研发的课题。课题汇总后，呈报市院检察长，由市院检察长决定或经市院党组研究确立研发课题。课题的选取应遵循以下标准和原则：

1. 课题选取的标准：一是具有跨基层院和跨部门性，即属于各基层院和市院各部门难以独立完成，需在全市两级院范围内协调配合完成的课题；二是具有可操作性，即具备先进的工作理念、清晰的工作思路、科学的发展定位和良好的工作平台，操作措施务实高效，便于具体组织实施；三是具有见成效性，即能取得看得见、可评价的显著成效，能够对检察工作发挥长期作用，体现出较高的创新意义和预期价值，与其他同项（类）工作相比，处于领先地位，促进检察工作基础性、根本性、源头性问题的解决；四是具有可推广性，即该项工作的创新成果，应用推广价值高，能够对其他工作产生辐射带动效应，容易被其他检察院学习吸收和运用转化，产生"磁场"效应，推动南昌检察全面发展。

2. 课题选取的原则：一是坚持继承与创新相结合。打造检察工作品牌本质上就是通过创新解决问题，所以在课题选取上既要坚持大胆创新，又要注意遵循检察工作规律，防止片面否定，盲目求变求新。二是坚持整体与个体相结合。南昌检察工作的整体可以形成品牌，单项工作也可以创建品牌，甚至检察干警个人也可以塑造工作品牌。三是坚持短期效果与长期效益相结合。既要审视课题特别是工作举措类的课题在短期见成效的可能性，又要看到打造工作品牌绝不是一项短期的行为，在课题选取上，要有实施长期品牌战略的意识。

（二）课题的研发

对确立的研发课题，由课题负责人从研发团队中选取三至五人，必要时还可从全市两级院选取相关人员，组成课题研发小组，对课题进行深入研究，形成内容详实的研发报告，报告内容包括工作品牌的背景、形势、现状、创新性、必要性、可行性及拟创建的工作制度、机制、举措的主要内容、实施推广的预期效果等。研发报告经课题负责人审定后，呈报市院检察长或市院党组。

研发小组采取的工作方式主要包括：一是调研论证，即在课题开题前，由研发小组对课题的研究价值、研究内容、研究目标、研究方法等进行调研及论证，写出调研论证报告；二是专家咨询，即在课题研发过程中，研发小组可就某一或某几个专业问题，召开专家咨询会，邀请相关专家学者，对问题进行剖析，提出咨询意见；三是专题研讨，即在课题研发过程中，研发小组可就相关疑难问题，召开专题研讨会，邀请上级检察机关或业务部门、其他相关执法部门及有关人员共同研讨；四是外出考察，即在课题研发过程中，研发小组必要时可赴外地检察院考察学习，参考兄弟检察院的相关先进经验，予以借鉴和转化；五是组织听证，即对于涉及与公安机关、法院、司法局等机关之间协作配合，或者对案件当事人或其他诉讼参与人的权益有重大影响的，在初步形成研发报告后，可召开听证会，邀请相关机关或者人大代表、政协委员、企业、社区代表、人民监督员以及其他相关人员参加听证，充分听取各方意见，对报告进行修改完善。

（三）研发进展规划

研发活动从 2012 年 7 月正式启动，2013 年年底前，完成二至三个全国有影响的优秀品牌、三至四个全省有影响的优秀品牌的研发工作。研发报告经市院党组审核通过后，即开始组织实施，取得一定成效后，再进行宣传推广。

四、团队组成和组织领导

为保证研发工作扎实有效开展，市院党组决定成立专门的研发团队，作为研发工作的骨干力量。团队成员应具备以下三个条件：一是具有较为丰富的检察实践经验，一般从事检察工作 3 年以上，善于分析、解决问题，积累了较为丰富的检察工作经验；二是具有较强的理论素养和文字能力，具有较为深厚的法律功底，能够开展较为深入的研究，具有较强的文字驾驭能力；三是具有服务大局的观念和浓厚的创新意识，能牢牢把握检察工作发展方向，把服务大局作为检察工作的出发点和落脚点，工作中注重更新观念，善于创新思维，不断求新思变。团队成员组成为开放式，可根据能力表现和人才培养等各方面情况进行动态调整，总召集人为市院检委会专职委员熊红文，具体成员名单由市院检察长决定。

课题确立之后，每项课题确定一名市院领导、党组成员或检委会专职委员为课题负责人，负责对研发工作的组织、领导、协调和指挥。研发团队的工作向市院检察长和市院党组汇报，对市院检察长和市院党组负责。研发团队成员应在课题负责人领导下，尽职尽责、协调配合、齐心协力，充分发挥个人能力和集体智慧，研发出高质量的检察工作品牌，为推动南昌检察工作全面创新发展作出贡献。

南昌市人民检察院

二〇一二年六月十三日

在检察机关优秀检察
工作品牌研发工作座谈会上的讲话

徐胜平

同志们：

《南昌检察机关优秀检察工作品牌研发工作实施方案》已经于一周前印发实施了，红文就《研发方案》的相关内容也作了解释说明，今天召开这个座谈会，就是要将《研发方案》的贯彻实施抓好落实，开好局。刚才，几位同志就《研发方案》的实施谈了自己的想法，也提出了一些具体研发课题的建议，谈得都很好，我听了很受启发，有大家这种昂扬的斗志和饱满的热情，我相信《研发方案》一定能得到顺利实施。下面，我就如何推进优秀检察工作品牌研发工作谈几点意见。

一、切实做到"两个认识"，保障研发工作稳步推行

思想是行动的先导，有积极的思想才有积极的行动。做好品牌研发工作，首先必须做到"两个认识"：

（一）深刻认识品牌研发工作之意义重大

品牌研发工作不是一项单纯的检察工作，其重要性是任何单项检察工作都不可比的，其重要程度可以说关乎南昌检察工作发展全局，关乎南昌检察工作兴衰成败。品牌研发之所以如此举足轻重，因为它关乎《"十二五"时期南昌检察工作发展规划》宏伟目标的实现，关乎检察工作能否服务好南昌打造核心增长极这一中心大局。《"十二五"时期南昌检察工作发展规划》提出了南昌检察工作要实现争创全省一流，在中部省会城市检察院位居前列，在全国检察机关有影响、有地位的奋斗目标。如何才能在中部省会城市位居前列？如何才能在全国检察机关有影响、有地位？有没有一批能够叫得响、推得开的检察工作品牌就是一个重要标志。可见，品牌研发工作直接关乎《"十二五"时期南昌检察工作发展规划》宏伟目标的实现。打造核心增长极是当前和今后一个时期南昌经济社会发展的头等大事，南昌打造核心增长极需要无数个第一来支撑，这其中也包括检察工作要争创一流，检察机关要服务打造核心增长极这一大局，必须创造一流的工作业绩。可见，品牌研发工作也直接关乎检察机关能否服务好南昌打造核心增长极这一中心大局。通过这两个"关乎"，就足见品牌研发工作之意义重大。

（二）深刻认识品牌研发工作之时间紧迫

今年3月，市院组成了五个考察组分赴部分先进省会城市检察院学习考察，考察中我们发现这些检察院之所以能跻身全省、全国先进行列，有一个共同点：就是打造出了多个优秀检察工作品牌。这让我们看到了南昌检察机关在工作品牌创新方面与先进省会城市检察机关存在的差距，暴露出南昌检察工作存在的短板。所以，面对这种差距和短板，我们"坐不住"。《研发方案》为品牌研发描绘了"路线图"、制定了"时间表"，即2013年年底前，完成二至三个在全国有影响的优秀品牌、三至四个在全省有影响的优秀品牌研发工作，因为5年时间一晃就过，品牌研发仅仅是品牌打造的第一步，后面还有研发课题的付诸实施阶段和实施成效的宣传推广阶段，一个品牌经过研发、实施到推广，需要经历数月甚至一两年的时间。所以，面对如此艰巨的目标任务和时间进度，我们"慢不得"。近日，我市召开市委十届四次全议，会议通过了《关于深入贯彻落实省委省政府战略部署，全力打造核心增长极的决定》，会后又召开了打造核心增长极万人誓师大会，吹响了南昌打造核心增长极的"集结号"。所以，面对这千载难逢的机遇，我们"等不起"。因此，全市检察机关要立刻行动起来，以时不我待的紧迫感，迅速掀起研发工作品牌的热潮，强力推进南昌检察工作全面、高效、创新发展。

二、正确处理"三对关系"，保障研发工作科学发展

品牌研发是当前和今后一个时期南昌检察工作的重中之重。我们不仅要充分认识品牌研发之意义重大和时间紧迫，还要保障品牌研发工作科学发展，可持续发展。对此，主要是正确处理好以下"三对关系"：

（一）正确处理好品牌研发与创先争优的关系

创先争优是当前在全党深入开展的一项重大活动，也是检察机关推动检察工作服务经济社会发展大局，促进检察工作全面高效发展的一个重要载体。创先争优的先进发展理念，是能运用马克思主义哲学认识论和实践论来认识问题和解决问题的发展理念；创先争优的先进精神状态，是能起到引领、凝聚、团结、鼓舞人心作用的精神状态；创先争优的先进工作模式，是能与社会经济发展融合并举的工作模式；创先争优的优秀工作业绩，是能在行业内处于领军地位的工作业绩。

品牌研发需要与创先争优相互融合，相互促进。一方面，品牌研发需要与创先争优相互融合，因为它需要创先争优带来的先进发展理念，唯有先进的发展理念，才能引领品牌研发从检察实际出发，创造出先进的检察工作品牌；它需要一支具有先进精神状态的队伍，唯有勇于争先的检察队伍，才能为品牌研发带来无穷力量。所以说，品牌研发离不开创先争优，二者需要相互融合。另一方面，品牌研发需要与创先争优相互促进，因为品牌研发是一个立足岗位创品牌的过程，它能营造出一种比学赶超的竞争环境，有利于打造一支具有先进精神状态的检察队伍；品牌研发还是一个机制创新、制度创新和实践创新的过程，这也是实现创先争优中先进管理模式、优秀工作业绩的过程，工作品牌的形成又是创先争优的成果和标志。所以说，品牌研发又可以助推创先争优，二者需要相互促进。

（二）正确处理好品牌研发与培优工程的关系

今年3月，省院决定在全省检察机关启动培育"优秀基层检察院、优秀检察官、优秀检察工作品牌"工程，并制定了实施方案。品牌研发不是重复的"培优"。第一，"培优工程"的指导思想是贯彻落实基层院建设规划，以基层院"四化"建设为方向，创新基层院建设思路和措施，是全市基层院建设的重要平台。而品牌研发的指导思想是贯彻落实全市检察机关"十二五"发展规划，实现"十二五"规划的宏伟目标，整合全市检察人才资源，研发一批全市检察工作品牌，是全市检察工作争创一流的重要平台。第二，"培优工程"主要立足于巩固和深化"一院一品"创建成果，使"一院一品"十大精品经验得到普遍推广应用，"培优工程"重在实践，侧重于对已有经验的巩固深化和完善应用。品牌研发主要立足于研发出新的优秀检察工作品牌，重在创新发明，重在从无到有。品牌研发更加需要创新意识，研发的品牌主要是跨基层院和跨部门性的，在全市检察机关打造和应用的检察工作品牌，也可以是对各基层院、市院各部门已有工作经验的提升和拓展。第三，品牌研发课题的来源除了如"培优工程"所要求的各基层院和市院各部门申报外，还包括市院检察长或其他院领导、党组成员、检委会专职委员拟定的课题以及由研发团队建议研发的课题，这决定了品牌研发工作的广泛性和参与性。第四，品牌研发有专门的研发团队，团队成员均是来自全市两级院有经验、高素养、肯钻研、善思谋的检察人才，这保障了品牌研发工作的高水平和高质量。

品牌研发与"培优工程"是推动南昌检察发展的两条路径，不能相互替代。品牌研发的目的是通过集中优势力量，短时间内研发出一批具有全局性、高水平的工作品牌，迅速推动南昌检察工作跨越式发展。"培优工程"是通过充分发挥各基层院的工作积极性，致力于使每个基层检察院都有特色亮点工作，从而有力提高基层院"四化"建设水平。两项工作的最终目的都是使南昌检察全面高效发展，因此两项工作都要做好，做到相互促进，共同发展，两翼齐飞。

（三）正确处理好品牌研发与基层院建设的关系

《2009—2012年基层人民检察院建设规划》明确提出推进"执法规范化、队伍专业化、管理科学化和保障现代化"建设的基本目标。"四化"建设是一项系统工程，涵盖了检察工作的方方面面，要实现"四化"建设，必须在无数个小系统上去下工夫。品牌研发正是围绕"四化"的目标，在创新和"拳头产品"上下工夫，研发工作开展好了，必定能大力推动基层院建设。

品牌研发工作对于基层院推进"四化"建设来说是一个非常好的契机。它可以弥补基层院创新能力不足的缺陷，充分利用研发团队的集体智慧与力量，立足基层院建设工作全局，以改革的思路和创新的方法积极探索工作新途径、新举措，及时解决"四化"建设中的新情况、新问题，建立和完善行之有效的新机制、新制度，以点带面，大力提升基层院"四化"建设水平。因此，各位基层院检察长要充分利用好这次品牌研发的机会，回去以后，首先要召开全院干警动员大会，围绕品牌研发对基层院建设的重大意义作深入动员，认真贯彻执行好《研发方案》。同时，要通过建立激励机制和责任机制等各种途径，充分调动全院干警挖掘品牌研发课题的积极性，认真选取课题，抓紧时间申报课题，通过课题研发推动全市基层院建设更上一个新台阶。

三、树立"六个意识"，保障研发工作取得实效

品牌研发能否做好，关键在人。目前这些研发团队成员都是经认真考虑，精挑细选出来的，都可以说得上是南昌检察机关的精英和骨干。但是，这绝不代表品牌研发就是某几个人的工作，而应该是全市检察干警的共同任务和使命，它不仅是市院的一项中心工作，更是各基层院的共同任务和使命。从事品牌研发工作，除了要具有丰富的工作经验、深厚的法律功底、较强的理论素养和娴熟的文字能力外，还要牢固树立"六个意识"：

（一）牢固树立创先意识，比学赶超勇争一流

服务好南昌打造核心增长极要求我们必须创先争优，创造出无愧于区域位置的检察业绩。在品牌研发过程中，一定要牢固树立创先意识，要用创先争优的先进精神状态，努力营造一种立足岗位创品牌的比学赶超的浓厚氛围；要发挥创先争优的示范作用，用创新的方法解决工作中的各种问题，创造一流的检察业绩。

品牌研发工作要立足南昌，更要眼界开阔，要有"四个看"的境界——"站在省内看南昌，比照中部看南昌，放眼全国看南昌，走向世界看南昌"，要敢于同先进省会城市检察院比，敢于同发展快、实力强的检察院比，在比较中正视差距，找到标杆，高标准、高定位地开展品牌研发，力争尽快研发出一

批在全省乃至全国叫得响、有得看、值得学、推得开的优秀检察工作品牌。

（二）牢固树立责任意识，甘于奉献敢于担当

品牌研发是一项工作更是一项光荣的事业，它关系到南昌检察的单项工作能否走在全省乃至全国的前列，关系到南昌检察"十二五"规划的整体目标能否顺利实现。请在座的各位研发团队成员来承担这一任务，既是市院党组对你们的重托，也是市院党组对你们的高度信任。所以，每位研发团队成员都重任在身，你们肩上承载了南昌检察人多年来的梦想，这既是一份值得骄傲的荣誉，更是一份沉甸甸的责任。

责任意识是一种工作态度，责任心的大小，决定了工作成绩的大小。省院举办的职业道德标兵先进事迹报告会，大家应该还记忆犹新，这些道德标兵大都是来自平凡岗位，有的还是我们身边的同事。在他们身上，我们看到一种对工作的强烈责任感，这种责任感使他们十几年甚至几十年如一日地默默耕耘，在平凡的岗位上做出了不平凡的业绩。责任意识还是一种敢于担当的勇气，在困难面前不退缩，在失败面前不放弃。老一辈的革命家在大革命失败后，面对自己的同志在敌人屠刀下纷纷倒下，他们没有退却，仍然坚持在艰苦卓绝的环境中继续开展革命斗争，并最终取得革命胜利，靠的就是为共产主义事业奋斗终身的强烈责任感。希望各位研发人员始终保持强烈的责任感、使命感，沉下身子搞研发，以坚忍不拔的意志，以一干到底的决心，向党组交上一份满意的答卷，不辜负党组对你们的信任和重托。

（三）牢固树立创新意识，有胆有识敢冒敢闯

品牌研发工作归根结底就是要推动检察工作全面创新发展。当前的形势对检察工作的要求和期望越来越高，检察工作要跨越式发展，唯有创新一条路。在品牌研发过程中，要有浓厚的创新意识，绝不能故步自封，保守不前，而要解放思想，更新观念，大胆创新，勇于创新，争做检察工作的"弄潮儿"。

创新要有胆有识。所谓有胆，就是敢于创新、勇于创新，要敢冒敢闯。小平同志说过："没有一点'闯'的精神，没有一点'冒'的精神……就走不出一条好路，走不出一条新路，就干不出新的事业。"所以凡是兄弟检察院率先实践，取得实效的做法，就要大胆借鉴，凡是有利于执法规范化、队伍专业化、管理科学化、保障现代化的新举措，就要大胆实施。所谓有识，就是要有科学的精神，尊重客观规律，进一步解放思想，调整工作思路，改进工作方法，创新工作机制。比如，新形势、新时期的职务犯罪预防工作就有很大的创新空间，如何通过工作机制模式创新、工作方式方法创新，实现预防工作多样化，强化预防工作有效性，都可以深入研究，创出新品牌。目前，创新已经让我们的预防之路越走越宽，预防处改变了传统的职务犯罪预防模式，从单纯的

制作图片展板和上法制课向制作警示教育电视片、创新预防讲座方式转变，收到很好的预防效果，这种"老树开出新花"的工作方式，就是品牌研发一个很好的切入点。

（四）牢固树立学习意识，好学善思厚积薄发

品牌研发工作需要学习型的检察官，用所学知识不断推进工作创新，为品牌研发提供源动力。这里我举一个例子，去年在北京召开《民事诉讼法》修改座谈会，有一位也是唯一一位来自基层检察院的代表是四川省金堂县检察院的民行科科长邹德光。他之所以受到最高立法机关和最高检察机关的青睐，就是因为他用知识推进民行检察工作不断取得了新的成绩。邹德光并不是法律科班生，而是由一名小学教师半途转行的，凭着对检察事业的热爱，他孜孜不倦地学习积累各种法律知识，不断提升专业素养。邹德光爱学习，也善思考，他率先拓展民行检察工作范围，积极探索对破坏国家、集体财产刑事案件提起刑事附带民事诉讼。此工作经验不仅在全市、全省民行检察工作会上进行了交流推广，而且得到了最高人民检察院的充分肯定。

邹德光的例子对于研发人员很有借鉴和启示意义。品牌研发工作是一项精细活，要胜任这项工作，需要对大政方针精准把握、对业务知识全面熟悉、对工作问题深入了解。在法律知识瞬息万变，法制资讯浩如烟海的今天，要做到这些只有学习再学习，唯有平时在学习中积累了深厚广博的知识，才能在品牌研发中迸发出创新的灵感和火花。所以，研发人员要热爱学习，善于学习，将学习与工作相结合，在学习中思考，在工作中积累，做到学习工作化，工作学习化，在研发工作中厚积薄发，与时俱进。

（五）牢固树立调研意识，深入基层深入实践

品牌研发工作能否顺利开展，调研是很关键的一个环节，它关系到品牌工作是否具有可操作性、可推广性，能否取得实际成效。《研发方案》要求选题"一是具有跨基层院和跨部门性；二是具有可操作性；三是具有见成效性；四是具有可推广性"，可见，这项工作不是靠读一两本书、写一两篇文章就能做到的，它需要经过认真、细致、深入的调研。

毛主席说过："没有调查研究，就没有发言权。"研发人员要高度重视调查研究，因为这是决定研发是否能够取得成功的重要基础性工作。品牌研发不是闭门造车，不能关起门来搞创新，也不是纯粹的、空对空的理论研究，不能仅仅停留在理论层面想当然地搞创新，而是要紧紧围绕检察工作实际，深入基层，深入实践，尽可能多地去收集详实的第一手资料，通过对第一手资料的深刻、全面、系统分析，真正做到发现问题、提出问题、解决问题。调研的方式有很多，可以向专家咨询，可以开展专题研讨，必要时可以外出考察、组织论

证等，还可以在平常工作中与身边的领导、同事们聊一聊，汇报、交流一些"突发奇想"的点子，在这种日常的交流沟通中，相互启发，或许也能碰撞出不少思想的火花。

（六）牢固树立常态意识，立足岗位不断创新

品牌研发工作是推进基层检察院建设、实现南昌检察全面跨越式发展的重要载体，我们要充分用好这个载体，掀起一场研发品牌的热潮，营造一种干好工作就能创出品牌、创出品牌就是干好工作的研发氛围。而且这种热潮要长期持续下去，而不能成为一阵短暂的风潮。品牌研发是一项长期而艰巨的工作，研发人员要始终绷紧品牌研发这根弦，把品牌研发融入到日常工作中去，不放过任何一个品牌研发的切入点，不放弃任何一个成功经验的转化机会，做到用心观察、细心调研、精心策划，对于符合研发条件的特色、亮点工作，成熟一个研发一个，做到品牌研发工作常态化。

《研发方案》提出的目标是"2013 年年底前，完成二至三个全国有影响的优秀品牌、三至四个全省有影响的优秀品牌的研发工作"，这并不是说品牌研发工作在 2013 年就结束，这只是品牌研发工作的一个开始，全市检察机关要以此为契机，不断积累品牌研发工作经验，不断丰富品牌研发工作成果，助推南昌检察工作不断创造新的辉煌。

同志们，研发检察工作品牌的号角已经吹响，让我们以时不我待的紧迫感、责无旁贷的使命感和舍我其谁的责任感，坚定信心，真抓实干，全身心地投入到品牌研发工作中去，为南昌检察实现跨越式发展作出积极的贡献！

对《南昌检察机关优秀检察工作品牌研发工作实施方案》的简要说明

熊红文

各位领导、同志们：

根据会议安排，由我对《南昌检察机关优秀检察工作品牌研发工作实施方案》（以下简称《方案》）作个简要说明。我主要说明两个方面的问题：一是《方案》的制定过程，二是对几个关键词的解释。

一、关于《方案》的制定过程

关于《方案》出台的形势和背景，《方案》中已作了说明，我就不重复了，我主要就《方案》的制定过程作个补充说明。今年三月，市院为了实现"十二五"规划中提出的未来五年南昌检察工作在中部省会城市位居前列的宏伟目标，组成五个考察组赴八个中部省会城市学习考察。这次考察让我们很有感触，最大的体会就是我们叫得响、推得开的品牌工作太少了，与先进省会城市还存在不小的差距。为此，徐检提出要成立一个专门的研发团队，研发一批高品质的南昌检察工作品牌，助推南昌检察在中部省会城市进入前列，在全国检察机关有影响有地位。

我们按照徐检的这个指示，立即投入《方案》的论证、起草和制定工作，经过多次反复修改，于五月份提交党组会审议，党组成员提出了一些修改完善的意见，我们按照这些意见又作了修改完善，于六月下旬再次提交党组会审议，获得党组一致赞成通过。所以说，这个《方案》不是突如其来产生的，而是在南昌检察机关要实现"十二五"规划目标、要服务南昌打造核心增长极任务艰巨的形势和背景下，检察长审时度势，经过认真考虑并指示我们作了成熟论证以后制定的，党组也一致认为制定出台这个《方案》是很有必要的，也是一个很英明的决策。

二、关于《方案》中几个关键词的解释

《方案》的内容较为具体详实，我就不再作全面的说明了，着重就《方案》的几个关键词作一个解释，这几个关键词就是"研发"、"课题"和"团队"。

先说"研发"。这个词大家在企业发展中经常看到，很多企业都设立了专门的研发部门，研发新型技术、设计或产品，不错，我们使用"研发"这个词，正是借鉴企业的发展理念，因为企业要在激烈的市场竞争中立于不败之地，唯有不断推陈出新，不断研发出新产品推向市场，满足客户不断变化的需求，从而在与同行竞争中抢占先机。检察工作也是如此，目前我国经济社会发展迅猛，有的地方甚至呈现日新月异的变化，检察机关要服务经济社会发展大局，面临许多机遇和挑战，这和企业竞争的道理是一样的，经济社会发展大局就是我们服务的对象或者说客户，经济社会发展不断变化，意味着客户的需要不断变化，检察工作自然也要不断创新求变、与时俱进、推陈出新，而绝不能固步自封、裹足不前。所以说，在这一点上，检察机关的创新发展与企业的创新发展是一脉相承的，借鉴企业研发的理念来发展检察工作不仅没有任何问题，而且是个很出色的创意，因为提出研发检察工作品牌的，全国仅此一家，我们在这点上，本身就是个巨大的创新。

再说"课题"。我们这里的课题研发不是指检察理论研究课题，检察理论研究课题的组织申报、立项、结项是研究室的一项专门工作，这种课题研究主要是检察基础理论和检察应用理论研究，主要是解决检察理论层面或检察业务技术层面的问题，而我们这里的研发课题，是要研发出推动检察工作发展的具有创新性的机制、制度和经验、做法，主要是解决如何创新检察工作品牌的问题。此外，检察理论研究课题成果主要是用于在期刊、网站发表或在论文评比中获奖等，研发课题成果主要是投入于检察实践中运用，通过推行这样一套机制、经验、做法来促使检察工作创新发展，所以说，二者完全是两个不同的概念。

最后说"团队"。之所以要成立专门的研发团队，一方面是因为我们研发的品牌工作是跨基层院和跨部门的，也就是说，不是专属于哪个基层院或市院哪个部门的品牌工作，而是属于全市检察机关的品牌工作，所以不好由哪个基层院或市院哪个部门来完成；另一方面也是为了集中集体智慧，集中力量进行研发攻关，研发工作是品牌打造的重要前提和基础，研发的创意好，经过一段时间实施，就一定能取得成效，经过宣传和推广，就能产生影响。比如20世纪90年代就盛行过一种行业，叫"金点子"公司，专门向企业出售创意的，所以创意本身也是有价值的，创意就是生产力。在检察工作品牌打造中，研发也是至关重要的一个环节，也可以说是最难的一个环节，所以需要借助集体的智慧和力量来完成。目前暂定的这个团队名单是检察长钦定的，这些成员都是南昌检察机关有思想、有见地、有创新意识的骨干和精英，相信你们都为自己能够进入这个名单感到光荣和自豪。在此我要特别说明的是，这个团队不是封闭和固定的，而是开放和流动的，未纳入团队的干警也可以毛遂自荐，各基层院、市院各部门也可以向我们推荐，我们随时欢迎新成员加入，为团队注入新鲜血液。

我就作这么三点简要说明，不当之处，敬请大家批评指正。

南昌检察机关优秀工作品牌研发课题评审办法

为了实现南昌检察工作争创一流的宏伟目标，市院印发了《南昌检察机关优秀检察工作品牌研发工作实施方案》，并成立了构建职务犯罪侦查信息化工作、羁押必要性审查工作、未成年人检察工作、职务犯罪预防工作、网络信访工作、检察文化建设工作、非法证据排除工作等七个工作品牌研发课题组。目前，七个课题组已完成了课题研发报告。经市院党组决定对这七个课题进行评审，以切实精选出二至三个高质量的研发课题，在全市检察机关组织实施，进一步推进南昌检察工作全面高效发展。具体评审办法如下：

一、评审方式

组成专家评审组、市院评审组及基层院评审组，于 12 月 21 日（星期五）下午 2：00 在市院一楼大会议室，集中对七个工作品牌的研发课题报告进行评审。

二、评审人员

1. 评审专家由省院副检察长张国轩等十位专家学者担任，张国轩副检察长任主评审。

2. 市院评审组由市院领导、党组成员、检委会专职委员组成。

3. 基层院评审组由每个基层院派一名院领导及一名中层干部或业务骨干共 24 人组成。

三、评审程序

评审工作坚持严格、科学、公平、公正，鼓励创新，激励优秀的原则，按照以下程序进行：

（一）书面审查

由评审组对七个工作品牌的研发报告进行书面审查。

（二）现场答辩

首先由课题组就课题报告的形势背景、创新性、可行性、具体举措以及实施推广的预期效果等向评审组进行简要汇报，汇报时间不超过 10 分钟。汇报结束后，专家评审组可就品牌研发相关内容进行提问，课题组进行答辩。答辩中，课题组其他人员可以相互补充，答辩时间不超过 15 分钟。

（三）提出评审意见

专家评审组可就课题报告中存在的不足和缺陷，提出补充完善的意见。

（四）现场评分

专家评审组和市院评审组根据书面审查和现场答辩情况，对课题报告进行现场评分。

四、评审规则

评审专家组及市院评审组主要从以下四个方面，对课题报告进行评分：

1. 具有创新性：体现了"人无我有，人有我优"的创新意识，与其他同类工作相比，处于领先地位，具有更为先进的甚至是独创的工作理念、工作模式或工作举措，占 35 分。

2. 具有可行性：具有法律政策依据；符合检察工作的发展规律；具有清晰的工作思路和科学的发展定位，操作措施务实高效，便于组织实施，占 30 分。

3. 具有成效性：具有较高的应用和实践价值，能够取得预期成效，对推动检察工作高效发展发挥实际效用，经实施后，使该项工作树立品牌地位，形成品牌效应，切实促进南昌检察工作争创一流，占 30 分。

4. 具有层次性：课题报告主题突出，论点明确；论据充分，参考资料翔实；结构严谨，层次分明，文字精炼，表达清晰，占 5 分。

基层院评审组对课题报告作出"很好"、"可行"、"基本可行"、"不可行"的评定。

南昌市人民检察院

二〇一二年十二月十四日

关于全市检察机关共同
打造实施优秀工作品牌的通知

洪检发〔2013〕4 号

各县区、省市派出院,市院各内设机构、事业单位:

今年七月,市院印发了《南昌检察机关优秀检察工作品牌研发工作实施方案》,决定研发几项优秀检察工作品牌,助推实现南昌检察争创一流的宏伟目标,并成立了七个检察工作品牌研发课题组。研发报告完成后,市院召开了研发课题评审答辩会,对七个研发课题报告进行了严格、科学、公平、公正的评审。根据评审结果,并经市院党组研究,决定从今年开始,计划用一年至二年的时间,全市检察机关共同实施,努力将职务犯罪预防、非法证据排除和检察文化建设三项工作打造成为在全省乃至全国有影响力的优秀检察工作品牌。为保障品牌打造工作取得预期效果,提出以下几点要求:

一、加强思想动员,强化品牌打造工作的责任感

品牌打造工作关乎南昌检察争创一流宏伟目标的实现,关乎检察工作服务南昌打造核心增长极这一中心大局。职务犯罪预防工作功在当下,利在长远,对于营造廉洁高效的政务环境,助推南昌打造核心增长极具有重大而深远意义;非法证据排除是修改后《刑事诉讼法》修改的最大亮点和难点,对于保障人权和推进法治文明进程意义重大,检察机关责任最重,也大有可为;检察文化建设重在以文化人,以人兴检,为检察事业兴盛发展创造源动力。这三项检察工作品牌研发报告结构严谨,思路清晰,设计了具体路径,既有创新机制和工作举措,又有论证说明和细则样本,可操作性很强,极具实践价值,为工作品牌打造实施奠定了坚实基础。但"知易行难",研发报告只是品牌打造的前提和基础,成败关键在于实施。品牌打造实施阶段任务艰巨,任重道远,全市检察机关要树立强烈的责任感和使命感,以科学的态度、务实的作风、有效的措施,确保品牌打造工作取得圆满成功。

二、加强组织领导,强化品牌打造工作的执行力

全市检察机关要紧密结合工作实际,有步骤、分阶段地抓好品牌打造工作。市院将就上述三项工作分别成立品牌打造工作领导小组,负责品牌打造工

作的指挥、协调和督导。市院相关部门要依据研发报告的总体规划和具体路径，制定具体工作项目计划，报分管领导审定，并逐项规定完成时间，将项目细化到责任人，形成品牌打造工作任务推进表，一步一个脚印，将研发报告的内容逐一落到实处。市院相关部门要对照推进表，一月一小结，一季一总结，查摆工作中的问题和不足。各基层院也要及时总结和自我检查，每半年就品牌打造工作向市院作一次全面报告。市院要成立品牌打造工作督查小组，对基层院开展品牌打造工作进行定期检查和不定期抽查，对于消极应付的要通报批评，责令整改。两级院要安排专门人员，对品牌打造期间开展的重点工作活动进行录音录像，记录下品牌打造的过程和取得的实效。围绕研发报告开展的活动要数量众多，全面新颖，务实高效，每项工作品牌的打造实施最终能够形成一本展示工作品牌的资料汇编、图片画册和一张宣传工作品牌的音像光碟。

三、加强纵横联动，强化品牌打造工作的聚合力

品牌打造工作是全市检察机关今明两年的一项重点工作，这项工作要取得圆满成功，必须全市两级院树立"一盘棋"观念，形成共同参与、人人争先的浓厚氛围。它不仅需要各基层院、市院各部门充分发挥自身主观能动性，更需要全市两级检察机关上下配合、纵横联动，形成工作合力。各基层院要协调好打造实施全市检察工作品牌与打造实施本院"一院一品"工程的关系，二者兼顾，齐头并进。品牌打造过程中，各基层院要积极配合市院相关部门工作，给予人力、物力、财力的全力支持；市院相关部门要加强对基层院工作指导，确保两级院齐心协力，品牌打造工作不走偏；市院各部门间要加强协调配合，通力协作，确保每项活动顺利开展。

四、坚持与时俱进，强化品牌打造工作的实效性

检察工作的背景、形势、任务在不断变化更新，全市两级院在品牌打造工作中也要与时俱进，不能完全拘泥于研发报告所列的实施路径，要在实施中对实施的路径、举措、方法不断充实完善，创新求变。研发人员要全力跟进，全程跟踪，对研发理念和精神进行阐释，协助开展调研论证、总结推广工作，积极帮助解决实施过程中的困难和问题，提出对策和建议，确保品牌打造工作的每一步都能扎实推进，取得实效。

五、及时总结宣传，强化品牌打造工作的影响力

对品牌打造过程中取得的阶段性成果，全市两级院要注意总结和宣传，不断强化品牌工作的规模效应和影响力。全市两级院要加强信息上报和检察宣传工作，对品牌打造中的每一次活动、每一点经验、每一项成效及时总结上报，及时宣传报道。要通过不断开展形式多样、务实高效的工作活动，不断通过专刊、简报、报纸、电视、广播、网络等传播渠道宣传这些工作活动和取得的效果，不断扩大这三项检察工作的影响力，真正树立南昌检察工作的品牌效应。

南昌市人民检察院

二〇一三年一月五日

关于在全市开展"百名检察官百场预防犯罪宣讲"活动实施方案

为充分发挥检察职能,积极参与社会管理创新,从源头上解决社会管理层面存在的突出问题,营造和谐平安南昌,服务南昌打造核心增长极,市检察院决定在全市各机关、学校、企业、社区、农村开展"百名检察官百场预防犯罪宣讲"活动(以下简称"双百活动")。为确保此项活动顺利全面开展,现制定如下实施方案。

一、指导思想

坚持以邓小平理论和"三个代表"重要思想为指导,深入贯彻落实科学发展观,立足检察职能,围绕惩防腐败体系建设、加强和创新社会管理,深入开展预防青少年犯罪和预防职务犯罪法制宣传教育工作,不断提高广大青少年、国家工作人员和社会公众遵法守法意识,从源头上减少、遏制犯罪的发生,营造和谐稳定的社会环境和廉洁高效的政务环境,服务南昌经济社会又好又快发展。

二、组织领导

为切实加强"双百活动"的领导,保证活动顺利实施,成立"双百活动"领导小组。领导小组成员如下:

组　长:徐胜平　检察长
副组长:刘莉芬　副检察长
　　　　徐仁杰　高新区院检察长
　　　　邓修作　副检察长
　　　　王林才　经开区院检察长
　　　　曹运革　副检察长
　　　　陈伟明　纪检组长
　　　　李仲贤　政治部主任
　　　　薛有旺　副检察长
　　　　詹太健　反贪局局长
　　　　熊红文　检委会专职委员

　　　　　龚生香　检委会专职委员
　成　　员：程红义　办公室主任
　　　　　陈　勇　政治部副主任
　　　　　魏琗金　侦监处处长
　　　　　杜迎春　公诉处处长
　　　　　雷　武　反贪局政委
　　　　　吴曙明　反渎局局长
　　　　　邓国庆　监所处处长
　　　　　熊　歌　预防处处长
　　　　　刘用林　警务处处长
　　　　　罗福生　计财处处长
　　　　　刘　岩　纪检组副组长
　　　　　羊忠民　政治部副主任
　　　　　吴国强　预防处副处长
　　　　　杨　妍　研究室副主任
　　　　　李爱吉　技术处副处长

　　领导小组下设办公室（设在市院预防处），作为"双百活动"的组织、管理和日常办事机构。

　　三、步骤安排

　　（一）准备部署（6—7月）

　　1. 成立宣讲团

　　为确保宣讲活动取得良好效果，成立南昌市检察机关预防犯罪宣讲团。由市检察院检察长徐胜平任团长，副检察长邓修作、曹运革，检委会专职委员龚生香任副团长。宣讲团成员由市院抽调全市两级院具有丰富的检察工作经验和较高的政策、理论和法律知识水平的检察官担任。

　　2. 拟写、审定宣讲稿

　　宣讲员围绕当前青少年犯罪和职务犯罪高发、易发领域，如在校大学生犯罪、国企改制过程中职务犯罪、涉农职务犯罪、工程建设领域、金融领域、医疗卫生领域、教育系统、行政执法系统、监狱监管系统、土地征用、房屋拆迁职务犯罪等，结合研究、办理的典型案件和预防活动成果，针对预防对象的行业特点、发案情况、预防对象的心理特点等，认真准备宣讲稿，并交预防犯罪宣讲团统一审定。

　　3. 对宣讲员进行培训，组织宣讲员试讲

　　为确保宣讲效果，宣讲前，由市院组织宣讲员进行培训，先行内部试讲。

4. 召开座谈会

邀请有关部门参加座谈会，听取各方意见，借助外力，共同开展好"双百活动"。

5. 制订宣讲计划

围绕预防青少年犯罪和预防职务犯罪，由市院相关业务部门就宣讲方式、宣讲内容、宣讲对象等分别制定宣讲计划交"双百活动"领导小组统一审核，由活动领导小组统一部署安排宣讲活动。

（二）组织实施（8—11月）

1. 举行启动仪式

邀请市领导、市直有关单位及部门、新闻媒体参加"双百活动"启动仪式，观看一部预防职务犯罪警示教育片，听一场预防犯罪讲座。

2. 集中进行宣讲

组织宣讲员深入机关、学校、企业、社区、农村开展100场预防犯罪讲座，同时组织宣讲员相互观摩和旁听评议。

（三）总结表彰（12月）

对宣讲活动进行认真总结，并评选出10名优秀宣讲员予以表彰，将宣讲活动规范化、制度化，形成长效机制。

四、工作要求

1. 提高认识，周密部署，保证人员落实到位。预防犯罪宣讲工作，是检察机关深入社会调研、了解司法需求、宣传检察工作、树立执法形象的一个重要平台，是检察机关立足检察职能，服务和保障南昌经济社会建设发展的有效举措。各县区院、派出院和市院各部门要充分认识预防犯罪工作的重要意义，要根据实施方案和宣讲专题分工，搞好协调沟通，组织安排有关单位和人员按时开展教育，保证宣讲专题和人员落实到位。

2. 广泛开展宣传。主动与新闻单位联系，充分运用报刊、电视、网络等媒体，有计划、有步骤地搞好"双百活动"的宣传工作，造出声势，扩大影响和效果。

3. 精心准备，高质量完成宣讲任务。各宣讲团成员在宣讲工作中，要精心准备，不断探索、充实、丰富和完善预防宣讲工作的内容、形式和方法。同时，要在宣讲活动中宣传好检察工作，争取社会各界的理解与支持，着力拓展预防宣讲领域，提升预防宣讲工作效果。

4. 严守相关规定，树立良好形象。严明检察工作纪律，严禁利用开展宣讲活动的便利，谋取个人及小团体的利益，严禁收取任何费用，坚决杜绝各类违纪、违法问题的发生。

关于组织制作预防职务犯罪警示教育片
《戒鉴》的实施方案

为认真落实省委常委、市委书记王文涛同志关于"用身边的事教育身边的人，制作一部预防职务犯罪警示教育片"的指示要求，高标准、高质量地完成警示教育片的制作任务。现制定如下实施方案。

一、指导思想

以中国共产党十七届纪委全会精神为指导，始终坚持标本兼治、综合治理、惩防并举、注重预防的方针，以弘扬时代精神、筑牢思想根基，增强宗旨意识、强化责任意识，增强党的纪律、强化廉洁意识为根本，扎实有效地做好反腐败斗争的宣教工作，增强国家工作人员的守法意识，有效地预防职务犯罪的发生。

二、组织领导

为确保警示教育片制作任务落到实处，成立警示教育片制作领导小组。由市检察院检察长徐胜平任组长，副检察长曹运革、专职委员龚生香、熊红文任副组长，市院反贪局政委雷武、公诉处长杜迎春、监所处长邓国庆、预防处长熊歌、法警支队长刘用林、预防处副处长吴国强、计财处副处长王小文为成员的领导小组。

领导小组下设办公室（设在市院预防处），负责制作工作的组织、协调和日常管理工作。

三、制作内容

第一部分：无尽的私欲、失重的权力

领导干部案件系列：汤成奇案、吴腊根案、陶年根案等

第二部分：侥幸的心态、堕落的轨迹

工程建设领域案件系列：周宏伟案、高校贿赂窝串案

第三部分：扭曲的心灵、悔恨的眼泪

涉农案件系列：周继龙案、刘晓燕案等

第四部分：职权的滥用、沉重的代价

行政执法部门系列：城管窝串案等。

四、具体安排

（一）对外协调

1. 对抚州、赣州两地联系协作、调取资料等联络工作及同省检察院联系工作由徐胜平检察长负责。

2. 对省纪委的联系协作、调取资料等联络工作由市纪委负责。

（二）脚本文字编写及文字内容把关由熊红文专委组织有关人员进行

（三）资料收集

1. 文字资料收集。如起诉书、判决书、公诉词等由杜迎春处长负责。

2. 视频资料收集。其中的同录、庭审的资料收集由杜迎春处长负责；侦查阶段的视频资料收集和赃款、赃物的视频资料收集由雷武政委负责。

（四）采访对象的联系

1. 对主审检察官的采访，由杜迎春处长根据制作内容安排相关人员。

2. 对侦查阶段办案人员的采访，由雷武政委根据制作内容安排相关人员。

3. 对罪犯的采访，由邓国庆处长根据制作内容联系罪犯所在关押监狱进行协调。

4. 对案发单位的回访，由雷武政委负责联系所属单位的纪委书记或相关人员。

5. 对主办法官的采访由市纪委负责协调。

6. 赴赣州进行采访等事项由雷武政委负责前往协调；赴抚州进行采访等事项由杜迎春处长负责前往协调。

（五）警示教育片的制作由市委宣传部负责，市电视台负责具体实施

五、几点要求

1. 提高认识、加强领导。这次制作警示教育片是市委交办的一次突击性的重要任务，更是一次重大的政治任务。为此，要从推进惩治和预防腐败体系建设的高度，充分认清做好此项工作的重大意义，增强做工作的积极性和主动性。领导小组要充分发挥组织、指挥和协调的作用，认真组织筹划，把任务层层分解，落实到具体的人，确保工作顺利实施。

2. 加强沟通、密切合作。此次制作警示教育片的时间紧、任务重、要求高，牵涉的相关人员、行业、部门多，各参与制作的单位和个人，要认真做好沟通和协作，及时通报工作进展情况，按工作计划和时间节点，一环接一环地抓好工作落实。

3. 严守规定、注重形象。做好这次制作宣教片工作，也是一次检阅我们队伍的作风、素质和形象的良好契机，在制作过程中，特别是在跨区进行资料收集、采访时，要严格遵守工作纪律，做到文明、谦虚、严谨、求实，展示出

省会南昌公务人员良好的精神风貌和道德操守。

南昌市纪委

南昌市委宣传部

南昌市检察院

二○一二年五月十日

关于开展"另案处理"
案件专项检查活动的实施办法

　　根据江西省人民检察院、江西省公安厅联合印发的《关于开展"另案处理"案件专项检查活动的工作方案》的要求，全市检察机关、公安机关要立即行动起来，把思想和行动统一到省检察院、省公安厅的部署上来，精心组织，抓好落实，务求取得实效。

　　一、检查范围和工作重点

　　本次专项检查的工作范围是，2011 年度全市公安机关提请批准逮捕、移送审查起诉的案件中因故未将相关共同涉案人员一并提请批准逮捕、移送审查起诉，而在提请批准逮捕书、起诉意见书中注明对之"另案处理"或者"在逃"的案件（国家安全保卫部门、反恐怖部门办理的案件以及个别重大敏感案件除外）。通过开展专项检查，发现和纠正违法、不当适用"另案处理"问题，总结经验，把握规律，健全制度，建立规范适用"另案处理"和加强相关工作法律监督的长效机制。

　　专项检查重点检查以下三方面内容：

　　（一）适用"另案处理"是否合法适当。要认真检查"另案处理"人员是否属于"在逃"、确需另行侦查取证、依法应当移送管辖、不构成犯罪应当作其他处理等情形，相关证据材料是否移送，决定"另案处理"的程序是否符合相关规定，审批手续是否完备，着重纠正有罪不究、以罚代刑、另案处理程序违法违规等问题。

　　（二）"另案处理"人员是否得到依法处理。要认真检查对"另案处理"的涉嫌犯罪人员是否及时另案开展了侦查活动，"另案处理"案件底数是否清楚；对应当逮捕、起诉的是否提请逮捕、移送审查起诉；依法应当移送管辖的是否及时移送管辖；对"在逃"人员是否采取了网上追逃、抓捕等措施，到案后是否得到依法处理；对不构成犯罪应当作其他处理的人员是否进行了处理或者及时移送有关机关处理，着重纠正应当另行立案侦查不立案侦查或者拖延侦查，该提请逮捕、移送审查起诉不提请、移送，该移送管辖不移送，不采取追逃措施，降格处理，不构成犯罪应当作其他处理而不处理或者不移送有关机关处理等问题。

（三）对"另案处理"案件的法律监督是否到位。要认真检查检察机关对"另案处理"案件的底数是否清楚，对案件具体情况和"另案处理"后续工作情况是否掌握，对存在的问题是否及时发现并进行了纠正，着重解决案件信息渠道不畅、法律监督缺位和监督不到位、不规范、纠正问题不得力等问题。

二、时间安排和工作内容

本次专项检查活动自2012年5月启动实施，2012年10月结束，分四个阶段进行：

（一）准备阶段。2012年5月，市人民检察院与市公安局共同成立专项检查活动领导小组：

领导小组组长：市检察院副检察长邓修作；

领导小组副组长：市公安局副局长赵和平；

领导小组成员：市检察院侦监处处长魏琒金；

市检察院公诉处处长杜迎春；

市公安局法制处处长周川；

联络员：市检察院侦监处魏明；

市检察院公诉处董凯华；

市公安局法制处周祥发。

（二）调查摸底阶段。2012年5月，县区检察院、市院派出院会同公安机关对辖区属于专项检查工作范围的案件情况进行收集、核实、统计（逐级填报《2011年度提请逮捕/移送审查起诉案件中"另案处理"案件情况汇总表》见附件1、2），共同汇总并加盖检察机关和公安机关公章，于5月16日前报市级机关。

（三）检查整改阶段。2012年6月至9月，全市检察机关和公安机关共同对"另案处理"案件逐案检查，发现问题，分析原因，制定和落实整改措施。对个案适用"另案处理"存在的具体问题，要边发现、边纠正，及时处理解决。公安机关要及时将检查和整改情况通报同级检察机关，检察机关应当根据具体情况提出有针对性的意见和建议，积极配合和监督公安机关认真落实。专项检查中发现的公安、检察人员失职、渎职等严重违法违纪问题，应当移送有关部门依法依纪查处。市检察院、市公安局将抽查部分县区专项活动开展情况。

（四）总结规范阶段。2012年10月，县区检察院、市检察院派出院会同公安机关对专项检查进行认真总结，汇总分析专项检查发现的违法不当"另案处理"问题及纠正情况（逐级填报《2011年度"另案处理"违法不当案件情况统计表》，见附件3），就活动开展的基本情况、工作措施、取得的成效和存在的问题、原因、下一步工作打算及建议共同形成书面报告（附典型案例2例），并于10月9日前报市检察院和市公安局。在总结规范阶段，对前一阶段没有解决的具体问题，应当继续抓紧解决，务必完成整改任务；对存在的共性问题，应当认真研究，健全完善相关制度规范，形成长效工作机制；属于应当由上级机关统一解决的，应当提出对策建议。

三、组织领导和工作要求

（一）提高认识，精心组织。全市检察机关和公安机关要充分认识开展专项检查对于进一步促进规范执法行为、提高执法公信力的重要意义，把此次活动作为实践"忠诚、为民、公正、廉洁"政法干警核心价值观的具体措施来抓，加强领导，周密部署，精心组织，严格要求，切实落实好各阶段工作任务。

（二）加强沟通，密切配合。全市检察机关和公安机关要加强沟通协调，互相配合，互相支持，形成工作合力，公安机关要积极配合检察机关的监督工作，及时通报情况、说明理由。检察机关既要从维护法制统一和尊严出发，严格依法监督，又要注意听取意见，讲究方式方法，支持公安机关依法行使职权。同时，检察机关和公安机关也要加强内部沟通，保证专项检查的工作要求在本机关、本系统得到一体落实。

（三）突出重点，把握政策。在普遍检查的基础上，对适用"另案处理"的涉及黑社会性质组织犯罪、恶性暴力犯罪、破坏市场经济秩序犯罪和危害民生、侵害民利犯罪的案件，要进行重点检查监督，坚决纠正违法不当适用"另案处理"的问题，争取良好的法律效果、政治效果和社会效果。同时，要正确把握和运用政策，支持对符合条件的案件依法适用"另案处理"，保证打击犯罪力度和效率的统一；对于有争议的问题，有关方面要深入研究，依法稳妥处理。

（四）认真负责，严谨细致。这次专项检查工作量大、任务重、时间紧、要求高，各级领导干部和工作人员要切实负起责任，认真履行职责，落实工作要求，准确统计数据，及时上报情况，发挥工作主动性，深入研究问题，积极提出建议，体现端正的工作态度和良好的工作作风。

附件：1. 2011年度提请逮捕案件中"另案处理"案件情况汇总表；
2. 2011年度移送审查起诉案件中"另案处理"案件情况汇总表；
3. 2011年度"另案处理"违法不当案件情况统计表。

南昌市人民检察院　南昌市公安局

二〇一二年五月八日

附件 1

2011 年度提请逮捕案件中"另案处理"案件情况汇总表

填报时间：

填报部门（盖章）

项目 \ 单位	全年受案		另案处理								适用另案处理原因		
	件	人	占受案件数比例 %	占受案人数比例 %	其中另案处理情形至公诉环节 件	已作刑事处理 人	负案在逃 人	涉嫌犯罪事实需进一步查证 人	移送管辖 人	身份不明 人	患严重疾病不适宜一并侦查 人	不构成犯罪做其他处理 人	其他 人
合计													

备注：全年受案件数、人数指本辖区内检察机关受理公安机关提请审查逮捕案件总数和人数总数

附件 2

2011 年度移送审查起诉案件中"另案处理"案件情况汇总表

填报部门（盖章）：

填报时间：

项目\单位	全年受案		另案处理				已作刑事处理	负案在逃	涉嫌犯罪事实需进一步查证	适用另案处理原因				
	件	人	件	人	占受案件数比例	占受案人数比例				移送管辖	身份不明	患严重疾病不宜一并侦查	不构成犯罪做其他处理	其他
					%	%	人	人	人	人	人	人	人	人
合计														
备注	全年受案件数、人数指本辖区内检察机关受理公安机关移送受理审查起诉案件总数和人数总数													

附件 3

2011 年度"另案处理"违法不当案件情况统计表

填报部门（盖章）

填报时间：

案件名称	另案处理人员姓名	涉嫌罪名（在相应栏目注明涉嫌的具体罪名）					另案处理违法不当具体情形（注明具体情形）					纠正情况	纠正环节	
		危害公共安全罪	破坏社会主义市场经济秩序罪	侵犯公民人身权利、民主权利罪	侵犯财产罪	妨害社会管理秩序罪	适用另案处理违法不当（注明具体原因）	另案处理案件后续处理中违法不当					侦监	公诉
								程序方面	实体方面	其他				
		人	人	人	人	人	人	人	人	人	人	人	人	人
合计	件													

南昌市人民检察院
推进检察文化建设品牌工作方案

根据上级关于加强检察文化建设的部署和市院党组关于打造全市检察文化建设品牌工作的要求，现结合全市检察机关的实际，制定推进检察文化建设品牌工作方案如下：

一、指导思想

高举中国特色社会主义伟大旗帜，以建设社会主义核心价值体系为根本，以牢固树立社会主义法治理念、政法干警核心价值观和检察官职业道德为核心，以建设中国特色社会主义检察精神价值体系为主要任务，紧紧围绕全市经济社会发展大局和检察工作全局，充分继承吸收借鉴优秀民族文化、先进法治文化、改革时代文化和南昌本土文化资源，大力加强检察文化建设，全面提升全市检察机关文化软实力，为全市检察工作科学发展提供文化支撑。

二、基本原则

坚持以马克思主义为指导，坚定不移地走中国特色社会主义文化发展道路；坚持服务检察中心工作，促进检察工作科学发展；坚持以人为本，把满足检察人员的精神文化需求作为出发点和落脚点；坚持贴近基层、贴近实际、贴近检察人员工作和生活，增强检察文化建设的针对性实效性；坚持以改革创新为动力，不断提升检察文化建设科学化水平。

三、目标要求

中国特色社会主义检察精神价值体系建设不断推进，全市检察人员思想道德基础进一步巩固；检察文化为中心工作服务的能力显著增强，在引领风尚、教育干警、服务社会、推动发展中的作用充分发挥，在检察工作中的地位更加凸显；高素质检察文化人才队伍发展壮大，检察文化创作、创新和传播能力显著增强；检察文化建设载体更加丰富，优秀检察文化作品不断涌现，更好地服务和满足检察人员的精神文化需求；充满活力、富有效率的检察文化建设机制有效建立，有力促进检察文化建设科学发展。

四、推进方向

按照《江西省人民检察院关于加强检察文化建设的实施意见》、《关于印发〈关于进一步加强"十二五"时期南昌检察文化建设的意见〉的通知》和《南昌市检察机关检察文化建设工作品牌》的部署要求，推进全市检察文化品牌工作，重点突出以"四大体系"、"八大行动"、"六项任务"和"七条路径"为建设方向。

1. 四大体系：大力加强中国特色社会主义检察精神文化、制度文化、行为文化和物质文化建设。

2. 八大行动：实施中国特色社会主义检察精神价值体系建设、检察文化人才队伍建设、丰富拓展检察文化载体、繁荣检察文化作品创作、检察管理科学化规范化、检察环境优化、检察文化品牌创建和检察文化建设推广交流行动。

3. 六项任务：思想政治建设、执法理念建设、执法能力建设、行为规范建设、职业道德建设和职业形象建设。

4. 七条路径：提炼南昌检察精神、建设南昌检察文化阵地、开设"南昌检察论坛"、拍摄检察宣传电视系列片、创作表演检察小品剧、开展检察官志愿者活动和开展各种检察主题文化活动。

五、组织领导

成立由徐胜平检察长任组长，副检察长邓修作、曹运革，纪检组长陈伟明，政治部主任郭云水，检委会专职委员熊红文、龚生香等相关领导为副组长，市院各部门主要负责人参加的检察文化建设领导小组。领导小组在政治部下设办公室，负责全市检察文化建设的组织协调和督促指导。

主　任：郭云水

副主任：吴慧莲　陈　勇　杨志勇　陈　珊　羊忠民　戴雪玲　朱　勇

成　员：刘前俊　周新萍　王小文　吴国强　杨　妍　吴火亮　刘彤彤
熊冬东　洪　放　李　琨

六、主要工作

在成立南昌检察文联组织的同时，将推进检察文化品牌工作初步归纳为"十个一"活动：

（一）制作一期宣传板报橱窗

在一楼大厅设计制作以"高举旗帜跟党走、守护正义创佳绩"为主题的宣传板报橱窗，为即将开展的党的群众路线教育活动营造氛围。

（二）组织一次外出学习考察

请分管检察文化工作的院领导带队，组织全市检察机关政治处主任、政工科（处）长到丰城市、武汉市汉阳区、广州市海珠区人民检察院等单位学习考察。

（三）汇编一本南昌检察画册

以徐胜平检察长的名义起草序言，将全市检察机关近几年来组织的重大活动进行汇编。可先将 2013 年市院机关中层领导干部公推竞职的相关材料进行汇编。

（四）完善一次院史陈列室

将全市检察机关近几年来组织的重大活动充实完善到院史陈列室。

（五）建设一面英模荣誉墙

在 2012 年办公室、政治部所做工作的基础上，进一步做好英模荣誉墙的设计和完善工作。由办公室牵头，政治部、研究室及有关部门全力配合。

（六）制作一部系列专题宣传片

以开展"举报宣传周"活动为契机，协调南昌电视台组织拍制、播放《洪检亮剑》、《走近南昌检察》系列专题宣传片。东湖区院《为有源头活水来》、"仲大姐热线"、西湖区院"案管工作"可在南昌三套政法频道先行报道。

（七）创作一首南昌检察之歌

紧密结合南昌检察工作实际，在全市检察机关干警中征集歌词，协调江西省歌舞剧院著名作曲家为《南昌市人民检察院院歌》谱曲。

（八）打造一条廉政文化长廊

完善市院机关书画摄影作品展览室建设。充分利用好二楼走廊悬挂的廉政文化书法作品。

（九）征集一次洪检精神、院训

充分调动全市两级院检察干警的主观能动性，广泛征集南昌检察精神、院训、工作生活理念等。

（十）营造一种检察文化氛围

1. 楼内：市院机关各部门理念文化

以政治部会议室改造为先行试点，显示历任政治部主任，历年来政治工作取得的荣誉，以服务领导、基层、干警为主基调的检察政治工作理念，进一步浓厚党的组织生活制度氛围。其他部门参照政治部会议室建设进行布置，重点突出诉讼文化和综合服务保障理念。

2. 楼外：制作横幅标语、宣传橱窗、灯箱广告

在充分征集刘莉芬、王林才、曹运革、熊红文、刘仁儿、赖蓉蓉、周兰香等先进典型的人生追求、警句格言、办案理念的基础上，通过灯箱广告的形式展示英模人物画像、人生警句格言和执法办案理念，进一步激发全市检察干警学习先进、敬仰先进、赶超先进，热爱检察、建设检察、献身检察的工作热情。

南昌市检察机关修改后《刑事诉讼法》实施后非法证据排除工作情况报告

2010 年 7 月 1 日，最高人民法院、最高人民检察院、公安部、国家安全部、司法部就联合制定印发了《关于办理刑事案件排除非法证据若干问题的规定》，对采用刑讯逼供等非法手段取得的言词证据坚决予以排除。修改后的《刑事诉讼法》第五十四条至五十八条对非法证据排除问题作出了详细规定，对应当予以排除的证据，对非法证据排除的程序都进行了明确。2013 年南昌市院在总结全市检察机关非法证据排除工作实践的基础上，根据有关上位法律、法规，制定了《南昌市人民检察院检察机关非法证据排除规则实施细则》。对非法证据的界定、自侦阶段非法证据的预防、审查逮捕和审查起诉阶段非法证据排除程序、审判阶段非法证据排除的应对等与检察机关职能相关的非法证据排除工作进行了详细规定。

2013 年以来，全市检察机关积极开展对非法证据排除工作的探索和实践，总结了一定的经验，也发现了一些困难和问题。现就 2013 年以来全市检察机关开展非法证据排除工作情况总结分析报告如下：

一、基本情况

（一）非法证据排除情况

2013 年以来，全市检察机关共排除非法证据 27 份，其中在审查逮捕阶段排除非法证据 1 份，证据种类为犯罪嫌疑人供述。在审查起诉阶段共排除非法证据 26 份，证据种类有：犯罪嫌疑人供述 15 份，证人证言 3 份，被害人陈述 6 份，鉴定意见 2 份。共向侦查机关发出纠正违法通知书 5 份，要求补正或者合理解释 19 份，提出检察建议 6 份。在庭审阶段进行证据合法性调查案件 6 件，涉及证据种类有：犯罪嫌疑人供述 5 份，证人证言 2 份，鉴定意见 1 份，勘验检查笔录 1 份。经庭审调查，排除犯罪嫌疑人供述 1 份，进行补正或者合理解释的证据 2 份。

（二）非法取证的主要类型

一是讯问未成年人未通知法定代理人或合适成年人到场；二是讯（询）

问人员未达到 2 名；三是同一时间一个侦查人员出现在不同地方；四是辨认笔录没有见证人签名；五是提取书证的程序瑕疵，如证据调取人不签名；六是鉴定意见由无资质的机构出具。

二、开展非法证据排除工作的主要做法

（一）认真组织学习培训，树立科学正确执法观念

全市检察机关重视非法证据排除工作，认真组织干警学习修改后的《刑事诉讼法》、《人民检察院刑事诉讼规则（试行）》和《南昌市检察机关非法证据排除规则实施细则》等规定，统一思想，提高认识，转变观念，教育引导干警树立惩罚犯罪和保障人权并重的理念，强化程序意识和证据意识，对非法取证保持高度警惕，自觉抵制非法取证行为，严格依照法定程序调查取证。转变侦查模式，加强初查工作，充分运用信息化办案手段，强化对客观证据的收集和固定，逐步实现从"由供到证、以证印供"向"以证促供、证供互动"侦查模式的转变。

市院公诉处应邀派员到全市公安机关刑侦业务培训班授课 3 次，对修改后《刑事诉讼法》施行后侦查取证等方面应注意的问题和近年来公安机关侦查案件的质量问题进行了深入分析，有针对性地指导公安机关办案活动，并应市局法制支队的要求，收集整理了存在问题的典型案例进行反馈，促进侦查机关案件质量的提升。另外，着力于强化办案单位证据意识，提高办案质量，与公安、法院联合会签了《关于办理毒品犯罪案件若干问题的指导意见》，其中明确规定毒品案件移送审查起诉时随案移送通话记录和入所体检表。

（二）严格规范取证行为，从源头上预防非法证据

一是严格言词证据调取程序。西湖区院要求侦查人员在言词证据的调取上严格按照《刑事诉讼法》的规定执行，坚持审录分离原则，由检察技术人员对讯问过程进行录制，对讯问过程实施了全程同步录音录像，保证同步录音录像的全程性和同步性，要求每一份讯问笔录必须要有录音录像资料相对应。对侦查人员前往看守所提审犯罪嫌疑人作出规定，要求提讯证上记载的每一次提审都必须要有相应的笔录、同步录音录像资料相对应。西湖区院还尝试扩大同步录音录像的覆盖范围，对案件中一些重要证人的询问过程也实行全程同步录音录像，全力确保言词证据的合法性和证明力，尽量把非法证据排除解决在侦查环节，进一步巩固供述和证词的延续性和稳定性，保护历经辛苦取得的审讯突破成果。

二是规范的审讯语言和笔录用语。东湖区院召开专题会议就审讯语言、笔录制作的调整完善进行了讨论，要求采用规范的审讯语言和注重笔录用语，避免指供、诱供、刑讯逼供的嫌疑；对每次立查新案时在办案区办案最长时限及各时段工作安排进行了深入研究，确保办案程序不违法。

三是规范实物证据调取。在实物证据的调取上要注重一个"快"字，在审讯突破之后，尽快调取相关的物证、书证证据对犯罪事实予以印证，同时分清轻重缓急，第一时间将容易灭失的证据予以调取。从提高证据证明力，提高案件质量出发，要求侦查人员严格按照修改后《刑事诉讼法》和《人民检察院刑事诉讼规则（试行）》的要求提取相关证据，如开展搜查、扣押等相关证据收集工作时必须出具相应法律文书，调取书证尽量调取原件，无法调取原件时必须在复印件上注明提取人员，原物存于何处，提取时间等内容。建立内部证据审查机制，采用承办人审查、集体把关、邀请侦监和公诉部门提前介入等措施，在审查逮捕、侦查终结、移送起诉等阶段对证据进行综合评估，一旦发现有非法证据及时予以排除，瑕疵证据及时予以补正，不能补正的，重新按照法定程序进行收集，切实保证取证工作的质量。

（三）全面细致审查证据，及时发现排除非法证据

一是自侦部门建立证据审查补正机制。将证据合法性的审查作为侦查终结前的必经程序，在案件侦结前要求承办人对全部案件材料进行认真审查，从证据来源、收集程序，证据的客观性、合法性、关联性等方面严格把关，完善证据链条，发现缺陷及时补强；在局务会讨论案件侦结时，把证据合法性的审查作为重要内容之一，要求承办人对获取证据的合法性一一予以说明，并从取证程序、取证方式等方面进行审查，确保取证的合法性。青云谱区院建立专人审查机制。着重对取证程序是否合法、证据内容是否真实客观以及证据是否达到"排除合理怀疑"的证明标准三个方面进行审查；建立集体把关制。围绕初查立案、审讯突破、侦查终结等环节，加强集体讨论，充分发挥集体力量，加强证据把关。对发现案件证据中存在的瑕疵和漏洞，及时采取相应措施，及时补正或重新收集。尤其是对于"一对一"的贿赂犯罪，重点审查口供的完整性和细节，注意发现取证的瑕疵和证据之间的矛盾，及时采取措施补强。

二是建立提前介入侦查机制。积极与公安机关协商沟通，达成对证据收集、固定、提供、转化等工作意见。对于重大复杂案件，侦监、公诉部门主动介入侦查引导取证，强化对侦查活动的监督，严格监控证据的合法性，提高证据质量，在第一时间排除非法证据。市院公诉处拟定了《死刑案件基层院实体审查指导意见（试行）》。要求死刑案件侦查机关的同级检察院公诉部门适时提前介入引导侦查，并在受理案件后对证据收集是否全面、合法进行审查，充分发挥基层院在死刑案件实体审查中的积极作用，努力提高死刑案件办理质量，尽力避免在死刑案件中可能发生的非法取证行为。

三是深入细致审查案件证据。在审查批捕和审查起诉时告知犯罪嫌疑人

非法证据的含义及影响、有权向检察机关申请非法证据排除等权利，对犯罪嫌疑人提及非法取证的，要求其提供非法取证的人员、时间、地点、手段等线索及证据，并记录在案。建立涉嫌非法证据听证机制。在审查批捕和审查起诉过程中，发现可能存在非法证据，听取犯罪嫌疑人、辩护人、被害人及其诉讼代理人的意见，并充分听取侦查机关的意见，为侦查机关和辩护人就证据合法性问题发表意见提供平台。对移送审查批捕和审查起诉的每起案件的证据材料都进行深入细致的审查。重点关注各类证据生成的程序违法或瑕疵、相互矛盾的证据、前后不一的供述、证言和陈述以及侦查人员有关取证的书面说明；对犯罪嫌疑人提出非法证据排除申请，或在审查中发现非法证据，启动"非法证据"排除初查机制。向侦查机关调取同步录音录像、入所体检证明、提讯记录，要求侦查人员做出相关说明并提供证据证明；对犯罪嫌疑人提供的线索、证据进行求证，或通知其代理律师取证。如发现确为非法证据的，则予以排除。对被排除的非法言词证据，发出纠正违法通知书，要求侦查机关说明情况，重新制作询问笔录。对取证程序、形式违法被排除的证据，要求侦查机关依照法定程序重新进行取证；对涉嫌伪造证据、刑讯逼供的，及时移交反渎部门，坚决予以查办。排除的非法证据影响犯罪事实认定的，退回公安机关补充侦查，补充侦查后，符合起诉条件的提起公诉，仍不符合起诉条件的作存疑不诉。

（四）采取切实有效措施，积极应对非法证据调查

为在庭审中证明取证合法性，全市检察机关在办案过程及庭审中积极采取有效措施予以应对。

一是准确记录关键节点犯罪嫌疑人的身体状况，形成体检报告。市检察院与江西省监狱局中心医院签订《犯罪嫌疑人入所健康检查合作协议》。该协议确定江西省监狱局中心医院为入看守所健康检查的定点医院，该医院对全市检察机关办理的案件中拟羁押于市第一看守所的犯罪嫌疑人进行体检，用以证明犯罪嫌疑人在收押时的身体状况，有利于公诉人在庭审中出示体检报告，应对辩方关于刑讯逼供、非法取证的质疑。东湖区院与南昌市第一医院建立了医疗定点协作机制，在办案过程中，由医院定时指派门诊医生到办案区对办案对象进行身体检查，并详细记录形成台账，既保障了办案安全，又固定了取证合法性的证据。

二是严格落实讯问犯罪嫌疑人全部、全面、全程同步录音录像。保证讯问犯罪嫌疑人录音、录像的完整性和连续性，在庭前会议和庭审过程中根据取证合法证明的需要，播放同步录音录像，真实再现犯罪嫌疑人接受讯问时的场景，证明侦查人员讯问行为的合法性，并固定相关证据。

三是积极认真地对瑕疵证据进行合理解释和补正。对庭审阶段发现存在非法证据情况要证明取证合法性的，可以提请人民法院通知有关侦查人员或者其他人员出庭说明情况，对瑕疵证据作出合理解释和补正，对于被告人无法提供有效具体线索，结合全案其他证据作出判断，对其无理辩解、滥用非法证据审查申请进行驳斥，并提请法院确定其申诉为无理辩解。如东湖区院在起诉吴碧雯涉嫌滥用职权、受贿一案时，辩护律师在庭审中针对吴碧雯异地羁押在宜春市奉新县看守所时，笔录制作时间、同录时间、看守所登记的提审时间存在不一致以及异地羁押造成精神痛苦的情况，提出吴碧雯在此期间供述应认定为非法证据，区院公诉部门经审查，要求侦查部门作出合理解释，后侦查部门出具了当时奉新看守所因装修导致停电，以致时间出现部分出入的情况说明，并提供了看守所的书面证明材料和装修合同予以佐证，作出了合理解释，后吴碧雯当庭予以认罪。

三、非法证据排除工作中存在的问题

（一）执法理念还未彻底转变

还存在"重实体，轻程序"、"重破案，轻人权"、"重口供，轻物证"的错误理念。在侦查活动中，往往注重证据的关联性和真实性，不注重证据的合法性。存在一些如物证、书证提取后不说明来源，同步录音录像显示讯问人没有记录行为等情况，容易成为审查逮捕、审查起诉阶段辩护人争议的焦点。往往以侦破案件为重点，对保障犯罪嫌疑人合法权益不够重视，导致程序公正受到影响。往往对犯罪嫌疑人口供过于依赖，对其他证据尤其是物证等客观证据的搜集不够重视，一旦言词证据被排除，将导致犯罪追诉的失败。

（二）侦查手段有限

我市自侦部门目前的信息化侦查手段，仅限于对电话、房产、车牌、银行账户等信息的查询了解，而且大多需要有关单位的支持配合，因此在前期调查取证过程中，容易出现信息外泄情形，影响案件初查。修改后《刑事诉讼法》规定的技术侦查措施，目前由于人力、物力限制还未开展，不能适应新形势对侦查活动的要求。进而导致侦查部门过于依赖犯罪嫌疑人口供，主要依靠言词证据定案。

（三）办案人员自身素质还不能完全适应新要求

修改后《刑事诉讼法》的实施和非法证据排除工作的全面开展，对侦查部门的取证能力提出了更高的要求。如部分办案人员不规范的取证行为影响了证据效力，部分办案人员尤其是年轻侦查员在讯问方面经验的缺乏，影响了讯问效果。修改后的《刑事诉讼法》对侦查人员就侦查合法性问题出庭作证作出了规定，侦查人员的庭审应变能力也亟待培养。

（四）非法取证行为发现难

有关法律规定虽允许检察机关提前介入侦查，但实践中除了自侦案件，检察机关既无权指挥侦查机关调取所需证据，又缺乏有效的监督渠道。侦查活动的封闭性和秘密性使其往往处于检察机关的视野之外，有的非法取证行为难以发现。检察机关若事后发现证据体系存在瑕疵试图补正，却往往因时过境迁、取证条件丧失，难以补查补正。

（五）增加了公诉部门的举证责任

修改后《刑事诉讼法》明确完善了证明标准，确立了检察机关排除非法证据的义务，加重了检察机关的举证责任。检察机关要对侦查机关取证的合法性举证进行证明。如果公诉人在法庭上不能证明侦查机关取证的合法性，就将面临败诉的后果。而目前证明手段仍然非常有限，主要通过侦查机关调取同步录音录像、入所体检证明、提讯记录，要求侦查人员做出相关说明等方式进行举证，证明手段单一且证明力有限。入所体检表往往内容简单，无法真实反映犯罪嫌疑人入所时的身体状况，而侦查机关作出"没有非法取证行为"的情况说明证明力不强。

（六）庭审对抗性进一步增强

非法证据排除规则确定将大幅增加犯罪嫌疑人或辩护人在当庭申请非法证据排除的情况，庭审对抗性将增强。且修改后的《刑事诉讼法》对侦查人员出庭作证进行了规定，将增加公诉人控告难度，公诉人和侦查人员的庭审应变能力都有待提高。

（七）非法证据排除的后果将对检察机关考评和社会矛盾化解产生一定压力

检察机关既承担着追诉犯罪的职能，又承担着对侦查活动进行监督，对非法证据进行排除的职能，二者在一定程度上存在矛盾。目前的考评标准对不起诉率和无罪判决率都有一定限制。非法证据被排除后，不诉率和无罪判决率都有可能会上升，影响到检察机关的考评成绩。同时又容易引起被害人的不满，激发社会矛盾，增加办案风险。

四、进一步加强非法证据排除工作的对策和建议

（一）树立以合法证据为中心的办案观

充分认识和理解非法证据排除规则所体现的程序正义和人权保障理念。充分认识和理解检察官的客观公正义务。改变过去重"客观真实"、忽视"法律真实"的惯性思维模式，严格贯彻证据裁判原则，将合法证据作为事实裁判的根据。从查明的诉讼观转向证明的诉讼观，提高把握证据的能力，坚决防止非法证据。

（二）完善侦查工作机制

一是要进一步加强初查工作。一方面加强初查的计划性、秘密性，防止涉案人员串供、损毁证据或藏匿、转移资产。另一方面注重初查的细致性，注重细节，更多地获取对案件有用的各种信息资料。二是要加强收集口供以外的证据。充分利用信息引导侦查，通过询问、查询、检查、调取物证、书证等不限制人身自由和财产权利的侦查措施，从外围获取足够的涉案信息和犯罪证据。改变"口供为证据之王"的现状，尽可能减少对口供的依赖。三是切实提升讯问水平。一方面要在初查以及充分外围取证的基础上，制定周密提纲，提高首次审讯的成功率。另一方面要加强对侦查人员讯问技巧的培训，发挥老侦查员经验丰富的特长，实现"老带新"、"传帮带"，全面提高侦查人员讯问能力。四是要重视收集证明取证行为合法性的证据。严格落实犯罪嫌疑人讯问过程的同步录音录像制度。询问证人可以邀请证人家属、单位同事在场见证，以证明取证的合法性。密切关注犯罪嫌疑人的身体状况，发现问题及时报告并给予医治。侦查终结时应将犯罪嫌疑人入所体检证明附卷移送。五是要依法严格取证。严格执行关于侦查工作的执法规范。严格依法采取强制措施。完善并落实犯罪嫌疑人权利义务告知机制。注重证据形式的完善和固定。取证过程始终做到依法、文明、规范。

（三）加强对非法证据的预防

一是建立自侦部门的内部监督机制。包括，建立专人审查制，在自侦部门内部确立法律水平高、办案经验丰富的同志或者设立审查小组，对证据合法性进行审查；建立集体把关制，在自侦部门讨论侦结案件时，需对证据合法性进行专门说明和认可；建立侦查阶段证据补证制，对发现存在瑕疵和漏洞的证据，及时采取相应措施，及时补正或重新收集。二是建立提前介入引导侦查制。侦查部门要加强与侦监部门、公诉部门的沟通，从案件侦查需要出发及时邀请侦监部门、公诉部门人员介入侦查工作，通过引导、监督侦查机关取证，为审查逮捕、审查起诉工作做好准备。一方面加强对取证行为合法化的引导，使收集来的证据符合证据能力要求，能够被法庭采信；另一方面加强对全面、客观取证行为的引导，注重物证、书证等客观证据的收集，同时兼顾有罪证据和罪轻、无罪证据的收集。三是探索尝试在侦查活动中引入人民监督员监督制度。对自侦案件建立监督案卡，供人民监督员定期或不定期审查；在讯问犯罪嫌疑人时，除涉及保密的案件外，可邀请人民监督员到场见证；对重大、复杂和疑难案件、改变强制措施案件，可邀请人民监督员参与讨论，对侦查活动和采取强制措施进行监督。

（四）加强非法证据排除能力

一是提高审查逮捕、审查起诉案件承办人员审查证据能力。不仅要重视对证据内容的审查，还要重视对证据形式的审查。重点关注各类证据生成的程序违法或瑕疵，相互矛盾的证据，前后不一的供述、证言和陈述以及侦查人员有关取证的书面说明。在提审犯罪嫌疑人时，对证据出现瑕疵或矛盾的事实进行重点讯问。加强对主观证据的复核力度和对瑕疵证据的补强意识。加强对鉴定意见、勘验笔录、视听资料、电子证据的审查能力。在审查报告中应专门对证据的采信情况及排除情况进行分析，并说明理由和拟处理的方案。二是高度重视辩护人的意见。修改后《刑事诉讼法》中明确了律师从侦查阶段起就具有辩护人身份。且在审查逮捕和审查起诉阶段均有权向检察机关提出意见。由于所处立场差异，辩护人更倾向于对有罪或罪重证据的排除，也更容易发现非法证据和瑕疵证据。因此审查逮捕和审查起诉承办人应加强与辩护人的沟通，鼓励辩护人提出意见，对辩护人存有疑异的证据应重点核实，并作出答复。

（五）加强对非法证据排除的应对

一是充分利用庭前会议解决证据能力问题。庭前会议是修改后《刑事诉讼法》中新增设的程序，旨在解决证据材料较多、案情重大复杂、社会影响大的案件中管辖、回避、非法证据排除等与审判相关的问题。检察机关应充分利用庭前会议就证据问题加强与辩护人、审判人员的沟通。准备好证明取证行为合法性的证据材料，对瑕疵证据的采信情况进行说明。对辩方证据和辩护方案提前掌握，减少庭审质证压力，降低非法证据排除对庭审效果的影响。二是加强庭审应变能力培养。一方面要加强公诉人的庭审应变能力培养。重点加强对庭审预案制作、突发情况应对及处理等能力的培养。另一方面要加强对侦查人员庭审应变能力的培养，重点加强对逻辑思维和口头表达能力的培养。

（六）加强非法证据排除的后续处理工作

一是及时将非法证据排除情况反馈给侦查机关并进行纠正。一方面，在非法证据排除后，应将被排除的证据种类、证据缺陷、被排除的理由向侦查机关说明。并通过检察建议的方式，对侦查活动中存在的问题指出并纠正。另一方面，应系统梳理非法证据排除工作，采取典型案例、主要问题、诉讼后果、改进建议的形式向公安机关制发专题情况通报，放大法律监督效应。二是加强对非法证据排除后的风险预警工作。对因非法证据排除而可能作不批捕、不起诉处理的案件，应按照现有的执法办案风险评估预警机制做好风险评估和防控预案，着重加强对证据问题的解释说明。

（七）将非法证据排除工作纳入检察机关考评体系

应当将非法证据排除规则适用作为考评案件质量的一个重要因素。自侦部门在办案过程中出现非法证据被排除现象的，应纳入考评减分项目；侦监部门和公诉部门在办案过程中积极开展非法证据排除工作并取得成效的，应纳入考评加分项目；对非法证据应当排除而不排除的，应作为影响案件质量的因素纳入考评减分项目；造成错案的，应按照错案追究责任制的规定，追究有关人员责任。

五、非法证据排除典型案例

1. 青云谱区院侦监部门在审查公安机关提请逮捕涉嫌诈骗犯罪嫌疑人刘某时，犯罪嫌疑人的辩护律师向该院提出了非法证据排除申请，理由是侦查机关对犯罪嫌疑人刘某有提外审的情况，并通过提外审获取了犯罪嫌疑人刘某的有罪供述。该院侦查部门组织全科干警仔细审查案卷，分析案卷证据，要求侦查机关提供提外审的情况说明，并将该案提交检委会讨论。最后，根据《刑事诉讼法》第 54 条、第 116 条第 2 款的规定，依法排除了侦查机关提外审获取的刘某的讯问笔录，并向侦查机关发出了纠正违法通知书。

2. 西湖区院公诉部门办理的一起涉嫌非法持有毒品案时，发现治安大队新民警自行称重毒品 52 克，扣押清单袋数有误，缴获毒品的包装袋因破裂擅自改换包装袋，而送检报告称重毒品 65 克。后虽通过退查进行补正，说明了原因，但物证的证明力明显受到削弱。庭审过程中，辩护人提出根据《刑事诉讼法》第 54 条的规定，应对非法证据予以排除。该案虽然最终还是作出了有罪判决，但在证据收集过程中存在的违法问题应引起侦查人员的高度重视。

3. 安义县院公诉部门办理毛某、陈某某涉嫌妨害公务罪一案时，发现该案当事人，即受到毛某、陈某某暴力袭击的民警仍参与案件调查讯问，其相关材料仍被公安机关作为证据使用，违反了《刑事诉讼法》第 28 条关于回避的规定。安义县院随即依照《刑事诉讼法》第 54 条的规定，向公安机关发出函件指出其存在的问题，同时要求对此次侦查活动作出补正或合理解释。函告发出后，公安机关并未能及时对此作出补正或合理解释，安义县院遂对该部分证据予以排除，并向县公安局发出相关检察建议，要求其及时纠正相关违法活动，更换办案人员依法对相关事实进行重新侦查取证。

研发打造工作品牌相关报道

一、《检察日报》报道

核心增长极背后的检察动力 *

——江西南昌：打造工作品牌服务地方发展守护群众权益

今年以来，江西省南昌市检察机关可谓喜事连连：荣获 2012 年全省检察机关目标管理考评先进单位、市委市政府目标管理考评优胜奖，市检察院领导班子被市委评为优秀班子，上半年全省检察机关群众工作满意度测评第 2 名……

推动南昌市检察工作实现跨越式发展的"关键之匙"是什么？南昌市检察院检察长徐胜平给出的答案是："立足检察职能，积极捍卫南昌打造全省核心增长极，做到让上级机关满意、让地方党委满意、让群众满意的'三位一体'工作思路是我们的制胜法宝！"

打造"叫得响"的检察品牌

"欢迎检察院到我们单位举办预防职务犯罪讲座。"今年以来，徐胜平时常收到来自该市市直机关负责人的邀请短信。

预防职务犯罪宣讲何以这么"火"？这得从去年"双百活动"说起。2012 年 6 月，南昌市检察院在全市范围内统一部署了"百名检察官百场预防犯罪讲座"活动，抽调 80 名优秀检察官组建宣讲团，采取"讲故事说预防"、"以身边案教育身边人"方式，共开展宣讲 150 余场，取得了良好社会反响。江西省委常委、南昌市委书记王文涛对此作出高度评价。

"双百活动"只是南昌市检察院打造的预防宣传教育品牌中的一个。该院还拍摄廉政警示教育片，推动廉政公益广告进千辆公交，评选优秀廉政短片进

---

* 载《检察日报》2013 年 9 月 29 日第 1 版。

机关、进校园、进社区、上电视，使廉政文化、法治文化更加深入人心。

此外，南昌市检察机关还打造出一批"叫得响"的检察工作品牌。东湖区检察院被评为首批"全国检察文化建设示范院"；青山湖区检察院被评为全省首批"十佳基层检察院"；陆续涌现出一批全国模范检察官、全国检察业务专家、江西十大法治人物等先进典型。

甘当地方发展"服务员"

2012 年，南昌市房管系统干部胡某等人与房屋中介勾结，违法履行房屋产权审批程序，仅帮助南昌一家钢铁公司违规办理确权手续一项，就导致国家 2000 余万元的税费损失。南昌市检察机关经细致初查，立案查处了该市房管系统贪污贿赂窝串案 15 件 15 人，在群众中引起较大震动。

目前，南昌正全力打造核心增长极，南昌航空城、南昌地铁轨道交通等一批投资规模数百亿的大项目在紧锣密鼓建设中。"只有将检察工作主动融入全市经济社会发展大局，找准履行法律监督职责与服务大局的结合点，检察工作才有更强生命力。"该市 830 余名检察人员深谙此道。

南昌市检察院陆续出台一系列服务打造核心增长极的制度方案，细化 22 类具体服务措施，以保障政府投资安全为着力点，着力查办涉及土地权审批、中央财政补贴资金使用等项目过程中贪污贿赂、失职渎职犯罪，重点打击危害民生民利、环境资源、食品安全等领域职务犯罪。2011 年以来，该市检察机关共立案侦查职务犯罪案件 249 件 334 人，其中大案 194 件，要案 43 人，挽回经济损失 9989 万元。

针对新兴企业发展中遇到的涉法难题，南昌市检察机关建立健全了检企走访座谈、涉企纠纷化解、涉企案件办理"三优先"机制。青云谱区检察院开展"阳光驿道"对接企业走访活动，帮助解决企业遇到的困难。经开区检察院出台服务小微企业示范园建设新举措，依法打击各类扰商坑商卡商的违法行为。

当好群众权益"守护者"

今年 6 月，南昌市安义县检察院检察人员在走访工业园区企业时发现，园区部分企业将生产污水直接排入田地。经检测，污水超标，周边村民生产生活用水受到污染。该院第一时间向县环保局和县工业园区管委会发出检察建议，并主动向企业负责人宣讲环保法律。

接到检察建议后，环保部门立即对园区企业排污情况进行全面检查，强化了监管措施。8 月中旬，检察回访时了解到，园区已禁止引进高污染企业，新入园企业需严格遵照"先测评再投产"，已有企业一律要求污水达标。

城乡低保是城镇、农村困难户的活命钱，对"富裕户领低保"背后的腐败问题，群众深恶痛绝。针对审计部门审查出南昌个别地方出现公职人员和个体户领取低保的现象，南昌市检察院立即行动起来，挖掘案件线索，查处了该市民政系统渎职案件 3 件 6 人。

2012 年至今，南昌市检察机关在全市各乡镇、街道、社区设立了 11 个检察室和 231 个检察工作站或服务联系点，依托控申接待室、驻所检察室、驻乡镇检察室、预防职务犯罪法制教育基地等"窗口"，共走访群众 1800 余户，排查、化解矛盾 60 余起，支持弱势群体起诉 25 件。

121 条细则让非法证据无处遁形 *

——江西南昌：明确界定 11 种非法证据类型严防冤假错案

本报讯（特约记者黄作颖　通讯员羊忠民　洪放）"由于我的当事人受到提外审，依据修改后《刑事诉讼法》规定，侦查机关提取的材料应作为非法证据予以排除。"近日，一起诈骗案的犯罪嫌疑人刘某的辩护律师向江西省南昌市青云谱区检察院提出非法证据排除申请。该院办案检察官仔细审查案卷后，要求侦查机关提供提外审的情况说明，但侦查机关未能及时提供。该院于是依法排除了侦查机关提外审获取的讯问笔录，并发出纠止违法通知书。

如何有效采取措施，让非法证据无处遁形，严防冤假错案发生？今年 5 月，南昌市检察院从完善工作机制入手，经过细致调研，制定出台《南昌市检察机关非法证据排除规则实施细则（试行）》。该实施细则包括 9 章 121 条，明确界定出 11 种非法证据类型，并对非法证据排除作出细化规定。

为从源头上杜绝非法证据，南昌市检察机关注重规范言词证据取证程序，规范审讯语言、笔录用语和实物证据调取。今年 6 月，安义县检察院在办理毛某、陈某涉嫌妨害公务案时，发现案件被害人即受到暴力袭击的民警也参与了该案的侦查讯问，相关材料被当作证据使用。该院随即发函指出问题所在，但函告发出后，侦查机关没有作出合理解释。该院遂对相关证据依法排除，并发出检察建议，要求更换办案人员，重新侦查取证。

"非法证据排除中，我们建立了一套完整的审查机制，通过承办人审查、部门集体把关、邀请侦监和公诉部门依法介入，对证据来源、取证方式、收集程序等方面进行综合审查、严格把关。"南昌市检察院检委会专职委员熊红文说。

今年以来，南昌市检察机关共排除非法证据 27 份，向侦查机关发出纠正

* 载《检察日报》2013 年 10 月 23 日第 2 版。

违法通知书 5 份，要求侦查机关补正或者作出合理解释 19 次，发出相关检察建议 6 份，庭审阶段进行证据合法性调查 6 件。

二、《新法制报》等媒体相关报道

为经济社会发展注入和谐音符[*]

——市检察院开展"双百"活动纪实

半年来，全市两级检察机关共抽调 80 名素质较高的检察官，进行宣讲 120 余场，听课人次达 11000 余人次……去年 6 月，我市检察机关在全市开展了一场百名检察官在机关、企业、乡镇、学校、社区及党校课堂进行百场预防职务犯罪和未成年人犯罪宣讲活动即"双百"活动。

"双百"活动的开展对惩防腐败体系建设，加强和创新社会管理，深入开展预防职务犯罪和未成年人犯罪法制宣传教育工作，不断提高国家工作人员、广大青少年和社会公众遵法守法意识，从源头上减少、遏制犯罪的发生，营造和谐稳定的社会环境和廉洁高效的政务环境具有积极重要的意义，为服务南昌打造核心增长极注入了和谐音符。

多领域宣讲　掀职务犯罪预防热潮

"节日快乐！节后请你一定要派几名检察官到我们局里来举办一次预防职务犯罪的讲座。"去年国庆节时，预防犯罪宣讲团负责人接到了不少来自市直单位的特殊"节日"问候。

原来，我市检察机关预防犯罪宣讲团成立后，一改以往宣讲形式单一、主题针对性不强、内容枯燥的生硬说教模式，采用"讲故事说预防"的生动形式，把法律常识和预防知识贯穿于故事中进行警示，用"身边发生的事"让干部群众有更深的触动，取得了良好的社会反响，并在全市迅速掀起了职务犯罪预防热潮。

市政公用（控股）集团与市检察院签订预防职务犯罪共建协议，特别将宣讲作为第一项内容进行；青云谱区司法局开展"送法进企业"活动时，专程找到市检察院职务犯罪预防处"预定"一场在洪都集团举行的较大规模的宣讲；部分市政协委员在与市检察院的联络工作中得知此活动后，主动邀请检察官到自己负责的单位授课；在南昌地铁承建项目的中铁十六局，也热情邀请

---

* 载《南昌日报》2013 年 1 月 2 日第 1 版。

宣讲团到单位讲课……一时间，宣讲受到了全市各界的普遍欢迎。

与此同时，基层的宣讲活动也开展得如火如荼。青山湖区检察院的 10 名宣讲员组成 3 个宣讲小组，深入乡村、小学，走进田间、地头进行宣传教育；不少县、区检察院把预防职务犯罪宣讲作为党校培训班的必讲课程。市检察院相关负责人介绍道："宣讲活动作为一项义务，不收受任何费用，有时还利用双休日进行，因而深受各单位好评。"

敲响安全钟　用身边事教育身边人

根据市委领导"用身边的事教育身边的人"的指示精神，市检察院参与拍摄制作了一部长达 36 分钟的警示教育片《戒鉴》。该片采用案件回放、案件承办人点评、当事人现身说法等多种形式和手法，揭露了重大项目、工程建设、城管执法等领域权钱交易、滥用职权等违法犯罪行为，披露了党员干部中少数腐败分子信念动摇、思想蜕变、以权谋私、贪赃枉法、腐化堕落、奢侈淫逸，最终走向犯罪深渊的过程。

在我市四套班子"重上井冈山、重走小平小道"，开展"坚定信念、纯洁党性"学习活动总结会上，《戒鉴》首次"亮相"，为全市领导干部上了一堂廉政警示教育课。之后，《戒鉴》在各单位党委（组）中心组学习会、党政机关培训址、主题教育沽动中、廉政专题讲座上不断播放。各单位纷纷把观看《戒鉴》作为本地区、本部门、本单位、本系统开展廉政警示教育的良机，当作预防腐败的有效措施。目前，市直已有 80 多家单位组织 800 多名县级干部、3000 多名科级干部、12000 多名党员干部观看。

"观看警示片《戒鉴》，净化了我的灵魂，督促我在以后的工作中当以此为鉴，利剑高悬、警钟长鸣、德行并修，筑牢道德、纪律和法律防线。"水务局干部观看《戒鉴》后深有感触地说。

"看了《戒鉴》警示教育片后，让我深刻体会到腐败的危害性和严重性。在以后的工作学习生活中，我将以遵纪守法为荣、以违法乱纪为耻，常思贪欲之害，常弃非份之想，常怀律己之心，自觉做到宁静致远、洁身自好、远离腐败。"农业局的干部在座谈讨论会上有感而发。"要以这些'落马'的干部为戒鉴，坚定马克思主义的世界观、人生观和价值观，树立正确的权力观，做到廉能管理和制度建设无漏洞，从源头上有效预防腐败行为的发生。"国税局干部在《戒鉴》观后感中写道。

通过观看《戒鉴》警示教育片，进一步增强了全市党员领导干部廉洁自律意识，党员干部思想得到了净化，认识得到了提高；各部门、各单位结合工作实际，进一步推进惩防体系建设，深化内控机制建设，完善权力监督制约，大力开展作风整治活动和廉政文化建设。

送法进校园　呵护青少年健康成长

对未成年人犯罪，惩罚只是治标，教育才是根本；打击只是一时之计，预防才是长久之策。为此，"双百"活动中，宣讲团成员结合自身多年的办案经验和感受，针对不同年龄段的学生，做不同的法制宣传讲解工作，收到了良好的法律效果和社会效果。

"检察官阿姨，谢谢您的演讲，您的演讲让我拨开云雾，受益匪浅。我很佩服您，您就是我的榜样！让我明白，即使未来再遥远，也不要抛弃梦想！谢谢您！生活中有太多的天使。"在南昌市第一职业中等专业学校宣讲时，一位学生递给宣讲员的纸条上这么写道。该校有在校学生6000余人，是全国中小学德育工作先进单位，全国职业技术教育先进学校，是我市目前唯一的一所国家级重点职业中专，学生就业率近年达98%。该校十分重视学生的思想教育，为提高学生的守法意识，学校邀请宣讲团送法进校园。宣讲员利用学校晚自习时间，给部分学生进行了一场生动活泼的法制讲座，深受师生们的欢迎。宣讲团还准备分期分批对全校学生进行宣讲。

在为江西农业大学和江西教育学院1300多名大一学生宣讲时，讲座采取案例与法条相结合、数据与分析相结合、感性与理性相结合的方式，通过列举辖区内发生的有代表性的大学生违法犯罪典型案例，仔细分析大学生犯罪的动因和心理特征，就"什么是青少年违法犯罪？怎样区分违法与犯罪？如何克服未成年人不良行为"等法律基本知识，以深入浅出的方式进行了阐述，同时引导大学生认识到违法犯罪的危害，自觉远离不良习气，树立对自己、对家庭、对社会、对国家的责任感和使命感，真正做到学法懂法，用法守法。讲座在学生群体中产生了强烈共鸣，会场不时爆出雷鸣般的掌声。

"无论是职务犯罪，还是青少年犯罪，一个人犯罪直接伤害的是一个家庭。如果家庭不幸福和谐，必定影响社会的和谐发展。因此，我们应全力从源头上减少、遏制犯罪的发生，为经济社会发展营造良好的法治环境，这就是我们开展'双百'活动的初衷。"市人民检察院检察长徐胜平对记者说道。经过大半年的实践，"双百"活动走出了一条适合南昌检察机关职务犯罪预防和未成年人犯罪预防工作的路子，达到了预期的效果。市委、市政府主要领导均对"双百"活动给予了高度赞扬，认为该活动对维护社会稳定，促进社会和谐具有重要作用。

下一步，市检察院将组织宣讲团宣讲党的十八大关于反腐倡廉、依法治国的新思想、新观点、新部署、新举措，宣讲检察机关预防职务犯罪和未成年人犯罪的职责。"犯罪预防，检察机关任重而道远，展望未来，'双百'的路还很长。我们将继续深化这项工作，把其打造成南昌市检察机关犯罪预防工作的品牌，使之形成持之以恒的长效化制度。"徐胜平如是说。

非法证据排除需多部门联动*

——南昌市检察院举办专题论坛收押体检中体表检查有待加强

核心提示

随着修改后《刑事诉讼法》第 54 条首次对非法证据排除规则作出明确规定，将该项工作列为"十二五"时期重点打造的三大检察工作品牌之一的南昌市检察机关，也在探索中不断地积累经验、完善工作机制。

11 月 5 日上午，"2013 南昌检察秋季论坛"在进贤县检察院举行，围绕"检察机关适用非法证据排除规则实务研究"这一论题，来自南昌市两级检察机关的众多检察业务专家和检察官各抒己见。

今年以来排除非法证据 27 份

研讨会初始，南昌某区检察院检察官受邀讲述了该院首次适用非法证据排除的一起诈骗案。

"犯罪嫌疑人刘某以帮助受害人进入某司法机关工作、购买单位集资房为由，骗取了受害人 20 余万元。"该检察官介绍，在该案提请检察机关批准逮捕时，犯罪嫌疑人提出了非法证据排除申请，承办检察官查阅案卷发现，除了侦查机关提外审的一份讯问笔录中刘某作了有罪供述以外，其余讯问笔录中，刘某均否认其犯罪事实。

随后，检察官要求侦查机关提供提外审的情况说明，侦查机关却未能及时提供。最终，检察院依法排除了侦查机关提外审获取的刘某讯问笔录，并向侦查机关发出了纠正违法通知书。因为有银行转账记录、证人证言等合法证据形成了完整证据链，检察院认为可以证实刘某有罪，并依法对刘某批准逮捕。

《新法制报》记者了解到，在修改后《刑事诉讼法》施行后，南昌市检察院随后制定出台了《南昌市人民检察院非法证据排除规则实施细则》，对非法证据的界定、自侦阶段非法证据的预防、审查批捕、审查起诉阶段非法证据排除工作作出了明确的规定，细化了要求。

据介绍，2013 年以来，南昌市两级检察机关共排除非法证据 27 份，共向侦查机关发出纠正违法通知书 5 份，要求补正或者合理解释 19 份，提出检察建议 6 份，取得了良好成效。

---

* 载《新法制报》2013 年 11 月 13 日第 1 版，大江网、新浪网、腾讯网等网络媒体转载。

收押体检中体表检查有待加强

今年，南昌某区检察院侦监科办理了一起盗窃案，涉案 3 名犯罪嫌疑人合伙在按摩店盗走客人现金 4200 元。检察官提审时，3 名犯罪嫌疑人均否认存在犯罪事实，并控告侦查机关办案人员存在违法办案情况。

承办检察官调取了同步录音录像资料，发现并不完整，且声音含混不清。检察院法医也对相关情况提出意见，指出犯罪嫌疑人关入看守所时的体检报告中，并无描述是否有体表伤痕的记录，仅能反映其心、肝脏等器官功能良好。

"法医的意见使办案人员对犯罪嫌疑人供述存在异常的怀疑，而看守所的入所体检不到位，又很难说明其体表伤痕究竟是入所前还是入所后。"该院侦查监督科李副科长介绍说。

依据调查结果，侦查监督机关认定"存在非法取证的重大疑点不能排除"，犯罪嫌疑人的供述存在非法取证的可能性，应当予以排除，并要求侦查机关立刻补充证据。

侦查人员重新入所讯问 3 名犯罪嫌疑人后，其中一名犯罪嫌疑人恢复了有罪供述，结合案情，侦查监督科承办人员对 3 名犯罪嫌疑人作出了批准逮捕的决定。

"为什么忽略了体表这样简单的检查？"听完案情后，全国检察业务专家、南昌市检察院检委会专职委员熊红文提出疑问。

"非常明显的伤痕会有记录，但也仅是依靠肉眼检查。"会上，来自南昌两级检察机关的多名干警不约而同提出，目前监管部门的收押体检，在体表检查这一环节上尚有待加强。

西湖区检察院检委会专职委员、全省检察业务专家杨小宁认为，实践中，监管部门收押体检更多的是注重检查犯罪嫌疑人器官功能是否正常，是否可能因重大疾病导致在所内死亡，而侦监部门则更关注犯罪嫌疑人是否因采集非法证据所遭受伤害，两方在体检目的性的理解上并不一致。

再次搜查证据的资格问题

研讨会中列举一案例：陈一携款到李二处购买麻古，交易完成后李二被抓获，陈一发觉异样后立即销毁了购买的麻古，在逃至轿车上准备开车时被抓获。抓获陈一后，侦查机关当场未能细致搜查找到毒品，且疏于录像、拍照。在将该车扣留数日后，重新启动搜查工作，才在副驾驶座后袋内查获大量冰毒。

庭审时，被告人陈一抓住这一情节辩称上述冰毒并非自己所有，系公安机关栽赃陷害，其律师也试图将该份证据排除在审判机关采信范畴之外。在这种情况下，第二次搜查因依照法律程序所得的犯罪证据虽未被作为非法证据被排除，但证明力有所降低，陈一的行为可能被定为非法持有毒品罪。

南昌市检察院陈检察官认为："实务中，毒品犯罪案件被告人利用非法证据排除的频率之所以高于其他案件类型，究其根源，是毒品犯罪案件证据具有单一性、隐蔽性、易灭失性和易变性等特性，加之侦查机关取证存有问题所造成。"

江西财经大学法学院副教授谢小剑表示，被告方提出的非法证据排除可以理解为两个层面："侦查人员没有依照法律程序进行第二次取证应排除，这是没有证据资格；取证过程存在诸多瑕疵导致证据不可采信，这是没有证明力。"

谢小剑表示，第二次搜查需要有见证人在场、搜查笔录、见证人签名等条件，所以，"两次搜查之间相隔时间长短，并不影响第二次搜查取得的证据资格，是否具备证据资格主要是看侦查人员是否遵循了法律程序进行搜查取证，但数日后再次搜查，显然降低了所搜集证据的证明力"。

各部门协同强化跟踪监督

熊红文认为，在监所收押环节，最重要的就是入所体检工作。"刑拘前是刑讯逼供高发期，往往是突破口供的时候，入所体检很重要；另一个是提外审以后的身体检查，这一关把好了，往往对遏制刑讯逼供能够起到很好的效果。"

对此，熊红文提出，驻所检察官在入所体检监督工作当中还要加大力度，并根据最高人民检察院的相关意见和要求，在必要情况下，尽可能对犯罪嫌疑人的体表进行拍照和录像，将证据固定。

对于提外审情况，南昌市检察院党组成员、反贪局局长詹太健表示，作为自侦部门，反贪局绝对不允许干警以转押的名义对犯罪嫌疑人进行提外审讯。如果是转押，只要时长超过一个小时，犯罪嫌疑人入所就要重新进行体检。

熊红文同时提出，不仅需要监督入所检查、出所提审的环节，当犯罪嫌疑人未能通过体检无法入所收押，驻所检察部门也要继续跟踪监督，协同侦监、公诉部门调查是否存在刑讯逼供等非法取证，对于涉嫌犯罪的，将线索移交反渎部门查办。

《刑事诉讼法》第54条规定，采用刑讯逼供等非法方法收集的犯罪嫌疑人、被告人供述和采用暴力、威胁等非法方法收集的证人证言、被害人陈述，应当予以排除。收集物证、书证不符合法定程序，可能严重影响司法公正的，应当予以补正或者作出合理解释；不能补正或者作出合理解释的，对该证据应当予以排除。在侦查、审查起诉、审判时发现有应当排除的证据的，应当依法予以排除，不得作为起诉意见、起诉决定和判决的依据。

后　记

为争创一流业绩，2012 年，我们启动了品牌带动战略，通过打造特色品牌推动整体工作跨越发展。经过一年多以来的检察工作品牌研发和打造，"职务犯罪预防"、"非法证据排除"、"检察文化建设"和"'另案处理'监督"等几项检察工作初具品牌效应，取得了一定成绩，产生了一定影响。品牌研发是我们深化工作机制改革的一次大胆创新尝试，这次我们将品牌研发报告汇编公开出版，就是要将我们品牌研发经验和"设计图"和盘托出，这样既实现了与全国兄弟检察院成果共享，又展示了南昌检察开拓创新的精神风貌，我认为是件一举双赢的益事。

《检察工作品牌研发报告》即将付梓出版，我由衷地感到欣慰。这份厚实的成果，字里行间浸润着研发人员的辛劳汗水，是全体研发人员聪明才干的智慧结晶。羊忠民、杨妍、刘彤彤、杨小宁、刘荣贵、董凯华、曹丹丹、王梦翔、王赫楠、洪放等研发人员在研发工作中付出了大量心血，如果说研发工作是一场战役，他们都是这场战役的胜利者，我为他们感到骄傲。

其实，品牌研发工作不仅是研发人员付出辛劳的过程，也是这些年轻干警磨砺意志、展示才干的过程，这种难得的历练能够有力促进他们检察生涯的成长、成才、成功。在研发工作中，他们不仅积累了学识，开拓了视野，而且锻炼展示的开拓创新、锐意进取、勇争一流的精神，将是他们检察生涯受益终身的财富。2012 年年底研发工作圆满结束后，2013 年年初市院开展中层干部竞争上岗，羊忠民、刘彤彤、董凯华都成绩优异，分别被提拔为中层正副职，其中刘彤彤、董凯华参加检察工作才四年就获得提拔，这在南昌市检察院历史上是没有过的。其他几名研发人员也取得了新的成绩和进步，如曹丹丹获得全省检察机关修改后《刑事诉讼法》、修改后《民事诉讼法》知识竞赛一等奖，洪放也被上调到市院政治部工作等。看到他们纷纷成长进步，我由衷为他们感到高兴，同时，也希望能够涌现出更多这样的检察人才。检察工作争创一流，归根结底是检察人才的竞争，我相信，有这样一批富有"研发精神"的检察人才，南昌检察"十二五"规划的宏伟目标一定能够实现，南昌检察的明天一定会更加美好。

品牌研发工作饱含着领导的关心和朋友们的支持，在此，我谨以我个人名义并代表南昌市检察院党组，衷心感谢江西省检察院检委会专职委员孙牯昌、政治部副主任周文英、新闻处处长熊明等领导同志殷切关怀，亲临指导；衷心感谢江西财经大学法学院副教授谢小剑等专家学者缜密论证，严谨分析，提出了宝贵意见；衷心感谢市中级法院、市公安局等兄弟单位同志为品牌研发工作提供了大力协助。最后，还要衷心感谢中国检察出版社阮丹生社长和第三编辑室李健主任对本书出版给予的大力支持。

我们将品牌研发报告汇集出版，是期望能抛砖引玉。由于我们这项工作经验不足，书中缺陷纰漏在所难免，也诚恳期望检察理论界和检察实务界各位领导、同仁多加批评指正。

徐胜平

2014 年 3 月于南昌